祭如在：
明清之际西学观照下的儒家丧葬礼

Sacrifice as if They Were Present:
Confucian Funeral and Sacrifice Contrasted From the Perspective of West Learning

王定安 著

复旦大学出版社

国家社科基金后期资助项目
出 版 说 明

　　后期资助项目是国家社科基金设立的一类重要项目,旨在鼓励广大社科研究者潜心治学,支持基础研究多出优秀成果。它是经过严格评审,从接近完成的科研成果中遴选立项的。为扩大后期资助项目的影响,更好地推动学术发展,促进成果转化,全国哲学社会科学工作办公室按照"统一设计、统一标识、统一版式、形成系列"的总体要求,组织出版国家社科基金后期资助项目成果。

全国哲学社会科学工作办公室

目　录

绪论 …………………………………………………………………… 1
　一、引言：儒家礼仪性质问题争论的困境 ……………………… 1
　二、几个重要层面问题 …………………………………………… 3
　　1."超越性" ……………………………………………………… 3
　　2. 礼仪与神圣 …………………………………………………… 7
　　3. 政教结构 ……………………………………………………… 8
　三、"宗教性"：名实与路径 ……………………………………… 9
　四、走出"争论学" ………………………………………………… 14
　五、重回明清之际 ………………………………………………… 16

第一章　明清之际中西丧祭礼仪的相遇 …………………………… 19
　第一节　相遇、调和与龃龉 ……………………………………… 19
　　一、利玛窦调和耶、儒丧礼 …………………………………… 20
　　二、龙华民的分歧与聚焦祭祖问题 …………………………… 25
　　三、"中国礼仪之争"中的丧礼 ………………………………… 27
　　四、耶、儒比较视域中的丧与祭 ……………………………… 31
　第二节　无神的偶像崇拜：龙华民与"十诫"的跨文化诠释困境 …… 38
　　一、欧洲的分歧：反偶像崇拜到底属于哪一诫？ …………… 38
　　二、争论在汉语语境下展开：中国祭礼是偶像崇拜吗？ …… 39
　　三、多玛斯·阿奎那关于偶像崇拜的论述 …………………… 41
　　四、汉语语境下争论的实质 …………………………………… 42

第二章　当阿奎那礼学遭遇儒家礼经学 …………………………… 46
　第一节　"万济国事件"与阿奎那礼学的展开 ………………… 46
　　一、阿奎那祭礼神学在中国的展开：万济国《辩祭》 ……… 47
　　二、李西满的辩护 ……………………………………………… 51

三、阿奎那"宗教"—"迷信"之图谱 …………………………… 54
　第二节　儒家信徒的辩护与考证 …………………………………… 61
　　一、1680—1690 年代的文献 ………………………………………… 61
　　二、来自中国的证词：1701—1704 ………………………………… 83
　　三、入教儒士的辩中辨：以严谟《李师条问》为中心 …………… 85
　　四、阿奎那"宗教行为"视域下的儒家丧、祭礼 ………………… 101

第三章　明清之际中西祭礼之割裂暨"比较经学"之重新展开 …… 112
　第一节　弥撒与儒家祭祀的相遇 …………………………………… 112
　　一、关于祭祀分类的困境 …………………………………………… 114
　　二、弥撒是否祭祀？ ………………………………………………… 116
　　三、早期译介中的区隔 ……………………………………………… 118
　　四、"两不相干"：区隔的理论根据 ………………………………… 120
　　五、祭祀从"对象"到神人关系范式转换 ………………………… 122
　　六、弥撒与祭祖礼仪规程："方式"的视角 ………………………… 125
　第二节　由因性达超性：明清之际儒家的"超越性"问题 ………… 128
　　一、"因性"的交流 …………………………………………………… 128
　　二、耶、儒中道/庸何以"若合符契"？ …………………………… 130
　　三、"超性"之困境与重估 …………………………………………… 133

第四章　当灵魂遭遇魂魄 ……………………………………………… 139
　第一节　儒家的葬礼与魂魄信仰 …………………………………… 139
　　一、堪舆 ……………………………………………………………… 143
　　二、择地与魂魄 ……………………………………………………… 146
　　三、魂魄信仰：文化人类学的视角 ………………………………… 150
　第二节　西方灵魂观与明清儒士：从"人禽之别"到"人禽之辨" …… 152
　第三节　明清之际耶、儒"灵魂观"的遭遇：以黄宗羲的
　　　　　《破邪论·魂魄》为例 ………………………………………… 156
　　一、人论问题：单一的灵魂实体与"二元切分"的魂魄 ………… 160
　　二、来世问题：灵魂不朽与魂气消散 ……………………………… 163

参考文献 ………………………………………………………………… 170
后记 ……………………………………………………………………… 186

绪 论

一、引言:儒家礼仪性质问题争论的困境

儒家祭礼之性质问题,三百多年前已是世界性议题。明清之际,耶稣会士与托钵修会士以天主教为真宗教/假宗教的标准,裁议儒家祭礼是否是"迷信""偶像崇拜"。作为儒教问题滥觞的"中国礼仪之争",不仅开启了儒家祭礼裂变的现代性进程,而且回返影响到欧洲。该领域早已成为国际汉学界的热点,孟德卫(D. E. Mungello)、梅欧金(E. Menegon)、鲁保禄(Paul Rule)、钟鸣旦(Nicolas Standaert)、马爱德(Edward J. Malatesta)、柯兰霓(Claudia Von Collani)等成果斐然。20世纪90年代以来,林金水、李天纲、张国刚、黄一农、韩琦等中国学者利用汉语文献优势将研究向纵深处推进。总体而言,以往主要集中在史料的考证与梳理,"深度研究"刚起步(如梅欧金,2013)。十年前还在激辩礼仪之争的实质是文化之争还是权力之争(如安希孟2006,吴莉苇2007),对核心问题即儒家祭礼的性质问题,一直缺乏深入的研究。李天纲从"比较经学"的角度提出儒家祭礼与天主教圣事的比较研究值得深入展开(2013)。

清末民初,康有为、陈焕章的孔教运动,反让儒家"花果飘零"(唐君毅语)。章太炎、梁启超、胡适等起而反对。立教者的愿望不可谓不宏大,然而可行性与效应不可谓不可怜。章太炎等人出于政教分离的基本立场,把握住现代发展的大趋势。孔教运动给后人启示,想重新将儒家与国家合二为一的做法,恐怕会事与愿违,不仅促进不了儒教的发展,反而带来伤害。此外,受西方影响,梁启超、梁漱溟、章太炎、冯友兰、蔡元培等陷入对宗教与祭礼的现代性焦虑。在西方科学、进化论思潮的影响下,他们基本是以教为耻,于是出现了以美育代宗教、以哲学代宗教等各种论调。

1978年任继愈发表"儒教是教"说以来,争论持续升温。这一论断的提出最初是出于宗教鸦片论的预设,说儒教是教,乃是作批判用。关于

1978—2000年间的争论,学界讨论颇多,综述已然不少①。本着人详我略的原则,对各种说法的陈述此处不复一一展开。总体而言,争论可分为"是宗教"(如任继愈、李申、蒋庆等)、"非宗教"(如梁漱溟、冯友兰、张岱年等)、具有"宗教性"(唐君毅、杜维明、白诗朗、段德智等)三大类。"是/非宗教"模式陷入西方"进化一元神论"(evolutional monotheism)的窠臼。

进入21世纪后,互联网技术的发展为争论添柴加油,代表性的事件是陈咏明对李申《中国儒教史》一书的批评,引发关于"儒家与宗教"的大争鸣②。大体看来,1978年以来争论的问题主要有以下几个方面:如何看待儒家的入世性?儒家有没有自己的宗教组织?儒家有没有神、信不信神,孔子是人还是神、"天"是否是人格神、"君亲师"是不是神?儒家有没有自己的宗教典籍、仪式和组织?儒教之教是宗教之教还是教化之教?可以看出,参与争论者大抵是用西方的"宗教"标准来框定儒家(儒教、儒学)③,在宗教与非宗教之间各执一词。

近年来,大陆新儒家们热衷于儒教重建工作。有陈明的"公民儒教"说、蒋庆的"政治儒教"说,关于重建的路线亦有"上行路线""下行路线"的探讨④……众说纷纭,困难在于定位与可操作性。此外,还有各种书院、公祭、国学热的现象。拙著主要着眼于学术性的基础研究,故对于这些社会现象不作评论。我们希望,基础性的探讨能够从源头上廓清一些误区,找到比较与对话的可行路径,以裨于以后的文化建设。

儒教问题自开端以来,争论各方大抵都是以基督宗教为中心的西方宗教为标准。然而,每个人的理解、预设与指向不一致,因而出现近乎盲人摸象的状态。葛兆光打了一个十分贴切的比方,说儒教问题是"穿了一件尺寸不合的衣衫",故而成为"伪问题","尽管看上去是伪问题,背后却隐藏有真历史,因为关于学科制度、知识分类、评价标准等分歧背后,携带着太多的近代中国以来思想界和学术界关于融入世界与固守本位的复杂心情"⑤。

---

① 邢东田:《1978—2000年中国的儒教研究:学术回顾与思考》,《学术界》2003年第2期。苗润田、陈燕:《儒学:宗教与非宗教之争——一个学术史的检讨》,《中国哲学史》1999年第1期。张志刚:《"儒教之争"反思——从争论线索、焦点问题到方法论探讨》,《文史哲》2015年第3期。田垣:《儒教争鸣举要》,《中国社会科学院院报》2003年第15期。李申:《二十年来的儒教研究》,任继愈主编:《儒教问题争论集》,北京:宗教文化出版社,2000年版,第470页。
② 韩星:《儒教问题——争鸣与反思》,西安:陕西人民出版社,2004年。
③ 有学者主张在"儒家""儒者""儒教"之间作出区分,大抵是依"是否宗教"的判定标准而作。本文不作这种区分,概用"儒家"来表述。
④ 任重、刘明主编:《儒教重建:主张与回应》,北京:中国政法大学出版社,2012年版。
⑤ 葛兆光:《为什么是思想史——"中国哲学"问题再思》,《江汉论坛》2003年第7期。葛兆光:《穿一件尺寸不合的衣衫——关于中国哲学和儒教定义的争论》,《开放时代》2001年第11期。

自明清之际以来,儒教问题就与西方有密切关系,牵涉到中西双方非常复杂的现代性裂变。欧洲中世纪的宗教指涉一整套基督宗教的礼仪实践,在现代性进程中从世俗领域撤退到专门的宗教领域(Mary Douglas,2000),礼仪发生裂变。19世纪以来,祭礼虽然是一大批经典学者首要关注的对象,如史密斯(William Robertson Smith)、弗雷泽(James George Frazer)、涂尔干(Émile Durkheim)、伊利亚德(Mircea Eliade)、特纳(Victor Turner)、哈里斯(Marvin Harris)等。但是,即便以比较宗教学研究自称者(如弗雷泽、特纳等),仍囿于多玛斯·阿奎那以降不断被强化的"取代论"(Supersessionism,即认为基督教会在救赎方面已经取代犹太人的祭祀),再加上"科学"话语流行,祭祀在宗教中的地位愈加受到贬抑。至20世纪,祭礼与圣餐已明确分野(Matthew Levering,2005)。

可喜的是,自涂尔干学派主将于贝尔(Henri Hubert)和莫斯(Marcel Mauss)首度将祭祀纳入公共话语讨论,明确祭祀是宗教行为以来,文化人类学家们(如道格拉斯、格尔茨等)有力地推进祭礼的宗教研究。并且,从礼乐的角度探讨儒家宗教问题的中国学者也开始增多,如陈来(2009)等。

总之,儒家祭礼的性质问题实质是世界现代性进程中的一部分,在中西交流史的不同阶段产生了双重回返影响。因而需要将问题回置于交流史中,回到儒、耶交锋的理论根基,即儒家礼经学与阿奎那经院哲学,参照国际礼学界尤其是人类学关于仪式研究的丰硕成果,以祭礼与弥撒为中心,展开较深入系统的比较,从而将儒家的"宗教性"呈现出来。这不仅是个思想史问题,而且关系到儒家的现代性转型,是可为儒家文化重建提供借鉴的现实问题,还是与其他文化对话的前沿和热点问题。

二、几个重要层面问题

1. "超越性"

自从牟宗三等新儒家提出儒家超越性观点之后,该话题一直争论不休。牟宗三是为了纠正黑格尔等人关于儒家是世俗而无超越性的观点,指出儒家具有"超越感情"和"宗教精神"[①],同时由于他视儒家的"心性之学"为"内圣之学"[②],学界一般将他的超越说概称为"内在超越"。然而,正如杨泽波

---

① 唐君毅:《中华人文与当今世界》,台北:台湾学生书局,1975年版,第881页。
② 牟宗三:《心体与性体》上,长春:吉林出版集团有限责任公司,2013,第7页。

所指出的，牟宗三"在创生主体问题上对天与人的关系梳理得不够细致"，关于儒家超越性的言说方式存在理论上的混乱。牟氏将"仁心"与"天心"两者"并列地说"，将形上实体之天等同圣人之仁心。这种言说方式导致两点混淆：一是"'仁外无心'与'天外无心'的混淆"，二是"'价值存有的创生'与'实物存在的创生'的混淆"①。这些混淆影响深远。

杜维明也认为"'天'在儒家传统中不是一个人格的上帝或全能的创世主，但是它并非没有超越的指涉。而且正是在这个意义上，《中庸》的道德才可以说是具有一种超越的支撑点。"他看到了儒学有超越性的面向，认为《中庸》也有其"宗教性"，但是总体而言，他认为儒学是"以天的实在性为基础"，是一种道德"形而上学"②。他的判断是基于儒学是"人文主义"的预设，将"天"与基督宗教的人格神截然区分开来，这本无可厚非，但是将"天"彻底哲学化为"实在性"，恐有失当，他说："有神论的上帝观念，更不必说所谓的'全然的他者'，在儒家传统中是完全没有这类符号资源的。"③必须指出的是，儒家的"天"最初始和最根本的涵义就是"神"，更不用说《诗经》《尚书》等儒家经典中大量出现的有神论的"上帝"等词汇。再者，周、孔直到清代维系不断的祭礼中，祭祀的对象是天地、山川、人鬼形成的一个庞大而稳定的神灵体系。

汉学家安乐哲与杜维明的观点有如出一辙之处，认为"儒家哲学是一种世俗人文主义"④。至于儒家的祭祀系统，他说："无疑，它是个以祖先和文化英雄为意义的鬼神宗教传统；不管还有什么别的，但就是没有一个'上帝'。它是一种宗教意识，确认一种源自人的身心鼓舞的经验本身的共同精神。"他认为："儒家哲学宗教意义的核心在于重视'礼'的生活，这是一种实实在在的'准无神'宗教感，有必要有一套重要的区别于无神论的语汇。"⑤安乐哲即便重视儒家的祭祀系统，但是因为刻意与基督宗教人格神区分开来，他所见到的礼只剩下人们的世俗生活体验。安乐哲对礼的关注，与受到赫伯特·芬格莱特写的著作《孔子：即凡而圣》(Confucius: the Secular as Sacred)的影响有很大关系，他即便充分肯定氏著，可惜并未吸纳

---

① 杨泽波：《超越存有的困惑——牟宗三超越存有论的理论意义与内在缺陷》，《复旦学报(社会科学版)》2005年第5期，第171、173页。
② 杜维明：《中庸：论儒学的宗教性》，北京：生活·读书·新知三联书店，2013年版，第84—85页。
③ 同上书，第142页。
④ 安乐哲：《儒家角色伦理学——一套特色伦理学词汇》，孟巍隆译，田辰山等校译，济南：山东人民出版社，2017年版，第257页。
⑤ 同上书，第260、263页。

其观点精髓。

赫伯特·芬格莱特主要从哲学人类学的角度关注儒家的礼仪,他自称提出一个原创的论断:"孔子是关于人性的哲学及其人文主义(humanism),并不是一种个人主义式的人文主义。"①他一方面认为孔子的思想是一个社会式的人文主义,另一方面,这种人文主义充满了神圣性,神圣性来自礼仪所赋予的"神奇魅力":"指一个具体的人通过礼仪、姿态和咒语,获得不可思议的力量,自然无为地直接实现他的意志。"②与其说芬氏重视礼,倒不如说是强调礼的仪式功能。其观点来源就是奥斯汀(J. L. Austin)的"实施性言说"(performative utterrance)③的说法。从人类学的角度来关注儒家礼仪,更能理解孔子的礼仪生活世界里关于圣与俗的互动转换过程,因此,赫伯特·芬格莱特关于孔子的认识得出相对而言较为持正的观点:"总而言之,孔子关联于礼仪作用所发挥的东西,不仅是它的鲜明的人文性格、它的语言和神奇魅力的特征,还在于它的道德和宗教的特征。"④芬氏关于儒家是否超越的判断也有一定程度的说服力:"公开的神圣礼仪,不是将关怀从人的领域转移到另一个超越王国,而是被视为极其重要的象征。作为所有真正的人存在的一个维度,这种象征既是神圣性的表达,又是对神圣性的参与。"⑤在他看来,儒家并非要转移到某种外在的超越领域,同时人的存在拥有神圣性的维度。换言之,儒家场域中,人们的生活既具有社会式的人文主义,又具有神圣性、宗教特征。

秦家懿"发现在儒学传统中,超越因素与内在因素认同的倾向,以'天道'存于'人道'之中,甚至两者的关系变得有点模糊"⑥。秦氏关于天人关系的判断无疑是锐敏的,因为从仪式的角度考量,"神圣"本身就具有模糊性,模糊性是圣与俗之间的转换得以实现的关键因素之一⑦。

近年来,学界关于"超越性"这一关键词的研究不断取得进步。黄玉顺试图将超越性清晰化,尝试区分"超越的主体""超越的对象或者范围""超越的目标""超越方式",并且将哲学与宗教关于"实在"的不同立场分为"物质

---

① 赫伯特·芬格莱特:《孔子:即凡而圣》,彭国翔、张华译,南京:江苏人民出版社,2010年版,第80—82页。
② 同上书,第3页。
③ 同上书,第9页。
④ 同上书,第12页。
⑤ 同上书,第13页。
⑥ 秦家懿、孔汉思著:《中国宗教与基督教》,上海:三联书店出版社,1997年版,第87页。
⑦ Henri Hubert and Marcel Mauss, *Sacrifice: Its Nature and Function*, Chicago: The University of Chicago Press, 1964, p.3.[意]马里奥·佩尔尼奥拉著:《仪式思维》,吕捷译,北京:商务印书馆,2006年版,第34页。

实在""精神实在""外在精神实在"三类,再细分出一些要素,以概括出超越的"七色光谱"①。

据穆尼茨、张汝伦分疏,西方"超越"概念大致分名词、形容词和动词三种用法,作为名词的"超越","它是一切事物的根本原因与根据,也是一切事物的存在论前提","作为形容词的'超越'(transcendent)则表示一切与超越者(the transcendent)有内在关系的东西或超越者自身的种种特性","作为动词的'超越'则主要与人有关,指人努力超克自己的有限性以达到超越的领域,毕竟'超越'一词在本义上是指攀越某一物质障碍或界限,如一堵墙或一座山。"②针对当今学界就"超越"以西释中时出现的问题,张汝伦认为:"我们用他来解释古代中国'天'的时候,完全可将它原有的希腊哲学的存在概念和犹太—基督教的上帝等内容抽去不顾,而只采用其超越有限事物的'无限'义和'绝对'义、世界的最终根据义和价值本源义,以及决定者而非决定者义。这样,我们将会看到用超越概念解释'天'不但不会不妥,还会有助于我们进一步认识中国哲学这个基本概念的复杂内涵。"③

概言之,上述学者基本认为儒家具有超越性与宗教性,却未能从"外在超越"与"内在超越"的二元对立预设中走出,导致超越性话语、超越性方向和儒家文化性质判断的混乱。牟宗三之后,有几位学者甚至将儒家彻底解释成人文主义、无神论或者准无神论,将神圣性窄化成社群与仪式的实施性言说。鉴于天人关系言说方式出现的问题,杨泽波提出:"在存有论问题上,对待儒家的天论传统不宜像牟宗三那样'并列地说',而应该采取'分层地说'。所谓'分层地说'是将天与心分离开来,将天作为心的形上源头,再由心来说明天地万物之存在,排除以天直接说明天地万物之存有的可能。"④"分层地说"颇有见地,其实中世纪以来的西方多位神哲学家原本是分层地言说超越性的。

儒家超越性一直都是中西文化比较的话题,牟宗三的论述是在康德、黑格尔的影响下所作的回应,却未能触及该观念史链条的源头,即明清之际利玛窦等早期耶稣会士沟通中西方文化时所引发的"因性"与"超性"的深入交流。

---

① 黄玉顺:《儒教问题研究》,北京:人民出版社,2012 年版,第 47—51 页。
② 张汝伦:《论"内在超越"》,《哲学研究》2018 年第 3 期,第 86 页。
③ 同上。
④ 杨泽波:《超越存有的困惑——牟宗三超越存有论的理论意义与内在缺陷》,《复旦学报(社会科学版)》2005 年第 5 期,第 171、173 页。

2. 礼仪与神圣

儒家的礼尤其是祭礼，所具有的"宗教性"，为许多学者所首肯，但是礼与宗教并不能简单等同。

加地伸行从葬礼角度认为儒教的"宗教性"在于祖先崇拜①，他认为按照欧美宗教学的说法是不可能分析儒教的宗教性，因而想以自己的宗教定义来分析儒教的宗教性，他说："我们应该从以基督教为中心的宗教学的束缚下解放出来。因为基督教并不是唯一的绝对宗教。"②他认为"所谓宗教，就是关于死和死后的解释"③。他认为在中国，成功地对死和死后进行了最适合汉族的思维方法和特点的解释的就是儒教④。

安乐哲从礼、社群的角度区分儒家意义上的协同创造（中庸）的观念与"创造即力"(creation-as-power)的观念，共同创造（中庸）强调充分利用人们的经验，而后者主要产生于那些诉诸超越的、超自然的意义来源的宗教语境，做出这种区别，以图找出替代那种诉诸超越的、超自然的语汇，来说明儒家的宗教性。他认为儒家宗教体验本身是繁荣昌盛的社群的产物，他反对常见的那种以天为核心的基督教式的解释，也挑战儒学只不过是一种世俗的人文主义的观点，而是主张以礼为中心来定义儒家的宗教性。他认为建立在家庭、社群身份和关系基础上的礼仪化的生活这种经验是强烈的宗教体验的源泉。他认为对于古典儒学来说，"宗教性"从其根本意义来看，是指一个人清楚、充分地体悟到整个领域中现存事物复杂的意义和价值，这是此人以作为协同创造者自己参与的身份，通过内省的觉悟，产生敬畏之心而获得⑤。如上述，安氏囿于人文主义的预设，并未真正领悟礼的意义。

赫伯特·芬格莱特主要从哲学人类学的角度关注儒家的礼仪，值得重视。从人类学的角度来关注儒家礼仪，更能理解孔子的礼仪生活世界里关于圣与俗的互动转换过程。从礼仪的角度认识神圣性，有一批文化人类学家是沿着这一路径，这些成果特别值得关注。他们对于"神圣性"的认识打破了二元对立的误区，包括对于外在超越与内在超越、宗教与巫术这些对立界限的破除。例如马塞尔·莫斯、昂立·于贝尔发现广泛存在一种力量，叫做"玛纳"，它代表仪式力量，"这种外在的物质是看不见的、神奇的、精灵般

---

① 加地伸行：《论儒教》，济南：齐鲁书社，1993年版，第25页。
② 同上书，第21页。
③ 同上书，第22页。
④ 同上书，第14页。
⑤ 安乐哲：《和而不同：比较哲学与中西会通》，温海明编，北京：北京大学出版社，2002年版，第85、109页。

的——事实上,它是控制所有效应和所有生命的精灵。我们无法体验它,因为它把一切体验全都囊括在内。仪式把它施加给物体,它跟仪式具有相同的性质……玛纳既是超自然的,同时也是自然的,因为它广泛地分布在可接触的世界之内,在这个世界中,它既是多样的,又永远是内在的。"①

阿诺尔德·范热内普以"过渡礼仪"理论而著称,他从仪式的不同阶段揭示"神圣礼仪之中枢性作用",礼仪中存在的俗-圣-俗的结构极具普遍意义。他还打破了弗雷泽以降流行极广的巫术与宗教对立的观念,提出"巫术—宗教性的"说法:"动力论指有关马纳(mana)之非人格化理论;泛灵论指人格化理论,无论此人格化力量是以单一还是多重形象出现,是动物还是植物(如图腾),具有凡人还是神人(如上帝)之形态。其理论之综合成为宗教,其方法(仪式、礼仪、神祇供奉)我则称之为巫术。因为理论与实践不可分,所以,没有实践之理论乃为玄学,基于不同理论之实践则为科学。"②

礼学无疑是儒家经学体系中最为核心的内容,以往的礼经学聚焦礼文甚于礼意,借鉴文化人类学的方法与成果,实有裨益。

3. 政教结构

杨庆堃将中国宗教的特点概括为"弥散性宗教"(diffused religion),这观点之所以产生如此大的反响,固然是由于呈现出与"制度性宗教"的差异,也是因为对中国政教结构的准确把握。他从结构性与功能性视角,将宗教定义为信仰系统、仪式活动和组织性关系。他说"作为一种社会政治教化,它具有宗教的特质",朝廷与儒士"以神道设教",需要仰仗弥散性宗教为世俗制度提供超自然的支持。"主要功能是为世俗制度基本概念所需的伦理价值提供超自然的支持。"③

从政教结构的角度,许多研究者的论述就好理解多了,如加地伸行对"礼教性与宗教性的二重结构"④的论述、牟钟鉴的"宗法性传统宗教"说⑤、陈来的"伦理宗教"⑥说等。

黄进兴将"公共宗教"与"私人宗教"二分,指出近代知识分子陷于"私人宗教"的误区:"在帝制中国,孔庙祭典概由人君与士人统治阶层所垄断。它不但

---

① 马塞尔·莫斯、昂立·于贝尔:《巫术的一般理论:献祭的性质与功能》,杨渝东、梁永佳、赵丙祥译,桂林:广西师范大学出版社,2007年版,第131—132页。
② 阿诺尔德·范热内普:《过渡礼仪》,张举文译,北京:商务印书馆,2010年版,第11—12页。
③ 杨庆堃:《中国社会中的宗教》,范丽珠等译,上海:上海人民出版社,第19、39、265页。
④ 加地伸行:《论儒教》,济南:齐鲁书社,1993年版,第13页。
⑤ 任继愈主编:《儒教问题争论集》,北京:宗教文化出版社,2000年版,第240页。
⑥ 陈来:《古代宗教与伦理》,北京:生活·读书·新知三联书店,2017年版,第145页。

为官方所主导,并且展现'公共宗教'(public religion)的特质。唯近代中国知识分子缘浸淫于西式'私人宗教'的范式,反而习焉不察,无从捉摸其独特的宗教性格,从而判定儒教非为宗教。"①近代知识分子浸淫于"私人宗教"是事实,然而有必要看到,所谓"西式私人宗教"仅仅是16世纪宗教改革之后的产物,在中世纪的西方并非如此,故而比较还须平视欧洲中世纪的政教结构。

三、"宗教性":名实与路径

当代新儒家较早地把"宗教性"作为一个范畴来讨论儒家,有别于"宗教"。牟宗三、徐复观、张君劢、唐君毅等人于1958年发表的《为中国文化告世界人士书》,"标志着当代新儒家对儒学的宗教性问题已初步形成了'共识'和'一整套'看法"②。他们声明:"我们希望世界人士研究中国文化,勿以中国人只知重视现实的人与人间行为之外表规范,以维护社会政治之秩序,而须注意其中之天人合一之思想,从事道德实践时对道之宗教性的信仰。"③牟宗三又说:"自事方面看,儒教不是普通所谓宗教,因它不具备普通宗教的仪式。它将宗教仪式转化而为日常生活轨道中之礼乐。但自理方面看,它有高度的宗教性,而且是极圆成的宗教精神"。④牟、徐、张、唐等人面对西方强势科学主义的东渐,基于"与西方抗衡"的心结,开始比较一致地肯认、发掘、诠释儒学中所内蕴的宗教精神及其理论表征和时代意义。

"当代新儒家第三代"的主要代表人物刘述先、杜维明等深化了儒家"宗教性"的内涵。1971年,刘述先借助田立克(Paul Tillich)将"宗教"定义为"终极关怀"(ultimate concern)之思路,把宗教定义为人的终极关怀,进而审视儒家传统的宗教意蕴。"按照宗教现象学的看法,对于'他世'的祈向并不是宗教的必要条件,对于'超越'的祈向乃是任何宗教不可缺少的要素,对现世精神的注重未必一定违反宗教超越的祈向。准此,刘述先认为,孔子和儒家有深刻的宗教情怀,其'天人合一'等思想中的超越的祈向有自己独特的方式"⑤。

---

① 黄进兴:《优入圣域:权力、信仰与正当性》,北京:中华书局,2010年版,第2页。
② 段德智:《从存有的层次性看儒学的宗教性》,《哲学动态》1999年第7期。
③ 牟宗三等:《中国文化与世界》,见唐君毅:《说中华民族之花果飘零》,台北:三民书局,1974年版,第145页。转引自黄俊杰:《试论儒学的宗教性内涵》,《原道》第6辑,贵州:贵州人民出版社,1999年。
④ 牟宗三等:《中国文化与世界》,第99页。
⑤ 郭齐勇、龚建平:《儒家、儒教、宗教性、超越性——以李申〈中国儒教史〉为中心的评论》,《中国学术》2002年第1期。

杜维明对儒学作出宗教性的反思和诠释实践，他说"在比较文明的格局之中，强调儒家人文精神的宗教性，无非是要阐明儒家的人生哲学虽然入世，但却有向往天道的维度。严格地说，儒家在人伦日用之间体现终极关怀的价值取向，正显示'尽心知性'可以'知天'乃至'赞天地之化育'的信念。"①

此后，相继有学者从"宗教性"的视角来研究儒学。黄俊杰明确将"宗教性"与"宗教"区分开来。他说："儒学有强烈的'宗教性'(religiosity)，也有强烈的'宗教感'(sense of religiosity)，但不是西方传统定义下的'宗教'(religion)。儒学的宗教性见于儒者对世俗事务（如修、齐、治、平）所抱持的绝对严肃的态度，这种虔诚之态度就是田立克所谓的'终极关怀'，由此展现一种'内在超越性。'"②

前些年学界还不大认同儒家"宗教性"的说法。例如，卢钟锋以一种地道的本质主义观点反对"儒学宗教性"这种提法，说"认为儒学具有宗教性，是一种折衷说，情况就比较复杂，它模糊了儒学与宗教的本质，混淆了这两个概念的质的规定性，从而将宗教泛化成为涵盖儒学特性的泛宗教，儒学也随之泛宗教化"③，断言这种泛宗教化的做法"没有出路"。邢东田撰写综述时，该观点在中国尚处在介绍阶段，他认为"'儒学具有宗教性'的观点，当属'儒教非教'"，也就是说，根本没有走出原有的定义之争，不仅如此，他还认为这种观点"与当前社会思潮密切相关，而非纯学理之争"④。陈明在《中国文化中的儒教问题：起源、现状与趋向》一文中说："宗教性是以非教论为前提，故不拟专门讨论"⑤。

但是近年来，儒家"宗教性"的研究路径为更多的学者所接受。白诗朗(John H. Berthrong)在《儒家宗教性研究的趋向》一文中概述晚近四十年来英语世界的儒学研究，着重指出从宗教性角度研究儒学的最新动向，认为西方学者狄白瑞与华人学者杜维明引发了有关儒家传统宗教向度的典范性讨论，是代表这一动向的主要人物。指出："一个相当长的时期内，在西方宗教分类学的影响之下，许多西方学者甚至不承认儒学的宗教性。儒学过去和现在被视为一种深厚的人文主义，她只是隐含着一种深刻的向度，这一向度在某种意义上类似于欧洲、西亚和印度的宗教传统。并非只是西方学者持此种评价，许多中国学者也倾向于将儒家传统界定为一种哲学性的人文主

---

① 杜维明：《儒家人文精神的宗教含义——中文版代序》，郭齐勇、郑文龙编《杜维明文集》第3卷，武汉：武汉出版社，第374页。
② 黄俊杰：《试论儒学的宗教性内涵》，《原道》第6辑，贵阳：贵州人民出版社，1999年。
③ 卢钟锋：《世纪之交的儒学泛宗教化问题》，《中华文化论坛》1999年第2期。
④ 邢东田：《1978—2000年中国的儒学研究：学术回顾与思考》，《学术界》2003年第2期。
⑤ 陈明：《中国文化中的儒教问题：起源、现状与趋向》，《博览群书》2004年第8期。

义,而拒绝儒学作为一宗教传统的观念。但是,就宗教史学科而言,这种仅仅将儒学作为一种非宗教人文主义的评价如今是过时了。而宗教史这一学术传统就其对于宗教传统的理解而言,目前却越来越具有普世性而超出了其西亚的最初模式。"①

在大陆学界,有好几位学者从宗教性的视角展开对儒学的研究,张立文说:"儒教的宗教性是以人文、人性、人本、人道为终极关怀的人文宗教,是兼容诸教的普适化的中华文化体系,是人的终极精神家园。"②景海峰看到儒家是否宗教这一问题争论的两难,说:"比较稳妥的方式是探讨儒家所包含的宗教性因素,而不急于下决断性的定语。从内涵来揭示儒家与宗教的关系,既可以明了中西文化传统的差异性,又能够阐发出儒家思想中更为深刻的东西,这岂不是更好?由此我想到了儒家传统中带有信仰色彩的内容,如天道观(相当于宗教中的神义论,解决正义之源泉的问题)、天命论(解释生命之终极性的问题)等,也包括像'四维''八德''三纲五常',这样一些用于维系特定社会环境下日常生活的基本操作和运行规程的'道德律令'。"③李天纲看出儒家"宗教性"这一研究趋势:"'儒家是否宗教'确实是一个有意义,有意思的题目,但是如果没有新方法和新资料的运用,争论只会在原地打转,于学术进步无益。这方面,'当代新儒家'从讨论'宗教'转为讨论'宗教性',已经作出了一个灵活的姿态。成功摆脱宗教定义的纠缠之后,儒耶之间从'判教'、'护教'到'对话'、'协调',效果更好"。④

那么,谈论儒家的"宗教性"是将原来"儒家是否宗教"问题模糊了,还是跳出了原来那种画地为牢的定义之争?答案应当是后者。通过对比,还可以发现这样一个问题:在谈论儒家"宗教性"的这些学者当中,每个人对这一术语赋予的内涵不尽相同,那么谈论儒家的"宗教性"是不是仍像以前有些学者谈"儒家是否宗教"那样,通过各自赋予"宗教"不同的定义来谈论"儒教",仁者见仁,智者见智?

诚然,至今何为"宗教性"没有统一的定义,各自的理解有别。例如杜维明与刘述先就有不同,"刘比较认同孔汉思(Hans Küng)的看法,杜则不然,杜只肯定到'宗教性'这一步"⑤;安乐哲和当代新儒家一样致力于探讨儒家的"宗教性",却坚持反对儒家具有超越性、终极性,在他看来,"儒家宗教性

---

① 白诗朗:《儒家宗教性研究的趋向》,彭国翔译,《求是学刊》2002年第6期。
② 张立文:《论儒教的宗教性问题(上)》,《学术月刊》2007年第8期。
③ 景海峰:《从"三纲五常"看儒家的宗教性》,《孔子研究》2007年第1期。
④ 李天纲:《儒家的宗教性》,《哲学门》2004年1月。
⑤ 郭齐勇:《儒学:入世的人文的又具有宗教性品格的精神形态》,《文史哲》1998年第3期。

所涉及的转化是生活质量的转化,这种转化是在日用伦常之中并通过日用伦常而实现的"①。

与"儒家是否宗教"争论不同,当今对儒家"宗教性"的探讨可以走出原来以西方"宗教"概念来框儒家的本质主义思维方式,有意识地走上一条新的学术路径。

这种路径是自觉进行跨文化的比较与对话。跨文化早已成为中国文化与全球文化交往的一种生存处境,不仅体现在宗教领域,而且体现在文化的各个方面,如今,孤立于他种文化而操用所谓的纯粹本土话语来理解和言说自己的文化,已经成了诠释学意义上的不可能之事,因为从诠释学的意义上讲,每个人的理解都不可避免地带着"前理解"或者说"成见",而西方文化已经成为当今人们"前理解"的构成因素。再有,随着全球越来越成为一个村落,而各文化又是如此多元,跨文化理解与对话成了需要和必然。

段德智在《从存有的层次性看儒学的宗教性》中,谈到以往学术界对儒家"宗教性"深入讨论的有益成果,同时,看到其中存在的弊端,认为克治这一弊病的一个重要方法便是坚持从宗教现象学或宗教多元主义的立场观照儒学,就是从宗教之为宗教的理论高度、从宗教普遍本质的角度来审视儒学,也就是从宗教的最内在最核心的层面来审视儒学。这就要求我们破除任何某一特定形式的宗教的优越论,用一种"超然"的心态来观照天主教、佛教、儒学以及其他任何形式的宗教。惟其如此,才能对儒学的宗教性有一种本真的把握,才能对儒学在世界各大宗教中的地位有一种恰当的理解和说明,才能使我们的讨论健康地卓有成效地开展下去②。

关于多元语境下宗教间如何进行对话的问题,学界讨论得热烈,困难甚多,最主要的难题在于所谓"一"与"多"的矛盾。对很多学者而言,对话的目标是要寻求某种统一性,但是宗教间的差异严重阻碍统一性的形成。这种寻求统一性的对话的呼声始于1958年在东京举行的"第十一届宗教史大会",弗里德里希·海勒(Friedrich Heller)提交了一篇论文,题为"宗教史作为走向宗教统一的途径"③,宗教多元论的主要代表希克将之称为"如何处理信仰间的共同性与差异性的混合现象"④,为此致力于寻求这种统一性的基础,提出其多元论假设,认为"各大宗教都是对统一的、超越的终极实在的回应"⑤。

---

① 张丽华:《古典儒学宗教性的不同解读》,《孔子研究》2004年第6期。
② 段德智:《从存有的层次性看儒学的宗教性》,《哲学动态》1999年第7期。
③ 张志刚:《多元论还是排他论——评新近宗教对话学理之争》,周建漳等主编:《科学与宗教的对话》,厦门:厦门大学出版社,2002年版,第159页。
④ 约翰·希克:《理性与信仰》,成都:四川人民出版社,陈志平、王志成译,2003年版,第120页。
⑤ 同上书,第120页。

陈立胜说:"在勾勒出自施莱尔马赫、奥托到希克对宗教性探究的发展线索的基础上,揭示了这一宗教性的现象学进路的时代精神与理论预设,并进而检讨了其中的理路上的缺憾以及可施的出路,认为他们三人均共同预设在宗教形态的多样性背后,有一个普遍的、共同的、超历史的、本质的'一'之存在。此'一'贯穿于人类所有的宗教传统与宗教形态之中,因而是宗教之为宗教的宗教性之所在……宗教性的'一'不是非历史的、超绝于诸宗教形态之外的抽象原则或柏拉图意义上的'理念',也不是失去与具体宗教生活接触的完全空洞的预设,而是时时与具体的宗教之'多'保持互动、不断更新自己内容的'一'。这里确实用得上 Whitehead 的一句名言'多成了一、一又增进了多。'"①

为打破以往本质主义的做法,陈立胜主张在跨文化的论域下走的是一条如本森·塞勒所说的"多元素"研究路径:本森·塞勒的《概念化宗教》一书着眼于考察把"宗教"一词从"民间范畴"转换为"分析范畴",从而推进跨文化研究和理解的可能性。受到维特根斯坦的"家族相似理论"(family resemblance)和认知科学中的"原型理论"(prototype theory)的启发,塞勒试图建立一个实用的分析模式,使学者在研究中可以比较合理地确认一种文化现象是否为宗教。他力主摈弃本质主义或"单元素"的定义法,而提倡"多元素"的研究进路,"'多元素'的进路能使宗教的定义问题从实质主义者所推崇的、二进制式的'是'与'否'的问题转化为一个'或多或少'的问题。"②

因此,儒家"宗教性"的路径在多元语境下为越来越多的学者所接受,没有完全固定的、单一的、本质的内涵,"宗教性"的多层面内涵之规定实存于跨文化诠释与对话的动态实践中。

鉴于宗教定义的困境,黄进兴采取的做法是"对'宗教'一词拟存而不论"。③ 因为他清楚地看到涂尔干的定义与韦伯的不定义两种进路,审慎考量下,认同维特根斯坦的"家族相似"理论④。这样做无疑有明智之处,因为与其找不到一个"conceptual framework(概念框架)"针对性地来谈,无奈之下,不如跳出定义的陷阱,切实从孔庙的角度,揭示出"别具意涵的祭祀制度。它毫无疑问是儒教的一个圣域(holy ground 或者 sacred place),即神圣

---

① 陈立胜:《一与多:"宗教性"的现象学的进路、预设与时代精神》,《原道》2004 年第 2 期。
② 陈勇:《关于儒教争论中的方法论问题》,《原道》2007 年第 12 期。
③ 黄进兴:《作为宗教的儒教:一个比较宗教的初步探讨》,陈明主编:《儒教新论》,贵阳:贵州人民出版社,2010 年版,第 47 页。
④ 黄进兴:《皇帝、儒生与孔庙》,北京:生活·读书·新知三联书店,2014 年版,第 16—21 页。

的空间"①。"神圣性"无疑是儒教的核心要素。至于概念框架,明清之际"中国礼仪之争"的场域及神哲学体系,尤其是中西方礼学,可以构成比较研究的框架,值得展开尝试。

所以,本文认同并选择"宗教性"(religiosity)为关键范畴,首先,是从"名"的角度来跳出是、非之争。其次,宗教性指涉比较研究之实,即指涉儒家与其他宗教比较之关系及过程,以及在中西特定概念框架范围内所呈现的宗教性内容。

四、走出"争论学"

其实,西方的"宗教"一词是有待校准的。钟鸣旦(Nicolas Standaert)指出,17世纪初,欧洲尚无现代的"宗教"一词,中国礼仪的反对者基本是从欧洲的"争论学"(Controversiae)出发,来判断他者是真宗教还是假宗教,衡量的判断标准当然是天主教。18世纪是从争论学到现代宗教观念转变的关键时期,钟鸣旦认为西方"宗教"概念之所以出现转型,经由中国礼仪之争而影响到启蒙运动的这段历史是其中关键的因素之一,来自中国的争论让他们革新传统的分类,直接影响到比较宗教学奠基人麦克斯·谬勒。然而,18世纪之后的学术界,无论是中国还是西方,都是将出现了巨大变化的"宗教"概念标准投射到传统之中去,因此"宗教"的概念非常需要重新加以校准②。

事实上,争论学是欧洲中世纪一千年间的共识,如包尔丹所言:"既然唯独这个神才是真实的,而其他所有的神仅只出自人们想象中的臆造,那么关于宗教几乎没有什么可说的了,既不需要比较也不需要解释。"这种共识直到大航海时代才发生动摇③。不同民族文化传统相遇之后,从争论学走向比较宗教学是必然的路径。

然而令人遗憾的是,现代比较宗教学正式面世之后,很多自称为比较宗教的学者仍然在某种程度上局限在"争论学"的框架之内,将基督宗教视为真宗教或者是最高级的宗教,"在黑格尔历史哲学与达尔文生物进化论的影

---

① 黄进兴:《皇帝、儒生与孔庙》,北京:生活·读书·新知三联书店,2014年版,第115、10页。另见其著作《优入圣域》《圣贤与圣徒》等。
② 钟鸣旦:《传教中的"他者":中国经验教给我们的事》,洪力行译,新北:辅大书坊,2014年版,第91—97页。
③ 包尔丹:《宗教的七种理论》,陶飞亚、刘义、钮圣妮译,上海:上海古籍出版社,2005年版,第4页。

响下,进化论成为十九世纪末二十世纪初的显学,泰勒(E. B. Tylor, 1832—1917)与弗雷泽(James G. Frazer, 1854—1941)著作就表现得很明显"①,他们是将真宗教与巫术迷信对立起来②。此外,在整个19世纪末20世纪初,反仪式主义(antiritualism)得到强化,那些囿于神学框架者、"科学论者""实证主义者""历史主义者"将宗教的核心内容祭祀驱逐出宗教研究领域。这种状况直到罗伯特·史密斯(Robertson Smith,)的著作《闪米特人的宗教》问世这种状况才得以改变,该著作激起人们对祭祀理论的兴趣③,虽然他仍囿于进化论中。真正将祭祀从神学框架中解放出来而纳入公共话语讨论者,乃涂尔干学派(Durkheimians)的主将于贝尔(Henri Hubert)和莫斯(Marcel Mauss),他们在著作《祭祀:它的性质和功能》④里明确断言:"祭祀是宗教行为。"⑤

鉴于学界关于"宗教"的定义远未达成共识,甚至有学者认为要放弃对共识的诉求,为打破僵局,海德堡大学的迈克尔·伯甘德(Michael Bergunder)在《何为宗教》一文中将宗教的使用情况分为两种:学者们诠释的带着强烈欧洲中心的一神论宗教定义,称为宗教1;人们日常使用的未经解释的却具备相对共识性的宗教称谓,称为宗教2。伯甘德(Bergunder)综合福科等人的理论,主张从宗教2的角度,通过考查宗教命名与概念使用的历史谱系而进入宗教研究⑥。换言之,将"宗教"与"宗教话语"区分开来,这一路径较为重要,因为经过学者们层层诠释过的"宗教"充斥着大量偏见的建构,本身就有待批判。本文正是从他所谓宗教2的角度提出"宗教性"的范畴,内涵包括不同宗教相互接触相互比较之关系以及从比较中呈现出来的共通的宗教属性。

历史表明,整个一部宗教史就是一部比较宗教的历史,除去中世纪的特例,无论是古罗马还是现代人,在谈"宗教"时,都是在宗教间比较的意义上而言。可是现代学者在比较宗教学之名下再进行比较实践时,容易忘却比

---

① Jonathan Klawans, *Purity, Sacrifice, and the Temple: Symbolism and Supersessionism in the Study of Ancient Judaism*, New York: Oxford University Press, 2006, pp.6-7.
② Mary Douglas, *Purity and Danger*, London and New York: Taylor & Francis e-Library, 2001, p.14.
③ Ivan Strenski, *Theology and the First Theory of Sacrifice*, Leiden. Boston: Brill, pp. 105-106.
④ Ivan Strenski, *Theology and the First Theory of Sacrifice*, p.8.
⑤ Henri Hubert and Marcel Mauss, *Sacrifice: Its Nature and Function*, Chicago: The University of Chicago Press, 1964, p.13.
⑥ Michael Bergunder, "What is Religion?", *Method and Theory in the Study of Religion*, 2014, 26, pp.246-286.

较的自觉,要么一定程度上停留在中世纪争论学的老路,要么因未抓住可比性而常常导致比较的混乱和自说自话。在此大背景影响下的中国学者持进化论、科学主义思潮,按 18 世纪之后在西方已经割裂的宗教标准,再行割裂儒家①,从而出现到如今关于儒教问题莫衷一是的状况②。是故,自觉的比较宗教研究实有必要从宗教交流史的角度对宗教加以校准。

五、重回明清之际

重回明清之际是必要的,也是可行的。因为此乃儒家性质问题的发端,业已就多个维度展开十分深入的考辨,且影响极为深远,不惟影响到当时教内外儒士,影响到同时期的欧洲尤其是启蒙思想大家们,这种影响再以出口转内销的方式回返影响到新文化运动之后去欧洲留学的一批学者,他们回国之后对儒家的判断一直影响到如今③。当然,在这样一条曲折蜿蜒的影响之路上,不断增加了各种"时代误植"(anachronism)与个人预设,所以,回到具有范式导向的第一阶段,可以尽量去除这些误植。更重要的是,明清之际的争辩已经十分深入,留下了一批文献有待深入分析。

西方人对"儒教"予以定性,最早的要数利玛窦(Mathieu Ricci,1552—1610),他说"儒教是中国古代原有的宗教",同时又说"儒教不是一个正式的宗教,只是一种学派,是为了齐家治国而设立的"④。他没有完全肯定儒家是宗教,但是也没有完全否认,准确地说来,他认为儒教是一种非正式的宗教。非正式宗教的判断,迄今为止,不仍然为很多学者所信奉吗?当然,利氏这样判断是有策略性的一面,他作出古儒与今之别,认为古代儒家本来是信奉天主教的上帝的,只是秦火之后,真道失传且遭佛教乘虚而入,才导致后儒信仰上的迷失。

利玛窦去世之后爆发的"中国礼仪之争",争论在同修会之间、不同修会之间,直至罗马教皇与康熙之间展开。围绕着敬天、祭祖、祀孔,判断礼仪的性质,反对者们说是"迷信"与"偶像崇拜",辩护者则说敬天是宗教性的,而

---

① 李天纲:《三教通体:士大夫的宗教态度》,《学术月刊》2015 年第 5 期。
② 任继愈主编:《儒教问题争论集》,北京:宗教文化出版社,2000 年。李申:《中国儒教史》(下),上海:上海人民出版社,2000 年。李申:《儒学与儒教》,成都:四川大学出版社,2005 年。陈明主编:《儒教新论》,贵阳:贵州人民出版社,2010 年。
③ 李天纲:《三教通体:士大夫的宗教态度》,《学术月刊》2015 年第 5 期。
④ 利玛窦:《利玛窦中国传教史》上,刘俊余、王玉川合译,台北:光启出版社、辅仁大学出版社,1986 年版,第 82—86 页。

祭祖与祀是纯然"政治性"、"人文性"(civil)。

欧洲有许多大思想家虽未在中国,却十分关注"中国礼仪之争",莱布尼兹即其中一位。他基本上同意耶稣会士的判断,主张"儒家非宗教",但是他的理想是"理性宗教",认为儒家十分接近这一理想,指出儒家有"自然神学"①。

其实在欧洲的影响远不止一个莱布尼兹,毕诺在《中国对法国哲学思想形成的影响》②一书中已经有初步而扎实的研究,可惜英文学术界对该书的重视还不够(钟鸣旦语)。最近,张西平的新著主要从文献的角度上进行了挖掘③。

在明清之际的中国,正在进行着"儒学宗教化"热潮。近年来,学界有好几位学者做了研究,例如吕妙芬的《晚明〈孝经〉论述的宗教性意涵:虞淳熙的孝论及其文化脉络》,讨论晚明对《孝经》的一种具宗教性意涵的诠释④。王汎森在《明末清初儒学的宗教化——以许三礼的告天之学为例》一文中,详细论述了明末清初出现的儒家宗教化现象⑤。许三礼的"告天"之学说明了在明末清初出现了改造儒家宗教性不足的现象,当时受通俗宗教的冲激,再加上基督教传入中国,对"天"有新的理解,同时宋明理学那种过度哲学化,将儒学非常淡薄的宗教性铲除殆尽,这些因素与许三礼"告天"之学的形成都有关系。王汎森认为这很自然引出儒家究竟有无宗教性的问题,如果按照许三礼的说法,真正的儒家本来就像佛道教一样是个宗教⑥。还有吴震的《明末清初的劝善运动思想研究》对明清之际士人乡绅之宗教思想与行为实践作了十分细致的考证⑦。

明清之际的儒家宗教化现象与西学、西教有何关联?吕妙芬没有探讨这一因素,王汎森注意到了,只是没有做出断言。刘耘华力图回应这一问题,展开对清代前期江南文人应对天主教文化的研究,指出在西学西教风潮之下,毛奇龄、江永、戴震、凌廷堪对西学直言不讳,即便王锡阐、梅文鼎、钱大昕、阮元等"讳言西学"乃至排诋西学,在不经意处也"彰显"了西学。在宗

---

① 李天纲:《儒家的宗教性》,《哲学门》,2004年第1册。
② 维吉尔·毕诺:《中国对法国哲学思想形成的影响》,耿昇译,北京:商务印书馆,2000年版,第212—486页。
③ 张西平:《儒学西传欧洲研究导论》,北京:北京大学出版社,2016年版,第149—164页。
④ 吕妙芬:《晚明〈孝经〉论述的宗教性意涵:虞淳熙的孝论及其文化脉络》,《近史所集刊》第48期,2005年6月。
⑤ 王汎森:《明末清初儒学的宗教化——以许三礼的告天之学为例》,见《晚明清初思想十论》,上海:复旦大学出版社,2004年版,第54页。
⑥ 王汎森:《晚明清初思想十论》,上海:复旦大学出版社,2004年版,第61—86页。
⑦ 吴震:《明末清初的劝善运动思想研究》(修订版),上海:上海人民出版社,2016年版。

教信仰方面的关联更为隐秘,更多是以"反模仿"的方式发生的①。

朱维铮认为18世纪的汉学与西学有关联②。李天纲在《跨文化的诠释——经学与神学的相遇》一书中,提出将基督教神学和儒家经学进行比较研究的路径,在多篇论文中论及汉学与"西学"的关联,认为这是清代儒学发展的新路径,其中以《〈天主实义〉与〈孟子字义疏证〉》一文为代表。李天纲指出如果要自然科学那样实证地断言到底"西学影响"多大,很困难,像戴震等汉学家讳言同"西学"的联系,作者主张把这种"影响""看做是一种新的语境下的思想和学说的创新过程。在这个时候,我们要思考的不是'汉学家'们接受了哪些'西学',而是要问:如果没有'西学'的存在,'汉学'会不会是这个样子?我们不把'汉学家'看作是被动的接受者,而是把'汉学家'看做是儒家思想的继承者,他们从来就是这样自我担当的。'西学'是乾嘉思想的参照,但没有西学,乾嘉思想的内容和表述会有所不同。还'汉学家'以这样的主体地位,我们反而看到'西学'在许多关键场合起了决定性的作用。"③

既然在明清之际,儒家与"西学"就已经相互激发,并且还发生了儒家宗教化的事实。那么,自那时起,儒家"宗教性"就既是真问题,又是真历史了。

---

① 刘耘华:《依天立义:清代前中期江南文人应对天主教文化研究》,上海:上海古籍出版社,2014年版,第94页。
② 朱维铮:《走出中世纪》(增订本),上海:复旦大学出版社,2007年版,第136—163页。
③ 李天纲:《跨文化的诠释——经学与神学的相遇》,北京:新星出版社,2007年版,第108页。

第一章　明清之际中西丧祭礼仪的相遇

第一节　相遇、调和与龃龉

冠、婚、丧、祭几大仪式是世界性的共通现象,为许多民族所共有,礼更是中国文化的核心,其中尤以丧祭为重。子曰:"生,事之以礼,死,葬之以礼,祭之以礼。"(《语语·先进》)明末清初欧洲传教士来华试图实现中欧文化深入交流,却终因争论中国礼仪的性质问题而中断。"中国礼仪之争"的核心问题主要关于祭祖、祀孔和祭天是否迷信和偶像崇拜,至于丧礼,是一个充满诠释空间的领域。

本来在儒家视域中,丧礼与祭祖互有交叉却又有区别:礼有吉、凶、军、宾、嘉五类,祭祖纯属吉礼,而丧礼的前一阶段属凶礼,后一阶段属吉礼。从死者咽气之时的属𬯎礼尤其复礼始,至禫祭结束,为期共 27 月,是所谓"三年之丧"。以葬后的"卒哭"礼为界,之前属凶礼,之后属吉礼[①]。"卒哭"礼之前向死者魂魄所行的礼仪称奠不称祭。所以,"三年之丧"中的吉祭与祭祖十分接近,区别只是新主(死者的牌位)还未迁入庙。从行礼者的情感与意图而言,丧礼与祭祖更是亦交叉亦区别的关系,《礼记·郊特牲》所谓"祭有祈焉,报焉,由辟焉",道出行礼者的情感意图,对于久远的始祖与祭新主相比,显然后者报本反始的意义更明显,向死者祈福免祸的含义较少,尤其是卒哭祭前的"生事",主要是对于死者魂魄的安顿,是完整过程的不同阶段,从卒哭祭之前的多次奠到之后的小祥、大祥及禫祭,则报本反始的人文情感逐渐减少,祈福免祸的宗教性色彩逐渐增加。

面对中国礼仪的多个面向,不同传教士因自身对基督宗教教义的理解不同而立场有别,决定了他们具体关注中国礼仪哪个面向时,兴趣不一,聚

---

① 《家礼》:"《礼记·檀弓》曰:'卒哭曰成事。是日也,以吉祭易丧祭。'故此祭用吉礼。"见朱熹:《家礼》卷四,宋刻本,第 46 页。

焦点不同,对中国礼仪的性质判断不同,最终导致对中国礼仪的处理方式有别。

一、利玛窦调和耶、儒丧礼

1591年10月17日,耶稣会士麦安东殁于韶州①,此时利玛窦在华传教已经七年了,传教事业在重重困难下"初步经营"②。利氏在华七年中,或许对中国的丧事已耳濡目染,然而如何在中国安排传教士的丧事,他还缺乏经验,麦之死迫使利玛窦摸索着进行。麦的中国朋友按照中国的方式前往吊唁,一心乐于结交更多中国人的利玛窦当然没有拒绝,并以此为契机向这些中国人展示了具有特色的基督教丧礼,解释基督宗教的死亡观,效果不错,为此他说麦的逝世推进了在中国的传教事业③。

基督宗教的丧仪颜色本以黑色为主,而且耶稣会士"立誓贫穷"④,不喜隆丧厚葬,但是,利玛窦注意尽量满足中国人情感上的需求。

> 在葬礼进行的时候,教堂里的仆人们都穿上白衣,直到追悼者完全离去为止。中国人对亡者特别尊敬,棺木上都有特别装饰。因此,神父的棺木也不能太寒酸,同时,也不宜太奢侈。依照中国人的风俗习惯,圣堂里不可埋人,因为埋人以后,就不可再出入了,同时神父们也不愿意把他埋在山坡上;因此,就把棺材厝封起来,等待澳门院长来时,再决定埋葬的地方。⑤

好不容易在韶州歇下脚,根基未牢的利玛窦也不得不低调行事,在不违背教义原则的前提下调和两种丧仪,部分地按照中国的习俗行事,因此仆人们穿白色丧服,神父的棺材也尽量不寒酸也不奢侈。然而在埋葬一事上伤透了脑筋,在欧洲,对绝大多数人而言死后葬于何处,只有两种选择,"要么选择葬在堂区的公墓,要么葬在教堂"⑥,传教士们在中国内陆尚无自己的坟地,而又不愿如中国习俗那样葬在山坡上,于是只有等澳门院长来决定葬

---

① 费赖之:《在华耶稣会士列传及书目》上,冯承钧译,北京:中华书局,1995年版,第47页。
② 利玛窦:《利玛窦中国传教史》上,刘俊余、王玉川译,台北:光启出版社、辅仁大学出版社,1986年版,第212页。
③ 利玛窦:《利玛窦中国传教史》上,第218—219页。
④ 利玛窦、金尼阁:《利玛窦中国札记》,何高济等译,北京:中华书局,1983年版,第662页。
⑤ 利玛窦:《利玛窦中国传教史》上,第219页。
⑥ Christopher Daniell, *Death and Burial in Medieval England*, New York: Routledge, 1997, p.87.

地，一等就是两年。

接替麦安冬位置的石方西神父也于两年后的 1593 年 11 月 5 日病逝。利玛窦在处理石的丧事时，再度对耶、儒丧仪进行了调和。看到中国人对丧事的慎重，因而审慎地在丧服颜色、棺木、葬地等方面进行折中，一方面，适应中国的风俗习惯；另一方面，坚持基督宗教教义、教仪的规定，适当地彰显天主教徒的身份特征，因为这种彰显在他看来有利于传教①。1593 年 12 月 10 日，利玛窦在致罗马总会长的书信中说：

> 由于在中国不能把亡者葬在教堂中，外面也无地好葬，视察员神父愿意把两位去世的神父遗体迁到澳门，葬在"圣地"中。现在把它们盛在二口体面的棺材中，以隆重的仪式先送达广州，而后葬在澳门。因为中国人知道我们神父与众不同，同时殡葬亡人在中国也是件很慎重的事，他们以为要把两具遗体迁回欧洲，因此非常惊讶！对我们也非常景仰，这是他们对有地位的人方有的礼敬。②

用中国式的棺材，以中国式的隆重仪式将二神父的遗体送至澳门，并且给中国人造成一种归葬故里的印象，这些处理方式引起中国人的惊讶与景仰之情，传教士的丧事就这样较为妥善地处理了。利玛窦对麦、石二位神父丧事的处理成了其在华期间耶稣会士丧事安排所遵循的标准模式。直到利玛窦逝世前，所有在华逝世的耶稣会士的遗体一律要运回澳门③。而对中国式服丧、哭哀等仪式保持审慎地宽容和适度引导。哭是中国丧礼中的重要内容之一，而对中世纪及十六、十七世纪的欧洲人来说，人们对哭的态度略带矛盾，人死了，生者会哀哭，有时是出于自然感情的流露，有时则是伪装出来的，"不管是真是假，哀哭是面对死亡时正常情绪的部分表达，通常由哭泣表现出来"，然而，"在一个人临终时，他的家人被要求别走近床边，因为他们的哀哭会分散临终者灵性的工作，哀哭还意味着对死者的拯救缺乏信心。"④所以，总体上基督宗教的丧礼在情感上要保持节制。1607 年 8 月，利氏在苏如望的丧事中，教友们很大程度上还是按照中国的丧事习惯来吊唁，

---

① 利玛窦：《利玛窦中国传教史》上，刘俊余、王玉川合译，台北：光启出版社、辅仁大学出版社，1986 年版，第 231 页。
② 利玛窦：《利玛窦书信集》上，罗渔译，台北：光启出版社、辅仁大学出版社联合发行，1986 年版，第 135 页。
③ 利玛窦、金尼阁：《利玛窦中国札记》，何高济等译，北京：中华书局，1983 年版，第 617 页。
④ Christopher Daniell, *Death and Burial in Medieval England*, New York: Routledge, 1997, p.54.

而利氏则主要按基督宗教的标准行事,包括在灵柩台上盖上黑幕、举行弥撒等,同时对中国信徒们举哀、磕头等原有习惯较为宽容,并不因为自己不举哀而禁止教友的行为,还允许他们戴孝(服丧)①。

从麦安冬神父开始,直到17世纪末的阶段,"中国礼仪之争"矛盾尚未完全激化,来华耶稣会士的丧礼越来越中国化了。利玛窦逝世被朝廷赐葬地,成为提高传教士身份从而推进传教工作的一件大事。从此,来华传教士的遗体不再坚持要运往澳门,而葬在中国内陆,好些传教士的丧葬礼仪在朝廷的参与下趋向儒家化。利类思、安文思、南怀仁的丧礼即是体现②。其中以1688年3月南怀仁的葬礼尤为典型,中国化程度已经很深,传教士们按照儒家的方式穿白色丧服,连院长神父穿的法衣也是白色的,信徒们按照儒家的方式哭、跪拜磕头,与利玛窦对举哀保持节制不同,传教士们也一起"伤心至极",一再流泪,还有中国式的墓穴等。当然,中国的葬礼在葬前要祭奠的,于是神父们用基督宗教的方式祭奠,葬后,在墓顶上放上十字架。时至16世纪的欧洲,移尸入教堂的礼仪程序还与中国的出殡仪式相当,这一程序的确"是权力和声望的一个外在标志,同时是一种强烈的提示,提示人们为亡灵祈祷"③。虽然耶稣会士有"神贫"的要求,但是隆重的葬礼能很好地展示朝廷对传教士的承认,所以传教士们乐于接受这种礼遇,因而南怀仁的葬礼已经深深地嵌入儒家的成分。

相比传教士们的丧事,中国信徒的丧仪情况要复杂得多。随着耶、儒两种丧礼的交流愈来愈深入,据利玛窦、金尼阁的记述,许多中国信徒主动按照基督宗教丧仪的规定行事,如1602年,中国信徒秦保禄的丧礼④。

利氏1608年3月6日、3月8日以及8月22日连续三次致信罗马,不厌其烦地谈到一个圣名叫法比奥的中国信徒的丧事,在前两封信中谈完法比奥的丧事后,还谈到徐光启父亲的丧事。这个圣名叫法比奥的老人只是一个非常普通的中国信徒,何以让利玛窦再三地在书信中述说,甚至比对徐光启父亲的丧事还更激动?因为这位老人的行为给利氏意外的惊喜,利氏本不打算给他行严格的基督宗教丧仪,理由是在老人家里不大方便行礼

---

① 利玛窦:《利玛窦书信集》下,罗渔译,台北:光启出版社、辅仁大学出版社联合发行,1986年版,第347—348页。
② 萧静山:《天主教传行中国考》,见陈方中主编:《中国天主教史籍汇编》,台北:辅仁大学出版社,2003年版,第178页。杜赫德:《耶稣会士中国书简集》第一卷,郑德弟、吕一民、沈坚译,郑州:大象出版社,2001年版,第266—268页。
③ Christopher Daniell, *Death and Burial in Medieval England*, New York: Routledge, 1997, p.45.
④ 利玛窦:《利玛窦中国传教史》下,台北:光启出版社、辅仁大学出版社联合发行,1986年版,第404页。

仪,此外低调的利玛窦或许担心捧着圣体在街上走会引起其他中国人的反感和攻击,主张传教工作慢慢来的利氏还不打算对每位中国信徒的丧仪加以严格要求,也未料到这位老人会如此主动如此自觉,信仰如此纯正,结果一切都符合教会的礼规。尤其令他们开心的是没有请和尚、道士们来操持丧事,当利氏还在与徐光启摸索着如何为其父安排丧事时,这位老人已经向他表明中国信徒的丧事完全可以按纯正的基督宗教礼规来办理,难怪令他激动不已。

1607年,徐光启丧父,鉴于徐光启在官场和教会中都处于重要地位,他如何安排其父的丧葬礼仪会对传教工作产生重大的影响。因此利、徐共商治丧葬礼,决定丧礼一切从丰①。利氏说丧礼"没有一点外教的气氛",显然是指没有佛、道插手,而且没有其他迷信行为,但不是说纯粹按照基督宗教的仪式标准进行,丧事中尚有儒家丧礼的成分,例如尽量将丧事办得隆重,在北京时教友们是按照中国的风俗披麻戴孝的,然后回上海去守儒家传统的"三年之丧"。但是,不举行儒家丧礼的祭奠仪式,令许多官员十分惊讶②。"大家都注意他如何不采用俗礼殡葬他的父亲,他的一举一动对其他教友都会产生很大的影响。"③丧事无疑是让明清士人知晓信奉基督宗教一大契机。徐家丧事的善表收到很好的宣教效果,李问渔《徐文定公行实》记:"徐光启1603年受洗,进而全家入教。1607年邀请郭居静(Lazare Cattaneo,1560—1640)从南京来上海,借他父亲行天主教葬礼的机会开教,亲戚朋友二百余人入教。"④

有了这些成功的例子,传教士们越来越主动地用基督宗教的标准来要求中国信徒的丧事。1609年由一个叫路加的中国信徒成立了圣母会,来指导中国信徒的丧事,"中国人对于出殡仪式,非常注意。圣母会的任务中,有一项就是指导教友们的丧礼,在这项热心工作上,他们帮助穷人,使他们的丧礼完全依照天主教的礼仪进行。"⑤

利氏一定程度地突出基督宗教在教义、教仪方面的特性,能够在教友中起到善表的作用,而且能够让初次接触基督宗教的中国人感到惊讶,继而抓住契机晓之以教理,驳斥佛、道和"迷信",让他们对基督宗教产生尊敬、理解

---

① 利玛窦:《利玛窦中国传教史》下,第459页。
② 利玛窦:《利玛窦书信集》下,台北:光启出版社、辅仁大学出版社联合发行,1986年版,第356页。
③ 同上书,第365—366页。
④ 李问渔:《徐文定公行实》。转引自李天纲编注:《明末天主教三柱石文笺注》,香港:道风书社,2007年版,第320页,注116。
⑤ 利玛窦:《利玛窦中国传教史》下,第526页。

和好感,然后争取皈化之。随着中国信徒自觉地按照基督宗教的礼仪标准行事,给他带来惊喜之余,反馈给他的是这样的信息:中国信徒用完全的基督宗教礼仪办丧事行得通。监督中国信徒丧礼的圣母会也应运而生,中国信徒的丧礼基督宗教化的程度越来越高。利玛窦"规矩"的良性效果在其逝世后还不断得到体现。1611年李之藻也借父丧之际,用天主教礼仪,大行葬礼,宣传教会。"邀郭居静、金尼阁两司铎至杭州开教。之藻于丧葬诸事,力矫颓俗,屏绝异端,悉依典礼,与上年徐光启在上海所行相同。"作为李之藻的朋友,杨廷筠正是看到这样隆重的葬礼,才动心改信天主教的①。耶、儒丧礼的不同特色显得新奇而吸人眼球,更重要的是基督宗教的生死观触动了他们,杨廷筠是如此,后来的张星曜亦然,他在《天教明辩》自序中说:"予少习儒,以为应举之业在是也。既而先人背世,民俗竞作佛事,予亦延僧诵经,其所诵者:金刚、水忏、法华而已……思罪自己作,僧祈可免,是有钱者生,无钱者死也……既而与诸子际南游,诸子今之博学人也,与予谈天教之理,予怃聆其说,疑团尽释,深悔前之读二氏为错用功也。"②张星曜对于民间丧礼中作佛事来超度亡灵的做法加以反思,以此为重要契机而皈依基督宗教。

利玛窦不使用儒家丧礼中的祭奠礼,对于祭祖的描述也远远少于丧礼,但他不认为祭祖是迷信或偶像崇拜,他对祭祖的定性如下:

> 从皇帝到平民,儒教最隆重的事,是在每年的某些季节,给逝去的祖先献供,有肉、有水果、焚香及丝布,穷人则以纸代替丝布。他们认为这是尽孝道,所谓"事死如事生,事亡如事存,孝之至也"。他们并非认为死人会来吃上述的东西,或需要那些东西;他们立这些礼法主要是为活着的人,而非死人;即是说,那是为了教导子孙和无知的人孝敬仍然在世的父母。看到有地位的人,事奉过世的仍像在世的,自然是一种教训。无论如何,他们并不想逝去的人是神,不向他们祈求什么,祝望什么,与偶像崇拜无关,或许也能说那不是迷信,虽然最好在成为基督徒后,把这分孝心,改为对穷人施舍,以助亡者之灵。③

---

① 转引自李天纲编注:《明末天主教三柱石文笺注》,香港:道风书社,2007年版,第231页,注78。
② 方豪:《中国天主教史人物传》,上海:天主教上海教区光启社,2003年版,第305页。
③ 利玛窦:《利玛窦中国传教史》上,台北:光启出版社、辅仁大学出版社,1986年版,第85页。

这段描述基本上合乎儒家知识分子的口吻,利玛窦的态度较为宽容,同时,希望用基督宗教施舍穷人的方法代替祭祖。所以既有排他的立场,又能对祭祖持包容态度。这种定位与其对儒教的定位也是一贯的,一方面说"儒教是中国古代原有的宗教","儒教没有偶像,只敬拜天地,或皇天上帝","他们也拜其他神明,但他们认为这些神明不如上帝的能力大","儒教讨论上天给坏人的惩罚,和给好人的赏报;但一般所想的都是现世的报应:在行善或为恶者本人身上的报应,或在子孙身上的报应";教主是孔子;"关于灵魂之不朽,古人似乎没有什么怀疑,甚而好似他们想人死后在天堂仍活得很久,但没有讲什么人在地狱";还谈到儒教"给山河之神及四方之神献祭","儒教真正的神殿是孔子庙",因而,可以称为儒教。但是,另一方面,"关于来生的事,他们不命令也不禁止人相信什么,许多人除了儒教外,同时也相信另外那两种宗教,所以我们可以说,儒教不是一个正式的宗教,只是一种学派,是为了齐家、治国而设立的。"①

由上可知,儒家丧礼得以基督宗教化的同时,意味着基督宗教的丧礼儒家化,这种双向互动交流的过程不仅体现在中国信徒丧礼,还体现在来华传教士的丧礼上。利玛窦在华传教期间,一直坚持着基督宗教传统的排他性立场,从一开始就在坚持尽量按基督宗教丧仪来办丧事,这一立场前后并无多大改变②。但是他十分注意尊重中国人对传统风俗的情感需求,并不一味强行,而是十分注意与儒家丧礼相调和,对丧服颜色、吊唁方式、哭哀、棺材等中欧丧礼都有的因素注意细致地比较,较好地融通,同时不行儒家的祭奠礼。基督宗教与儒家丧仪的交流一直持续到17世纪末,比利时学者钟鸣旦就这期间两种丧仪的"交织"进行仔细辨析后,认为丧葬礼仪给中国和天主教推动了"非排外性的融和","不仅确认了参与者的天主教徒身份,巩固了他们的身份认同,而且使得他们能够继续融入广阔的中国社会。"③

二、龙华民的分歧与聚焦祭祖问题

在利玛窦执掌中国教区会长期间,耶稣会士们对待儒家丧祭礼仪的态度和作法并非全然一致,在乡村传教的龙华民(Nicolas Longobardi,1559—

---

① 利玛窦:《利玛窦中国传教史》上,第82—86页。
② 钟鸣旦说最初持"纯粹主义的排他态度",后来转变,笔者认为这一观点有待商榷。参见钟鸣旦:《礼仪的交织:明末清初中欧文化交流中的丧葬礼》,张佳译,上海:上海古籍出版社,2009年版,第85页。
③ 同上书,第253页。

1654)就持完全相反的态度。

龙华民于1597年来华,被范礼安派遣至韶州传教①,"龙华民神父看到,以前的神父在韶州城内及四郊传教,效果不佳;他决定到附近的乡下去试一试",取得很大进展,"教友日益增长,渐渐成为一个小堂区"②。他在靖村建立中国第一座教堂,比利玛窦在北京建立教堂还要早,在1609年被召赴北京任全国会督之前,一直在广东韶州传教③。因为是在乡村,接触到大量民间宗教,这成了他坚定地反"偶像"的重要原因之一。以这种态度对待民间祭祖,导致教难频发,困难重重。关于偶像崇拜情况,龙华民的教务报告写道:

> 外教人进教最大的困难,是因为天主教绝对反对偶像……
> 你若想到拜偶像是个普遍的现象,就知道问题有多严重了。中国人不只在公共的庙里供有偶像,像其他外教民族一样,而且家家户户都供了许多偶像,有如家庭的保护神;中国人是在偶像身边长大的。所以只禁止教友去寺庙还不够,还要使他们抛弃家里的偶像。④

龙华民在反对拜偶像的立场上非常坚定,哪怕因此一再遭受磨难,也决不妥协。他反对的偶像主要是民间宗教的神像,除此之外,也包括祖宗的牌位与画像。在韶州,龙华民与中国信徒们曾将祖宗的牌位及画像当作偶像给烧毁了,被人密告至韶州知府,知府耐心劝导他谨慎行事,龙与知府辩论了很久,龙神父"并不否认自己对偶像的态度及做法,他说儒家都是反对敬拜偶像的人……龙华民神父否认曾经做过对祖先的不敬的行为。"⑤他毫不顾忌知府及中国人对于祭祖的真情实感,只一味用基督宗教十诫的律令来解释,这对于不信教的知府来说显然是无效的。多一事不如少一事,一心息事宁人的知府对龙华民的态度是温和而有耐心的,而龙始终认为自己做得正确,立祖宗牌位与画像就是偶像崇拜,绝不相让。龙华民这般固执己见,与他对儒家乃至整个中国人的宗教信仰的定性有关,他认为"中国人

---

① 费赖之:《在华耶稣会士列传及书目》上,冯承钧译,北京:中华书局,1995年版,第59页;利玛窦:《利玛窦中国传教史》下,刘俊余、王玉川译,台北:光启出版社、辅仁大学出版社联合发行,1986年版,第380页。
② 利玛窦:《利玛窦中国传教史》下,第378、442页。
③ 费赖之:《在华耶稣会士列传及书目》上,冯承钧译,北京:中华书局,1995年版,第65页。
④ 利玛窦:《利玛窦中国传教史》下,第391—392页。第380页有译者按《利玛窦中国传教史》卷四第十七章关于韶州往事"利玛窦的手稿至此突然中止,留了八张半空白,资料已经准备好了,是葡萄牙文教务报告,后经金尼阁神父用葡文改编补充……"。
⑤ 利玛窦:《利玛窦中国传教史》下,第443—444页。

不知道属灵实体的存在","古代中国人和现代中国人都是无神论者",认为祭祖只是祭一种完全物质性的气,与向庙里的木偶或土偶求雨一样,"是一种极大的无知"①。龙华民明确判定祖先牌位、祖先像乃至祭祖都是偶像崇拜。

利玛窦的"儒教"观决定了他能够坚持排他性立场时还能保持一定的开放性,从而调和耶、儒,在排他性立场与适应儒家之间取得动态的平衡。而龙华民将祭祖定位于偶像崇拜,使得他在韶州的岁月一直笼罩着教难的阴影,接任会长以后一度导致所有在华传教士被逐。利玛窦与龙华民关于儒家礼仪的定性一直有分歧,相对于利玛窦的"儒教"观而言,龙华民以地道的"异教"观来对待儒家,在这一根本分歧之下,导致二人对儒家礼仪的聚焦亦不同,利玛窦更多地关注丧礼,而龙华民虽于 1602 年即在韶州用拉丁文刻印《丧葬经书》一卷②,但他显然主要关注祭祖是否迷信和偶像崇拜,对于调和两种丧礼兴趣不大。

利、龙之间的分歧尚是耶稣会内部的意见分歧而已,但当这种分歧延至不同修会之间时,问题变得复杂化,导致"中国礼仪之争"。

三、"中国礼仪之争"中的丧礼

关于"中国礼仪之争"的研究多集中在译名与祭礼,有必要从丧礼的角度简要梳理这场争论的几个阶段。

1. "中国礼仪之争"首先在福建正式爆发,由西班牙方济各会士利安当(Antonio Caballero,1602—1669)③挑起。1633 年,利安当抵达福建福安,曾问信徒王达陡④"祭"字何意,为了使还在学习中文的利安当明白,王氏说"祭"字在古代就如天主教的弥撒,他于是怀疑祭祖祀孔皆属迷信。利安当观看了葬礼,到发丧的人家去察看中国人的祭祀活动,然后坚定地认为这是偶像崇拜,应行禁止,耶稣会神父在容忍异端。修会之间的争论由此拉开了

---

① 潘凤娟:《无神论乎?自然神学乎?——中国礼仪之争期间龙华民与莱布尼茨对中国哲学的诠释与再诠释》,《道风:基督教文化评论》第 27 期,香港:道风书社,2007 年版,第 57—66 页。
② 1602 年,龙华民在韶州用拉丁文刻有《丧葬经书》一卷,附有汉字(参见费赖之:《在华耶稣会士列传及书目》上,冯承钧译,北京:中华书局,1995 年版,第 69 页)。笔者未见到该文献,故不知道龙华民在实践中如何处理儒家丧、葬礼仪,从刊刻情况和他坚执教义纯洁性的态度推断,他主要是用基督宗教的标准来办丧事。从现有材料看来,丧、葬礼仪如何行,不甚要紧,他关注的是祭祖。
③ 利安当:原名 Antonio Caballero 或者 Antonio de Santa Maria Caballero,另译为李安堂或栗安当等。本文概用利安当。
④ 黄一农认为"相公"王达陡相当于利安当的秘书,王于 1628 年左右入教,由艾儒略在福州领洗。见黄一农:《两头蛇:明末清初的第一代天主教徒》,上海:上海古籍出版社,2006 年版,第 389 页。

序幕,入华不久的多明我会和方济各会联合起来反对耶稣会,于1635年和1636年两次联合召开调查法庭,调查的对象是中国信徒,内容主要是关于祭祖、祀孔等问题,没有涉及上帝译名问题。其中关于祭祖亡灵的内容是:"在你们向祖宗的牌位和墓碑上献祭品时,自己的主观意想是什么,到底是要达到什么目的?……在亡灵的牌位前献上米饭、肉、酒、纸钱、香和蜡烛到底是什么意思?……就你看到、听到和读到的,中国礼仪的实践,如叩头、烧香、献祭品、拜天地人君亲师,是否有宗教涵义?"①

2. 方济各会、多明我会质疑耶稣会,而耶稣会不予合作,最终调查报告的内容由多明我会士黎玉范(Juan Bautista Morales,1597—1664)提交罗马②。从此,罗马教廷正式卷入"中国礼仪之争"。黎玉范向传信部提出十七点意见,反对耶稣会在传教区的做法,圣职部神学家作出裁决,经教宗英诺森十世(Innocent X)批准,颁发"传信部1645年9月12日部令",支持黎玉范,谴责耶稣会。这是罗马教廷关于"中国礼仪之争"的第一次表态③。传信部1645道部令的第十二条是关于治丧礼仪,黎玉范说这是"一种看似不能违背的习俗",他观察到中国丧礼的情景:为亡者设灵坛,上置遗像或者牌位,灵坛前点乳香、蜡烛,摆放鲜花,灵坛后停放灵柩;吊唁者对灵坛和亡者的遗像叩头,点上蜡烛和乳香,插在祭坛上。黎问:"是否可以允许基督徒,特别是传播福音的传教士,心里当作是爱心和善意的表示来做这些事情?尤其是当亡者是一些有名望的人士时是否可行?"罗马教廷回答:"只要这张桌子只是一件普通家具,而不是一个正式专用的祭坛,且他们做的这些举动是在民俗和政治范围内,可以允许他们这样做。"④

黎玉范和罗马教廷的态度是:祭祖是迷信活动,绝对禁止教徒参加祭祖活动;至于治丧,不像祭祖那样每年重复进行,故初步判定治丧礼仪为民俗性和政治性的,有条件地予以准许。这份决议有条件地允许举行治丧礼仪,这是因为报告对治丧礼仪宗教性的描述不如祭祖那样明显,也因为新来的托钵修会(方济各会和多明我会)对丧礼的了解尚欠深入,不知道与祭祖礼仪之间的内在联系,于是对这一"看似不能违背的习俗"暂且做出稍温和的

---

① 李天纲:《中国礼仪之争:历史、文献和意义》,上海:上海古籍出版社,1998年版,第34—41页。另关于利安当,参见崔维孝:《明清之际西班牙方济会在华传教研究(1579—1732)》,北京:中华书局,2006年版,第140页。

② 李天纲:《中国礼仪之争:历史、文献和意义》,上海:上海古籍出版社,1998年版,第36、41页。黄一农:《两头蛇:明末清初的第一代天主教徒》,上海:上海古籍出版社,2006年版,第391页。

③ 苏尔、诺尔编:《中国礼仪之争西文文献一百篇》,沈保义、顾卫民、朱静译,上海:上海古籍出版社,2001年版,第1页。

④ 同上书,第6页。

第一章　明清之际中西丧祭礼仪的相遇

描述。至于对祭祖的态度,基本上否定了耶稣会的做法。

3. 1654 年,耶稣会士卫匡国(Matin Martini,1614—1661)赴罗马申诉。不是将丧礼与祭祖分别开来,而将之与在祠堂祭祖以及祭坟等而视之,视为中国人纪念故人的三种方式,并非礼拜鬼神的迷信活动。关于丧礼的内容,大致与黎玉范报告的一样,他着重论及在祠堂祭祖,以纪念性弱化祭祖的宗教性,以便争取罗马的支持。于是教宗亚历山大七世(Alexander VII)授权圣职部裁决,发布支持耶稣会的第二份文件"1656 年 3 月 23 日圣职部给中国传教士的部令"①。

4. 1656 年之后,由于耶稣会与托钵修会各自都从教宗那里获得所需要的理据,各自按照支持己方的罗马决议行事,"中国礼仪之争"渐趋缓和,这种局面因 1669 年罗马第三份文件的公开支持而取得合法性。罗马的态度摇摆不定,就在 1659 年,传信部给越南、东京和印度的三位巴黎外方传教会的新宗座代牧特别指令,嘱咐他们别试图让中国人改变礼仪、习俗方式,反倒要把那些并非邪恶的礼仪习俗保持下去②。然而,1669 年 11 月 13 日,经克莱孟九世(Clement Ⅸ,1600—1669)同意,圣职部发布第三份决议,声明 1645 年 9 月 12 日和 1656 年 3 月 23 日的两份训令都有效,应该根据"具体情况等因素"来遵守③。

5. "广州会议"(1667 年 12 月 18 日—1668 年 1 月 26 日)之后,耶稣会与托钵修会面对杨光先案所致教难通力合作,搁置分歧,这种关系在度过教难之后一度延续,直到礼仪之争再起④。在"广州会议"上签过字的多明我会士闵明我(Dominic Fernandez Navarette,?—1689)从广州逃回欧洲,于 1676 年在马德里出版《中国历史、政治、伦理和宗教概观》(*Tratados Historicos, Politicos, Ethicosy Religiosos de la Monarchia de China*)一书上册,大肆抨击在华耶稣会士的传教方式。可谓一石激起千层浪,南怀仁遂于 1680 年综合北京地区会士的意见,撰写了一份长达六十余页的答辩;而耶稣会士李西满也于 1681 年撰成《辩祭参评》一书,呈送时任耶稣会中华副会长的毕嘉参考⑤。从此,中国基督徒积极参与礼仪交锋,声音来自福

---

① 苏尔、诺尔编:《中国礼仪之争西文文献一百篇》,沈保义、顾卫民、朱静译,上海:上海古籍出版社,2001 年版,第 9—10 页。
② 同上书,第 11—12 页。
③ 同上书,第 12—13 页。译文误将克莱孟九世译成克莱孟十一世,可能是混淆了 Ⅸ 与 Ⅺ 的缘故。
④ 方豪:《中国天主教史人物传》,上海:天主教上海教区光启社,2003 年版,第 356 页。
⑤ 李天纲:《中国礼仪之争:历史、文献和意义》,上海:上海古籍出版社,1998 年版,第 45 页。黄一农:《两头蛇:明末清初的第一代天主教徒》,上海:上海古籍出版社,2006 年版,第 408 页。

建、江西、浙江、陕西以及北京等地，与传教士一起就耶、儒礼仪展开深入的考证和辩护。

有一种观点认为1656年颁布的赞同礼仪的法令让耶稣会士错误地以为这是最后的裁决，放松对反对者的警惕，忙于传教事务而远离战场，导致后来在争论中迟迟出场，辩驳不力，最后以悲剧收场①。这一观点只看到平静的表面，有失偏颇。自从多明我会士闵明我于1676年在马德里出版《中国历史、政治、伦理和宗教概观》一书上册，大肆抨击在华耶稣会士的传教方式后，耶稣会士积极组织中国信徒研究中国礼仪，予以回应。他们除了对祭祖的宗教性进行如实调查之外，还对丧礼中的祭奠、饭含、灵前设磬、葬礼、用草人殉葬、复礼、叫魂、祭孤魂、祭天、祭风云雷雨、祭五祀、祀孔、祭城隍、婚礼拜天地等进行详尽的调研②。

6. 颜珰（Charles Maigrot，1652—1730）来华让这场交锋变得更激烈，致使"中国礼仪之争"矛盾激化，他是促使罗马为"中国礼仪之争"定下基调的关键人物。1687年，他被英诺森十一世（Innocent XI，1676—1689）正式任命为福建宗座代牧，1693年3月26日，在福建长乐县发布了著名的有关中国礼仪的七项禁令，要求福建各会传教士执行③。七项禁令对于"中国礼仪之争"的进程是毁灭性的，因为克莱孟十一世为此召开会议，并发布1704年11月20日的谕令。《克莱孟十一世备忘录》主要讨论的是祭祖问题，丧葬礼仪也被作为祭祖活动的一种，与祠堂祭祖相比，丧葬礼仪除了隆重程度、具体仪式、穿孝服不同之外，其他的祭供一样④。将安葬死者之前的丧奠礼与在堂屋、庙祠等祭祖礼等量齐观。"中国礼仪之争"中关于祭祖、祀孔、祭天、丧礼等中国礼仪的定性，至此已完成。罗马1715年3月颁布的

---

① 邓恩：《从利玛窦到汤若望：晚明的耶稣会传教士》，余三乐、石蓉译，上海：上海古籍出版社，2003年版，第284页。
② 李九功于临终前作《礼俗明辨》，时在康熙二十年秋冬，即公元1681年，最迟不会超过1682年2月6日。创作此书时，他已经体弱不能亲为，需他儿子协助，最后由他本人口授，其子李良爵笔录而成。分二十八条逐条回答问题，并附总评于文末。这二十八条问题与严谟《李师条问》分二十一条回答的问题基本一致，可知是李西满提出的问题（参见严谟的《草稿抄白》），还发给福建的何某、江西的夏大常、陕西的无名氏，让他们回答。
③ 李天纲：《中国礼仪之争：历史、文献和意义》，上海：上海古籍出版社，1998年版，第46—47页。Claudia von Collani, "Charles Maigrot's Role in the Chinese Rites Controversy", in D. E. Mungello (ed.), *The Chinese Rites Controversy: Its History and Meaning*, Nettetal: Steyler Verlag, 1994, pp.149-183. 吴旻、韩琦：《礼仪之争与中国天主教徒——以福建教徒和颜珰的冲突为例》，《历史研究》2004年第6期。据吴旻、韩琦研究，方济各（Francois Pallu）的墓碑（现存巴黎）碑文镌有"泰西司牧方公先生墓：讳济各……"等字，故正其汉名为"方济各"。此处为避免与下文耶稣会士方济各相混，循例用"陆方济"。
④ 苏尔、诺尔编：《中国礼仪之争西文文献一百篇》，沈保义、顾卫民、朱静译，上海：上海古籍出版社，2001年版，第33页。

《自登基之日》宪章和1742年7月5日颁布《自上主圣意》宪章只是对1704谕令的一再重申。

四、耶、儒比较视域中的丧与祭

(一) 儒家的丧葬礼仪

利玛窦对中国的丧事有诸多描述①，金尼阁的叙述，在利玛窦的基础上略有加工，说中国人有为其他任何民族所不及之处，乃道德方面重孝道，这体现在礼仪上，"他们那种宗教式的繁文缛礼莫过于他们在父母的丧礼细节方面的认真了……"②。

利玛窦于明万历朝来华。与明太祖时相比，礼制有因损革益。"明太祖初定天下，他务未遑，首开礼、乐二局，广征耆儒，分曹究讨"③，明太祖对礼制进行改革，敕中书省传令全国各地举荐素志高洁、博通古今、练达时宜的儒士至京，纂修礼书，徐一夔等人于洪武三年(1370)九月修成礼书，朱元璋赐名《大明集礼》④，其中，丧礼是"本之周经，稽诸唐典，而又参以朱子《家礼》之编"⑤。以《大明集礼》为主的礼书基本成为有明一代定制。利玛窦在华期间，丧事越来越回归奢华，"明自仁宗献陵以后，规制俭约。世宗葬永陵，其制始侈。及神宗葬定陵，给事中惠世扬、御史薛贞巡视陵工，费至八百余万云。"⑥

利玛窦眼中明人办丧事所本的"专书"从篇幅上看不像是朱子《家礼》本身，或是某种版本的家礼类书籍，其中关于葬礼的选择术方面，很多人家参阅《通书》⑦。《大明集礼》已参以朱子《家礼》，"永乐中，颁《文公家礼》于天下"⑧，原本属私家仪注的《家礼》，一再得到官方的认定。《四库全书总目》评价黄佐编的家礼著作《泰泉乡礼》："简明切要，可见施行。在明人著述中，犹为有用之书。"⑨另外，明代有10种家礼书，被列入"存目"中，其中有4种是本诸朱子《家礼》而或有损益，它们是丘濬的《家礼仪节》、杨慎的《别本家

---

① 利玛窦:《利玛窦中国传教史》上,刘俊余、王玉川译,台北:光启出版社、辅仁大学出版社联合发行,1986年版,第59—61页。
② 利玛窦、金尼阁:《利玛窦中国札记》,何高济等译,北京:中华书局,1983年版,第76—77页。
③ 张廷玉:《明史》卷四十七,志二十三,北京:中华书局,1974年版,第1223页。
④ 同上。
⑤ 徐一夔:《御制大明集礼》,卷三十七上,凶礼二,明嘉靖九年内府刻本,第31页。
⑥ 张廷玉:《明史》卷五十八,志第三十四,第1453页。
⑦ 黄一农:《通书——中国传统天文与社会的交融》,《社会天文学史十讲》,上海:复旦大学出版社,2004年版,第302—307页。
⑧ 张廷玉:《明史》卷四十七,志二十三,第1224页。
⑨ 永瑢等:《四库全书总目》,卷二二,经部二十二,礼类四,北京:中华书局,1965年版,第181页。

礼仪节》、吕坤的《四礼疑》和韩承祚的《明四礼集说》①。其中前两本都混释入儒,《别本家礼仪节》的"送葬图"中有四僧前导,四乐工鼓吹而随之,虽然本自《家礼》,却背离了朱子《家礼》反佛的立场。

虽然《家礼》到底是否出自朱熹多有争议,清儒更甚,但是,《家礼》流行于世是公认的,《四库全书总目》即便声称《家礼》非朱子所作,也承认其流行,云:"则是书之不出朱子,可灼然无疑。然自元明以来,流俗沿用。故仍录而存之,亦记所谓礼从宜、使从俗也。"②清人徐乾学云:"当世士大夫未尝不用家礼,往往参以流俗。"③李塨批评道:"今世率遵《朱子家礼》,然多杜撰无凭,行之偵蹳。"④明清之际,中国人的丧礼驳杂,常杂入佛、道,却较普遍地遵行流行的朱子《家礼》模式,从杨廷筠在自家丧事的处理上可见一斑:关于太公、太夫人的丧事,到底用何葬礼,"亲眤宗党"们在儒、释、道、耶四家间有分歧,杨廷筠"命取《家礼》示之曰'此非吾侪所共遵守者哉?礼莫备于《家礼》,宋儒准古丧、祭,垂之万祀,不过如是。安所取于今之念佛功果为也?'众皆默然而犹私拟"⑤。

因此,不同人、不同时间、不同地点,所行的丧礼会有所不同,但朱子《家礼》在明清之际的礼书和丧事中,最具影响和普遍性,故下面就以之为例,来说明明末清初儒家丧礼的基本程序。

《家礼》共分通礼、冠礼、昏礼、丧礼、祭礼五篇,其中将本属于祭礼卷的"祠堂"置于"通礼"卷首。卷四是《丧礼》,从"初终"至"禫"共有 21 个条目,每条杂以注释⑥,条目如下:

1.初终,2.沐浴、袭、奠、为位、饭含,3.灵座、魂帛、铭旌,4.小敛,5.大敛,6.成服,7.朝夕哭奠、上食,8.吊、奠、赙,9.闻丧、奔丧,10.治葬,11.迁柩、朝祖、奠赙、陈器、祖奠,12.遣奠,13.发引,14.及墓、下棺、祠后土、题木主、成坟,15.反哭,16.虞祭,17.卒哭,18.祔,19.小祥,20.大祥,21.禫。

---

① 张寿安:《十八世纪礼学考证的思想活力》,北京:北京大学出版社,2005 年版,第 44—46 页。
② 永瑢等:《四库全书总目》,卷二二,经部二十二,礼类四,北京:中华书局,1965 年版,第 180 页。
③ 徐乾学:《读礼通考》,卷三十八,丧仪节一,清文渊阁《四库全书》本。
④ 张寿安:《十八世纪礼学考证的思想活力:礼教论争与礼秩重省》,北京:北京大学出版社,2005 年版,第 29 页。
⑤ 丁志麟:《杨淇园先生超性事迹》,见钟鸣旦、杜鼎克、黄一农、祝平一等编:《徐家汇藏书楼明清天主教文献》第 1 册,台北:辅仁大学神学院,1996 年版,第 224—225 页。
⑥ 朱熹:《家礼》,宋刻本,第 1—55 页。

《家礼》在司马光《书仪》的基础上，较以前简略和体系化了，虽然如此，也可以看出，儒家丧礼的整个程序非常庞杂。从主要过程来看，大体分为初丧、治丧、出丧和终丧等步骤①。

第一，初丧礼仪是初死阶段亲属采取的礼仪，包括属纩、招魂、变服、讣告和沐浴、饭含等。属纩是将棉丝等物置于鼻子前，用以判断是否断气；死者去逝后，"复"，即举行招魂礼，然后正式举办丧事，家属们穿上素服，将死讯讣告于亲戚僚友；行过招魂礼后沐浴，即清洗尸体；然后饭含，即往死者口中填塞珠、玉、米、贝等。

第二，治丧礼仪指出殡前的整个仪程，俱在家完成，包括设魂帛、铭旌，入殓、吊丧、成服、朝夕哭奠等。"经绛帛为铭旌"，在治丧时设立，出殡时张举在灵柩的旗幡，祭奠时倚放灵座之右，入葬时覆盖在棺盖上，"结白绢为魂帛"②，"魂帛在宋代以前也称重。设重是因为初丧未置神主，用重代替主其神"③；吊丧是在获知死讯后到丧家进行吊唁，赙赠是吊丧时的一种捐助明器钱物仪式，赠是送给丧家的送葬之物，赙是以财物助人办丧事；死之第二日小殓，即为死者穿殓衣，第三日大殓，即把死者的尸体入棺；第四日成服，是丧家及其亲属按照各自与死者的血缘关系的亲疏远近，根据五服制即斩衰、齐衰、大功、小功、缌麻，各自穿上相应的衣服；朝夕哭奠，停丧期间，必须每天在日出和日落时分举行两次祭奠，设酒食脯肉，祭奠时成服的亲属俱尽哀哭。

第三，出丧也叫出殡，礼仪包括把灵柩发送到墓圹的整个过程。葬前要先选择好墓地及葬日；发引前一日，将灵柩移到堂屋正中以准备出殡，再将灵柩运到祖庙，然后朝祖，即在祖庙行礼，意在告别尊祖先辈，所谓"顺死者之孝心，哀离其室，故至于祖考之庙而后行也"④。出殡之前要备好明器，并于发引前五刻，陈列吉凶仪杖，包括方相、志石、大棺车及明器等器物陈于柩车之前；出殡最主要的仪式是送丧（送葬）过程：棺柩置于灵车上之后，举行遣奠仪式，祭仪如祖奠，然后灵车启动，灵车发引曰在涂，即在途；发丧途中，由小祝设路祭，祭祀五祀；灵车到墓地叫及墓，然后下柩入墓，须举行一番陈

---

① 关于儒家丧葬仪式过程四个阶段的内容，参见陈华文：《丧葬史》，上海：上海文艺出版社，1999年版，第62—81页。
② 朱熹：《家礼》卷四，宋刻本，第6页。
③ 陈华文：《丧葬史》，上海：上海文艺出版社，1999年版，第68页。"始死，未作主，以重主其神也。"郑玄注，孔颖达正义：《礼记正义》卷九《檀弓》下，《四部精要》本，上海：上海古籍出版社，1992年版，第1301页。
④ 孙希旦：《礼记集解》卷十《檀弓》下，北京：中华书局，1989年版，第264页。陈华文《丧葬史》，上海：上海译文出版社，1999年版，第75页。

设明器和祭奠的仪式,于墓左祭奠后土,然后题好神主,祝奉神主上车,最后成坟。送丧完成,标志着葬仪的过程告结束。葬毕后,要举行反哭、虞祭之礼,反哭是丧家在掩埋之后奉神主归家而哭,同时举行祭奠仪式,尽哀而哭,然后,沐浴以准备虞祭,虞祭的目的是使死者的灵魂有所归处,虞祭共有三次,第一次是在下葬后当日举行,遇柔日再虞,天干记日中的乙、丁、己、辛、癸日为柔日,再虞后的第二天是刚日(甲、丙、戊、庚、壬日),举行三虞。

第四,虞祭之前的礼仪皆属五礼(儒家礼仪共分五类:吉、凶、军、宾、嘉五礼)中的凶礼,卒哭祭是"以吉祭易丧祭",故此礼及以后的终丧礼仪都是吉礼。卒哭祭后,丧事还没结束,只是已近尾声,孔子在答孟懿子问孝时曰:"生,事之以礼;死,葬之以礼,祭之以礼。"①所以丧事并不因成坟而告结束,还持续至死者成为家族的祖先,卒哭的第二日举行袝,即将新的神主按礼仪置于祠堂,纳入祖先神主中。之后还得举行大小祥、禫祭等祭礼:小祥也称练祭,于死者去世后一周年举行,小祥祭后,孝子可以去除部分丧服;大祥于两周年时举行;大祥之后,间隔一个月举行禫祭,按郑玄的说法,自丧至此,共二十七月,王肃认为是二十五个月。总之,禫祭之后,整个丧事宣告结束,丧家生活复常。

中国历史上几千年延绵不绝的丧礼,虽然因时、地而有变化,但有着较稳定的基本结构,这在《家礼》中表现得较明显,从大的方面来说,丧礼处理生者与死者两方面之间的关系,殓、葬、奠、祭等环节,旨在安顿死者的尸体和灵魂;对生者而言,一是要安顿未亡人的心理,一是社会功能层面,通过丧礼让社会得以继续维系下去。

(二) 欧洲中世纪的丧葬礼仪

欧洲中世纪丧礼的流变,总体趋势是按照基督宗教的标准走向规范化。所以,从这个角度而言,"中世纪的丧事,若非全部,亦大部分是基督宗教的丧事。"②基督宗教群体在罗马晚期丧葬礼仪的基础上完成创制过程。罗马晚期是源头③,基督宗教群体自身才是创制的主体,"因为他们需要用仪式来回应人类死亡的问题,仪式上不仅要遵守过去,而且赋予他们自身对社会结构和基督宗教的理解"。到九世纪末,欧洲(西拉丁地区)的丧礼已经

---

① 杨伯峻:《论语译注》,为政篇第二,北京:中华书局,1980年版,第13页。
② Paul Binski, *Medieval Death*, New York: Cornell University Press, 1996, p.9.
③ P. Brown 的观点,参见 Christopher Daniell, *Death and Burial in Medieval England*, New York: Routledge, 1997, p.30.

基本定型①。11 至 12 世纪隐修运动将更为规范化的丧仪传遍欧洲②。

所以,从 9 世纪末至西方传教士来华前,欧洲丧礼已经有较稳定的结构。我们从丹尼尔(Christopher Daniell)对英国中古时期(1066—1550)丧、葬礼仪的研究来考察这时期欧洲的情况。整个丧事可以分为临终和终后两个大的阶段。

1. 临终

弥留之际,相关人员通知神父,神父得到消息便在教区的教堂作弥撒(say Mass),如情况紧急,则使用事先做好的弥撒。然后,神父与随从人员拿着圣饼列队而行,庄重地走过街道,来到病危者室内。

一到达临终者室内,便正式启动丧礼的程序(Ordo Visitandi)。首先在临终者跟前举起十字架,以便安慰他,并且驱赶那些欲伺机夺魂的魔鬼。然后,神父向临终者问七个问题,即"七讯问"(seven interrogations),内容主要是宣称对上帝的正确信仰及悔罪。接下来,举行涂油终敷和临终圣餐(viaticum)圣事。

圣事举行完毕后,临终者被认为处于生与死之间的幽冥界,这种状态一直持续到身体的死亡,这段时间除了临终者本人要尽力保持警觉外,也希望围绕在身边的人们积极参与,帮助其完成"好的死亡",因为善终有益灵魂。期望这些亲朋好友们按标准应答问题、为灵魂祈祷、念祷文等,也一定程度上接受哭号。此外,还要立遗嘱等,只要这些行为不分散其注意力即可。

判断是否确切死亡并非易事,有些方法可用,如拿羽毛、镜子或者稻草等物置于口鼻前,以识别是否断气。这与中国的"属纩"礼是一样的。

2. 终后

一旦确定死亡,便要准备殡葬,从死亡到下葬共为期三天,期间有一系列礼仪。首先是殓尸,包括为死者穿衣,相当于中国的"小殓",然后装尸入棺或者枢车,与中国的"大殓"相仿,这些礼仪举行完毕后,其他相关社会人员为之服丧。死尸被认为是不洁和危险的,惟恐有人死于尸体散发的恶臭。接下来要移尸至教堂,有送葬的队伍,沿路要举行仪式,响铃声是其中较为引人关注的一项。这些既是为了死者的灵魂考虑,也是为了达到展示家族的社会财富、地位以及凝聚家族等目的。

---

① Frederick S. Paxton, *Christianizing Death: The Creation of a Ritual Process in Early Medieval Europe*, Ithaca and London: Cornell University Press, 1990, pp.1, 14-15.

② Christopher Daniell, *Death and Burial in Medieval England*, New York: Routledge, 1997, p.30.

三天之后下葬,下葬之礼比其他礼仪轻微得多。

一年之后,要为死者举行周年祭①。

上述即丧礼的基本情况,其中许多细节在史上有争议,例如为死者哭号是否适当,寿衣尺寸的大小,谁才可以移尸至教堂(13世纪),等等。这些争议的出现是因为基督宗教丧礼处于创制中。

据钟鸣旦研究,16世纪之后欧洲礼仪比之前规范很多,随着印刷术的使用,教会大力推进礼仪规范化,使各教区的礼仪比之前统一。特兰特圣公会议(1545—1563)决定整合礼仪,要求各拉丁教区严格按照印刷手册上规定的标准来举行弥撒和其他礼仪,1588年教宗西克斯笃斯五世(Pope Sixtus Ⅴ,1585—1590年在位)设礼部予以监督②。

16世纪之后的情况,要数1614年出版的《罗马礼书》(*Roman Ritual*)最重要,这部规范适用于所有罗马天主教教区,并且是构成17世纪传教士传入中国的基督教丧礼的基础。《罗马礼书》第四章是对临终礼仪的指导,包括敷油圣礼、临终探视和助善终等礼,第五章是对终后丧礼的指导,描述了丧礼所要遵循的不同步骤和整个过程中(从将死者由家中运往教堂开始,到神父从墓地返回为止)所要作的祷告,包含五个部分:将死者运往教堂、诵念亡者日课、丧礼弥撒、告别礼和葬礼③。

综上所述,耶、儒丧礼展开交流之前,基督宗教已经形成较稳定的结构。两者都以一整套礼仪来回应死亡,在规范化的进程中,礼文虽有因损革益,围绕着如何安顿死者的灵魂,祭奠仪式贯穿整个丧事过程。同时,从丧事作为维系和塑造各自文化传统的重要部分而言,耶、儒都要处理生者与死者的关系,包括心理调适、权力展示、家族维系与身份标志等等,因而贯穿丧事始终的各细节也多有相似之处。

当然,相通之下不能掩盖耶、儒丧礼一些结构性的差异。如上所述,这种差异是历史的产物,就基督宗教而言,刻意与传统丧礼相区别,这种区别是基督宗教社群自我身份标识的关键。与儒家相比,基督宗教特别重视善终,因为善终对于灵魂是否上天堂至关重要,临终所举行的礼仪除了行弥撒圣事之外,针对身体和灵魂进行健康治疗的敷油礼也被列为"七圣事"之一,相反,对于身体的安葬显得轻微。而儒家虽然讲究寿终正寝,但是丧礼要等

---

① Christopher Daniell,*Death and Burial in Medieval England*,New York:Routledge,1997,pp.30-64.
② Nicolas Standaert,*The Interweaving of Rituals*,Seattle,London:University of Washington Press,2008,p.26.
③ Ibid.,pp.22-25.

到终后才正式开始,安葬显得特别重要,尤其随着堪舆风水说的流行,为了择一葬地经常发生停棺不葬之事。耶、儒丧礼的差别根源于双方灵魂观的不同。

结语:丧礼与祭祖之间的微妙关系给各派传教士创造了诠释空间,因为不同传教士自身对基督宗教教义的理解和执行态度不同而具有不同的诠释立场,龙华民等极少数耶稣会士与托钵修会惯以正教/异教的思维方式论断是非,导致他们以不同的视点来聚焦儒家礼仪,从而对儒家礼仪的宗教性质作出不同的判定,选择了不同的方式来对待。因为中欧丧礼在文化层面具有广泛的交流空间,利玛窦及其后绝大部分耶稣会士将目光聚焦于丧礼,而对祭祖不愿多谈,就丧礼而言,三年之丧过程前后的奠祭亦不多谈,而津津乐道于中欧丧礼丧服颜色、葬地等差异。利玛窦注意尊重中国人行传统礼仪时的情感需要,在坚持基督宗教教义纯洁性立场的范围内适度调和耶、儒,其调和方式包括"置换""替换""实现"等多重诠释方式①,虽然未必做到彻底的平等对话,却很大程度上做到了开放性,结果丧礼不仅不成为传教的阻碍,更成为向中国士人展示基督宗教的良机。但反对者们就不同了,龙华民及托钵修会士们将眼光死盯祭祖礼仪,且好做是非判断,而对丧礼则轻描淡写。在争论的过程中,为礼仪辩护的耶稣会士大体遵循利氏的规矩,只是因为在争论使得文化交流的气氛日益恶化的环境下,向对手有意弱化甚至隐瞒、曲解儒家礼仪中的"宗教性"色彩,从而随着争论的日趋激烈,争论陷入恶性循环,以丧礼为媒介沟通中欧的文化空间日益受到挤压,丧礼终享受到与祭祖礼仪等同视之的待遇。

历史已往,教训不可谓不深刻,然启示似乎需要不断反思。利氏的做法是具建设性的,当然,中国礼仪文化的宗教性问题亦绕不过去。在一切未得到建设性的解决之前,不妄断是非,尊重情感需求,如保罗在《哥林多前书》第八章、第十章所记录的那样,面对基督宗教之外的礼仪时,要在爱里表达基督宗教的诉求,②这恐怕是最起码的教训。当今文明之间的对话,何尝不是这样呢?

---

① 史密斯(Henry N. Smith)将传教士对中国祭祖问题的回应按方法与策略分为四类:移置、替换、实现和调适。杨克勤在此基础上作了些调整。笔者认为利玛窦在调适耶儒时,实已涵盖所谓置换、替换、实现几类诠释方式。杨克勤:《祭祖迷思》,台北:台湾基督教文艺出版社,1996年版,第21—37页。

② 杨克勤:《祭祖迷思》,台北:台湾基督教文艺出版社,1996年版,第126页。

第二节 无神的偶像崇拜:龙华民与"十诫"的跨文化诠释困境

> 您有"偶像"与"偶像崇拜"这两条词目吗?这本是一个自从有人谈过以来还没有讨论过的题目。从来就没有人崇拜过偶像,从来也没有人供奉木偶石像,人民看待这类偶像就像看待我们那些圣徒一样。这是个棘手的问题,却包含有许多好道理。
>
> ——伏尔泰1756年12月28日致书达良贝

明末清初随着欧洲耶稣会士入华,天主教神哲学与儒学展开较深入的交流,关于儒家礼仪也引发了一场大的争论,即史上有名的"中国礼仪之争"。这场争论的核心是儒家祭礼到底是否"迷信"和"偶像崇拜"? 偶像崇拜是《旧约》"十诫"中的内容,"迷信"一词则晚出。指责中国礼仪的人往往将迷信和偶像崇拜两词联用,显得含混。将这两个词加于中国礼仪一身,来作性质判断,在跨文化的层面十分困难。

一、欧洲的分歧:反偶像崇拜到底属于哪一诫?

反对偶像崇拜是《圣经》"十诫"当中的规定,但是到底属于第一诫还是第二诫,在西方神学史上有分歧,关于不同的传统或教派对"十诫"的分类与排序情况,据沃特·哈瑞尔逊(Walter Harrelson)统计:奥古斯丁将之列于第一诫,天主教和路德宗将之作为第一诫的注释,从属于第一诫,有时甚至被忽略不提;而犹太教、更正宗、东正教、约瑟法斯、斐洛等都将之单独列为第二诫(见附表)[①]。

为何会产生这些分歧?就反对偶像崇拜内容本身而言,似乎可分为两方面:一是反对跪拜、侍奉像所象征的"邪"神(鬼魔);其二反对立像,即各种物质性的具体的形像,如木偶、土偶、塑像、画像之类。奥古斯丁认为偶像崇拜仅指肖像所代表的受造物,而使徒保罗则兼指立像与像所代表的

---

① Walter Harrelson, *The Ten Commandments and Human Rights*, Macon, Ga.: Mercer University Press, 1997, p.40.

受造物两者①。按照前一种理解,则反对偶像崇拜实则反对敬拜别神。若按后一种理解,则强调立像行为本身应禁止。关于反对立像行为本身,存在这样的问题:天主教本身也立像,包括天主像、圣母像、圣人像等,也是偶像崇拜吗?这点,在宗教改革时期曾遭到新教徒人肆抨击,显然天主教徒不会承认,在他们看来,立像本身只是崇拜神的手段,他们反对的只是信徒有可能将像与神等同的危险倾向,因为世界上的一切乃天主所造,本不具备用来表现天主的资格。但是这样回答仍然模糊,留下一个问题:如果有些像本身只是空洞的,并不指代任何神,是否存在着一种无神的偶像崇拜?这一问题置于"异教"的对象面前进行跨文化诠释时一点都不显得突兀,尤其是在汉语语境中得以最大程度地彰显。

二、争论在汉语语境下展开:中国祭礼是偶像崇拜吗?

争议首先在耶稣会内部进行,挑起这场争论的是龙华民。他认为"中国人不知道属灵实体的存在","古代中国人和现代中国人都是无神论者",他在《论中国宗教的几个问题》中说祭祖只是祭一种完全物质性的气,与向庙里的木偶或土偶求雨一样,"是一种极大的无知"②。实际上,龙华民下了两个重要的判断:中国人都是彻底的无神论者,而祭祖是偶像崇拜。既然是无神论者,又如何会去迷信和偶像崇拜呢?是否矛盾?龙华民误读了朱熹的思想,朱熹认为祭祖时与先人沟通的媒介是"气",而龙华民将此"气"误解为纯粹物质性的。因而祭祖的行为在他看来多么"无知"。在他的误读下,实已将祭祖定性为一种无神的偶像崇拜。

龙华民的悖论不仅为后来"中国礼仪之争"的大爆发埋下定时炸弹,后来托钵修会与耶稣会之间的争论基本在此框架之内。礼仪的反对者包括最初的利安当,到多明我会士闵明我,再到为整个争论定下基调的颜珰,都深受其影响,甚至颇有几位属龙华民派的耶稣会士在"广州会议"上倾向于利安当。龙华民的论文《论中国宗教的几个问题》(Traite sur quelques points

---

① 多玛斯·阿奎那(Saint Thomas Aquinas, 1225?—1274)在《神学大全》论偶像崇拜时说:"如奥古斯丁在《上帝之城》所云:其他人顶礼膜拜的并非那些肖像,而是肖像所代表的受造物。使徒兼指两者(罗马书1:23, 25),关于前者,他说:'将不能朽坏之神的荣耀变为偶像,仿佛必朽坏的人和飞禽、走兽、昆虫的样式,'关于后者,他说:'他们敬拜侍奉受造之物,不敬奉那造物的主。'"见多玛斯·阿奎那《神学大全》(*Summa Theologica*),第二集第二部第94题第一节(SS, Q94, A1.),英文版,第2131页。见 http://www.ccel.org/ccel/aquinas/summa.html。
② 潘凤娟:《无神论乎?自然神学乎?——中国礼仪之争期间龙华民与莱布尼茨对中国哲学的诠释与再诠释》,《道风·基督教文化评论》第27期,香港:道风书社,2007年版,第57—66页。龙华民:《论中国人宗教的几个问题》(节选),杨紫烟译,《国际汉学》2015年第2期。

de la religion des Chinois)于 1701 年在巴黎出版后,"给欧洲以极大的震动"①。在"中国礼仪之争"闹得不可收拾之前,也有许多支持中国礼仪的人指出他的悖论。

早在"广州会议"(1667 年 12 月 18 日—1668 年 1 月 26 日)上,有一位叫巴道明(Domenico Sarpetri)的多明我会士站在耶稣会一方为中国礼仪辩护,在一封致传信部的信中,"他援引龙华民先前的观点说中国人是唯物论者,因此无力崇拜孔子和他们的祖宗。"②

多明我会士闵明我(Dominic Fernandez Navarette, ?—1689)大致追随龙华民对儒家的解释,因而龙华民的悖论被直接带入闵明我关于中国礼仪的讨论中:"中国礼仪是迷信和偶像崇拜,哪怕行礼仪者是无神论者。当考虑这一问题,中国人是否'因为真正是无神论者,不知道上帝、天使、理性的灵魂、来世的奖惩,所以会出现立誓(oath)或者类似的行为'? 他认定中国人确实如此,因为他们'献祭,向天、太阳、月亮等祷告且祈求',他们'对这些事物满怀敬意、尊崇和惧怕',或许因此指着它们立誓。"③

曾于 1706 年奉康熙命前往罗马表达其对礼仪态度的耶稣会士薄贤士(Antoine Beauvollier, 1657—1708)在 1698 年末至 1699 年初期间同凯梅纳(Louis Quemener, M. E. P, 1644—1704)谈及中国礼仪问题,凯梅纳是支持颜珰(Charles Maigrot, 1652—1730)而反对中国礼仪的,他说:"中国人从来都是无神论的,孔子也是个无神论者,未曾知道真正的上帝。""如果情况属实",薄贤士说,"那么中国人从来都不是偶像崇拜者,那些追随孔子教义的官员们从来都不曾有过宗教行为。因此,对孔子之名的虚假崇拜以及向死者献祭皆非宗教行为。"凯梅纳终坚持己见,不听薄贤士劝告,继续反对耶稣会④。

颜珰明显在龙华民基础上,作了些修正,"认为世界各地的宗教都是相似的,所有民族不是偶像崇拜者,就是无神论者。中国的古儒、佛教或者道教在他看来是纯而又纯的迷信,因为有许多神灵。后来的宋儒是无神论,也就是说,有学问的中国人除了敬物质之天外,什么都不信。"⑤

---

① 李天纲:《中国礼仪之争:历史、文献和意义》,上海:上海古籍出版社,1998 年版,第 26 页。
② Paul A. Rule, *K'ung-tzu or Confucius*, North Sydney: Allen & Unwin Australia Pty Ltd, 1986, PP.102-103.
③ Ibid., P.108.
④ John W. Witek, "Eliminating Misunderstandings", in D. E. Mungello (ed.), *The Chinese Rites Controversy: Its History and Meaning*. Nettetal: Steyler Verlag, 1994, p.189.
⑤ Claudia von Collani, "Charles Maigrot's Role in the Chinese Rites Controversy", in D. E. Mungello (ed.), *The Chinese Rites Controversy: Its History and Meaning*. Nettetal: Steyler Verlag, 1994, p.180.

关于中国祭祖、祀孔、敬天等礼仪性质到底如何，从晚明一直到现在都在争论，除追问其是否偶像崇拜之外，还问是否迷信，"中国礼仪之争"全过程就是纠缠在这些问题中，之所以出现这种混乱情况，除西方神学界关于"十诫"诠释的分歧之外，还有一个重要原因，即来华传教士对待神学根据——多玛斯·阿奎那神学——的态度有别，耶稣会士主张适度修正其神学，而托钵修会士们则主张教条主义式地执行其神学①。

三、多玛斯·阿奎那关于偶像崇拜的论述

关于偶像崇拜的性质与种类，多玛斯·阿奎那讨论较详。以两种分类方式来区分偶像崇拜，第一种分类方式是将偶像崇拜归为神圣崇拜肖像本身与神圣崇拜肖像所代表的受造物两大类，然后再从第二类即崇拜受造物的类别中，将偶像崇拜分成自然神学、神话神学、民间神学三类。

阿奎那梳理了汉密士·特利梅杜士（Hermes Trismegistus）、奥古斯丁、保罗以及瓦罗（Varro）的观点，关于神圣崇拜肖像本身与肖像所代表的受造物之间关系的不同观点，从大的方面分成两大类：其一是对肖像本身加以神圣崇拜，也就是使徒保罗讲的"将不能朽坏之神的荣耀变为偶像，仿佛必朽坏的人和飞禽、走兽、昆虫的样式"；其二是对肖像所代表的受造物加以神圣崇拜，即使徒保罗讲的："他们敬拜侍奉受造之物，不敬奉那造物的主。"②

关于第二大类，即对肖像所代表的受造物加以神圣崇拜，从思维方式上分为三种：（1）将某些特定的凡人视为神，他们便将其肖像加以膜拜，例如朱庇特（Jupiter）、梅古里（Mercurius），等等；（2）把整个世界当作一个神，一个由运动和原因统治整个世界的灵魂，因而应该神圣崇拜整个世界及世界的各个部分，包括天、水以及一切诸如此类的事物，他们称这些东西为众神；（3）柏拉图主义者说有一个至高神、至高因，以及至高因创造的灵性实体，因为分享有神性而称之为"众神"（阿奎那说"我们称之为天使"），然后任命神圣身体的灵魂，在这下面规定某些居于空中的魔兽，再在这些魔兽下面置以人类的灵魂，以为人的灵魂借功德而与诸神或者众魔鬼为伍，他们对所有这些加以神圣崇拜。

他又将最后两种即第（2）（3）归类为"自然神学"（natural theology），是由哲学家们从对世界的研究以及在学院教学当中形成的，第（1）种则与崇拜

---

① J. S. Cummins, *A Question of Rites*, Gower House: Scolar Press, p.33.
② 《圣经·罗马书》第一章，第 23、25 节，英文新标准修订版、简化字新标点和合本，上海：中国基督教三自爱国运动委员会、中国基督教协会，1989 年版。

人有关,归类为"神话神学"(mythical theology),常常根据诗人们的想象表现在舞台上。剩下的关于肖像的观点被视为属于"民间神学"(civil theology),由祭司们在庙里供奉①。

阿奎那关于偶像崇拜的分类

	神圣崇拜肖像本身	神圣崇拜肖像所代表的受造物
自然神学		(2) 把整个世界当作一个神,一个由运动和原因统治整个世界的灵魂,崇拜的对象是天、水以及一切诸如此类的事物,他们把这些东西叫众神 (3) 神圣崇拜:至高因、灵性实体、神圣身体的灵魂、空中魔兽、人类的灵魂
神话神学		(1) 将某些特定的凡人视为神,他们便将其肖像加以膜拜,例如朱庇特、墨丘利,等等
民间神学	即保罗所说的"将不能朽坏之神的荣耀变为偶像,仿佛必朽坏的人和飞禽、走兽、昆虫的样式",例如,祭司们在庙里供奉的偶像	

从上述分类就可以看出这一问题的复杂性,有没有一种"无神的偶像崇拜"在阿奎那处仍然留有巨大争议的空间,一方面,阿奎那明确将崇拜肖像本身的行为归为偶像崇拜一类,另一方面在具体举例阐释时又免不了与神结合在一起。

四、汉语语境下争论的实质

若要如托钵修会那样教条主义地执行阿奎那神学,中国礼仪的性质看似简单些,将祭拜先人之像、牌位等行为统统禁止可也,似不会发生那么多争议,然而实际情况要复杂得多。显然中国人在祭祖时并非崇拜像、牌位本身,更何况中国信徒要做到不参加祭祖仪式异常困难。

若要反对立像本身,中国信徒完全可以用同样的理由指责天主教,耶稣会士们很清楚这点。耶稣会士阳玛诺(Emmanuel Diaz, Junior, 1574—1659)在《十诫直诠》中说有中国"异教"中人为此责难他:"敬先人像者,始特表孝爱,已久则不知其为人,敬祭之若主,求禧吉而免祸殃,今之崇祀土偶不

---

① 多玛斯·阿奎那:《神学大全》(*Summa Theologica*),第二集第二部第 94 题第一节(SS, Q94, A1.),英文版,第 2131—2132 页。

几圣人之像为嚆矢乎?"阳玛诺回答为圣人立像的含义,"且人亦知立像之义乎?吾敬之者,非以为像而已,以为对像犹对圣人尔,吾虽致敬于像,圣人在天之灵已受予敬,而祈天主之祉佑斯人。"①耶稣会士孟儒望在《辨敬录》中也为天主教立像辩护②。所以,耶稣会士主流派在反对拜偶像时,基本针对敬别神而非立像行为。

即便有修正地执行阿奎那的神学,仍不免争议,即祭祖等礼仪是否神圣崇拜?是否敬之若神?

对"中国礼仪之争"给予极大关注的伏尔泰对"偶像崇拜"作了思考,他从词源上对"偶像""偶像崇拜者""偶像崇拜"进行了考证,发现这些词是在历史上逐渐演变而成的,早期大抵指称"异教徒",而且"异教徒"一词的出现还是始于五、六世纪的小狄奥多西。伏尔泰肯定有所谓"异教徒"的存在,但是认为不存在所谓偶像崇拜者,他认为诸如希腊、罗马、印度的"异教徒"并非"偶像崇拜者",换句话说不存在不拜神而只拜像的偶像崇拜者③。伏尔泰的观点虽然较为激进,却道出了偶像崇拜问题悖论的实质。

关于反对偶像崇拜与敬别神问题在汉语语境中争论的实质在于:在基督宗教的视域下,儒家祭祖礼仪是否是一种具有作为"异教"的"宗教性"。

怎么见得呢?回到文章开头所提示的人们常将迷信与偶像崇拜联用的问题。阿奎那把迷信一共分为四种:(1)以不正当方式崇拜真上帝的迷信,(2)偶像崇拜的迷信,(3)占卜的迷信,(4)仪式的迷信。"偶像崇拜"属于四类"迷信"当中的一个类别。

他将迷信定义为一种与宗教相背的恶,他说:"迷信是一种因过度而与宗教相背的恶,并非因为迷信比真宗教更加敬神,而是因为迷信对神所作的崇拜要么对象不当,要么方式不当。"④他所谓的"宗教"即天主教,因为在他看来天主教是全世界惟一之真教,其他民族的宗教则是迷信。故在现代比

---

① 阳玛诺:《天主圣教十诫直诠》上卷,1814年重刻本,第43—45页。
② 李九功:《问答汇抄》,见钟鸣旦、杜鼎克编:《耶稣会罗马档案馆明清天主教文献》第八册,台北:台北利氏学社,2002年版,第322—323页。
③ 伏尔泰:《哲学辞典》下,北京:商务印书馆,1991年版,第557页。
④ 多玛斯·阿奎那:《神学大全》(Summa Theologica),第二集第二部第92题第二节(SS, Q92, A2.),英文版,第2127页。多玛斯·阿奎那说:因此迷信是一种因过度而与宗教相背的恶,并非因为迷信比真正的宗教更加敬神,而是因为迷信对神所作的崇拜要么对象不当,要么方式不当。如上所述,反宗教的罪存在于特定情形下超出了德行的手段(A[1]),因为如我们所讲过的(FS, Q[72], A[9]),不是每种堕落的情形把一种罪区分出不同种类,而仅仅那些为了多种目的指向多样对象的情形——只有在这种情况下道德上的行为才是具体多样的,如上所述那样(FS, Q[1], A[3]; FS, Q[18], A[2], 6)。因而迷信的种类得以区分,其一是方式,其二是对象。神圣崇拜或许要么给予该受崇拜者,即(转下页)

较宗教学的视域下,他所谓的"迷信"指涉天主教之外其他世界宗教所具有的"宗教性"。

结语:西方传统关于"十诫"划分本来就存在分歧,何为偶像崇拜含混不清,这一问题置于跨文化的语境中更加明显;关于是教条式地遵循还是加以发展完善阿奎那的教义,耶稣会与托钵修会两者分歧严重;再加上儒家是否敬神亦具有争议,儒家礼仪中对神的敬拜不如佛、道等"异教"那样明显。诸多因素交织在一起,难怪"中国礼仪之争"复杂反复,终至以悲剧收场。整个争论,从天主教视域中拷问儒家祭礼是否"异教"仪式,而从比较宗教学的角度看,围绕的核心实际上是在拷问儒家祭礼的"宗教性"。托钵修会以"偶像崇拜"来判断中国礼仪并非正确地捍卫了阿奎那神学立场,利玛窦等耶稣会士容忍中国礼仪也未曾背离了阿奎那的立场。所以在神学根据未厘清之前,宽容、灵活、不轻易判教显得相当重要,在此前提下,有必要反思到底何谓"偶像崇拜"。基督宗教与儒家的对话仍将是文明间对话的重要部分,如何对待儒家的"宗教性"问题至今仍然无法回避。如果我们认可这样的定义,偶像崇拜即把相对的问题绝对化,那么未尽完成的本土化空间是否宽广很多?

附表: "十诫"的分类与排序情况

犹太教	奥古斯丁	路德宗与罗马天主教会	"十诫"的缩写形式 (出 20:2—17,修订标准版本)	更正宗	东正教	约瑟法斯	斐洛
1	—	—	2. 我是耶和华你的神,曾将你从埃及地为奴之家领出来。	1	—	—	—
2	1	1	3. 除我之外,你不可有别的神。	1	1	1	1

(接上页)真正的上帝,"以一种不正当的方式",此乃迷信的第一类;或者给予那些不该受崇拜者,即任何受造物,这是另一类迷信,在敬神的多种目标方面被分为不同种类。神圣崇拜的目标首先是敬上帝,在这方面第一种是"偶像崇拜",不恰当地将尊荣加给受造物。宗教的第二个目标是人也许得到他所崇拜之神的指点,这必然涉及"占卜"迷信,为了请教魔鬼而与之订立或隐或显的契约。第三,神圣崇拜根据所拜对象神的规诫来指导人的某些行为,这点必然涉及某些特定的"仪式"(observances)。奥古斯丁提到这三种(De Doctr. Christ. ii, 20),他说:"任何用于制造并崇拜偶像的东西都是迷信的。"这指第一种,他继续说:"或者为了占问以及符契(compact by tokens)而与魔鬼立约。"这指第二种,他还略作补充说:"这属于所有护身符之类的东西。"指的是第三种。现在我们来考虑迷信的种类。我们将论及(1)以不正当方式崇拜真上帝的迷信,(2)偶像崇拜的迷信,(3)占卜的迷信,(4)仪式的迷信。

(续表)

犹太教	奥古斯丁	路德宗与罗马天主教会	"十诫"的缩写形式 (出 20:2—17,修订标准版本)	更正宗	东正教	约瑟法斯	斐洛
2	1	(忽略,或包括在 1 中)	4—6. 你不可为自己雕刻偶像,或诸如此类的,等。	2	2	2	2
3	2	2	7. 你不可妄称耶和华你神的名,等。	3	3	3	3
4	3	3	8—11. 当记念安息日,守为圣日。六日要劳作,等。	4	4	4	4
5	4	4	12. 尊敬你的父母,使你的日子长久,等。	5	5	5	5
6	5	5	13. 不可杀人。	6	6	6	7
7	6	6	14. 不可犯奸淫。	7	7	7	6
8	7	7	15. 不可偷盗。	8	8	8	8
9	8	8	16. 不可作假见证陷害人。	9	9	9	9
10 10	9(妻子) 10(其余,申 5:21)	9 10	17. a. 不可贪恋人的房屋 　　b. 不可贪恋人的妻子,或他的男仆,等。	10 10	10 10	10 10	10 10

第二章 当阿奎那礼学遭遇儒家礼经学

第一节 "万济国事件"与阿奎那礼学的展开

海内外关于中国礼仪之争研究的成果颇多,随着汉语文献的发掘,研究视角从欧洲中心一度转到中国中心论,再到互动交流论。总体而言,研究主要集中在史实的梳理[①],虽有学者开始展开深度研究,如梅欧金指出挑起争论的托钵修会者所依据的神学根据——阿奎那神学[②],但是,义理层面的深度研究尚处起步阶段,中国礼仪之争的核心议题即儒家祭礼的"宗教性"到底如何,有待分析。汉语学界已有不少学者关注礼仪之争爆发的原因,安希孟将之梳理归纳出四类,他倾向于认为传教策略的分歧是主要原因[③]。在四类观点中,尤以"殖民势力争夺论"为最具迷惑性,因为保教权因素的介入,吴莉苇将"宗教性属性问题"看成是中国礼仪之争的直接而表面的问题,将真正的实质性原因归为"权力之争"[④]。权力之争很难自圆其说,相反,中国礼仪的反对者无论是耶稣会内部还是不同修会之间,从龙华民到万济国(Francisco Varo, O. P., 1627—1687),再到颜珰(Charles Maigrot, 1652—1730),他们前后承继,作为中国礼仪的反对者,无论出自哪个修会,他们的观点在神学上保持着相对一贯性。本文主要目的不是判断造成礼仪之争的

---

① D. E. Mungello, *The Chinese Rites Controversy: Its History and Meaning*, Steyler Verlag · Nettetal Institut Monumenta Serica, Sankt Augustin and The Ricci Institute for Chinese-Western Cultural History, San Francisco, 1994. 李天纲:《中国礼仪之争:历史、文献和意义》,上海:上海古籍出版社,1998 年。Nicolas Standaert, *Chinese Voices in the Rites Controversy*, Roma: Tipografia Fa. Ro. Press, 2012.

② Eugenio Menegon, "European and Chinese Controversies Over Rituals: a Seventeenth-Century Genealogy of Chinese Religion", in *Devising Order: Socio-religious Models, Rituals, and the Performativity of Practice*, Leiden, Boston: Brill, 2013, pp.193-222.

③ 安希孟:《对"礼仪之争"的文化反思》,《维真学刊》,1994 年第 3 期。

④ 吴莉苇:《中国礼仪之争——文明的张力与权力的较量》,上海:上海古籍出版社,2007 年版,第 89—106 页。

原因中何为主因,而是希望通过深入分析争论的双方如何以多玛斯·阿奎那的神学为根据诠释儒家祭礼,以重新探讨"中国礼仪之争"所争论的核心问题。

一、阿奎那祭礼神学在中国的展开:万济国《辩祭》

多明我会士万济国的《辩祭》一书道出各修会反对中国礼仪的根据,系托钵修会反对中国礼仪的代表性理论著作。在闽传教的万氏还于1670—1680年间不断著书讨论"礼仪问题"①,于1680年撰有《关于托钵修会们禁止其基督徒行异教祭祖祀孔礼仪的基本原则》,其著作特别为颜珰所用,成为灵感的源泉②。

《辩祭》的神学根据,即阿奎那论迷信和祭祀的理论。万济国指出中国祭礼的实质是报本、祈福和免祸,是敬伪主,即阿奎那所谓迷信;再论证祭祖非理;最后万济国就秀士关于废祭祖的难处与折中性方案的问答,阐明应坚持废祭祖的原则,不容妥协。

1. 祭祖非理的神学根据:阿奎那论迷信与祭祀

(1)《辩祭》第一条阐述阿奎那关于"迷信"的界定。秀士问:万济国回答"何谓背敬天主":一是以伪礼敬真主,一是"以真礼敬伪主"③。"背敬天主"即对阿奎那"迷信"一词的意译,万济国所谓"背敬天主"的两件事即阿奎那所说迷信的两大类④。阿奎那按神圣崇拜/敬神(divine worship)的方式和对象将迷信区分为两大类:第一类是神圣崇拜的方式不当,即以一种不正当的方式对真正的上帝进行神圣崇拜,万氏所谓"以伪礼敬真主"即此意;第二类是神圣崇拜的对象不当,对受造物施以神圣崇拜,即万氏所谓"以真礼敬伪主"。

---

① 黄一农:《两头蛇:明末清初的第一代天主教徒》,上海:上海古籍出版社,2006年版,第408页。
② 《关于托钵修会们禁止其基督徒行异教祭祖祀孔礼仪的基本原则》,原题为"Tratado en que se ponen los fundamentos que los Religiosos Predicadores tienen para proibir a suscristianos algunas ceremonias que los gentiles hacen en veneracion de su maertre Confucio y de sus progenitors difuntos",参见 Claudia von Collani, "Charles Maigrot's Role in the Chinese Rites Controversy", in D. E. Mungello (ed.), *The Chinese Rites Controversy: Its History and Meaning*, Nettetal: Steyler Verlag, 1994, p.159.
③ 李西满:《辩祭参评》,见钟鸣旦、杜鼎克编:《耶稣会罗马档案馆明清天主教文献》第十册,台北:台北利氏学社,2002年版,第369页。
④ 多玛斯·阿奎那说:"因而迷信的种类得以区分,其一是模式,其二是对象。神圣崇拜或许要么给予该崇拜者,即真正的上帝,但是"以一种不恰当的方式",此乃迷信的第一类;或者给予那些不该受崇拜者,即任何受造物,这是另一类迷信"。阿奎那:《神学大全》,第二集·第二部第92题第二节(SS, Q94, A1.)。

（2）以阿奎那论的祭祀理论为依据，从内祭、外祭相统一的角度阐述"祭祀惟敬天主可用"：

> 祭有内外之别。内祭，即是人将灵性内情献于天主，因天主独是万有之本末，人始初受其有于天主，至末后，亦归根受福于天主，天主既为人之本末，其外无他原，故奉祭宜独向之。外祭，即是将品物奉献天主，行外礼以表内意，而向于天主，认之为生养万物之真主，而此外更无他主。盖人有神形，两者皆是天主所赐，故将内祭以报内恩，将外祭以酬外恩，为当然之事。至外祭，宜专向于主，此礼在人最为紧要。①

万济国从三方面来展开：第一，凡奉敬之礼，宜依受礼之位而行。天主处独尊之位，必宜敬之以独尊之礼。五礼莫重于祭，祭祀既是至重之礼，故宜独向天主而行，不可向他位②。

第二，祭祀之礼，乃发于求福免祸之本情，然降福免祸之权，独原于天主，则祭祀之礼，亦只可向于天主。万济国认为普世诸国误认祸福之真原，同时，又未失求福免祸之本情，结果依其良知之光各明人类之外必有大能者，虽然不知道大能者是谁，却向之求福免祸，因为人见自己常有缺失而不能自救，便常常向人类之外求庇佑。世界各国皆如此，中国祭祀自古以来悉属如此。

第三，祭祀伪主即是错乱治世之序。阿奎那借用尊敬国君的比方，万济国则从儒家强调礼有隆杀而治世有序的角度，来证明禁止祭祀伪主的做法是"定五伦序五礼于其当然"。然而，礼有隆杀固然是儒家礼仪的亲亲、尊尊的基本原则，但是绝非强调祭祀独一神。故而，万氏从逻辑上草草嫁接后，回到天主教教理，说"圣教钦敬圣母、天神、圣人，却都无祭祀之礼，正是此理"③。

以上完全是阿奎那祭祀理论的表述。阿奎那在论述"向上帝献祭是否出于自然法律"一节中说：

> 所有时代所有民族都献祭。因为凡得到所有人遵守的似乎是自然的，所以献祭出于自然法则。
>
> 自然理性让人知道自己受制于一个高级的存在，因为他觉察到自

---

① 李西满：《辩祭参评》，第373页。
② 同上书，第375—376页。
③ 同上书，第384—385页。

身的缺失,需要在他之上的某人来帮助他指导他,不管这个高级的存在是什么,大家都在上帝的名下知道它。

正如在自然物中,低级者自然属于高级者,所以自然理性的律令按照人类的自然愿望知道他应该温柔谦恭,要以他的方式尊敬在他之上的人。适合他的方式是他应该采用感性的符号来象征任何东西,因为他的知识源于感性。因此自然理性命令人应该用某些感性的东西,献于上帝,表示他属于他敬他,好比有些人向他们的主人送礼一样。这就是我们献祭的方式,所以献祭乃出于自然法则。①

阿奎那在"是否祭祀只应该献给独一上帝"一节有言:

献祭的目的是为了让某种东西得以表现出来。既然外在的献祭表现内在的灵性祭祀,所以灵魂将自己献祭给天主……正如我们只应当将灵性的祭祀献给独一天主,我们也只应当把外在的祭祀献给独一的他。好比"在祈祷和赞美主时,我们向他庄严地表达心声,在内心深处把我们安排的物品献给他",如奥古斯丁《上帝之城》卷十第十九章所云。而且我们发现在每一个国家人们都愿意向国君表示某种特别的尊敬,如果把这种尊荣表现给别人,则犯下忤逆之罪。因此,神圣的律法规定,那些将神圣尊荣加给他位(another)而非上帝者,死罪。②

既然献祭是全世界各民族共有的行为,中国儒家自然不能例外,但是各民族的祭祀对象未必是天主。万济国引证《礼记》解儒家"祭"义:"祭有祈焉(祈福祥),有报焉(获福而报本),有由辟焉(由祭而消弭灾疾)。"所以依礼经,中国祭祀有三情:报本、祈福、免祸。此三情之原独由于天主,因为恩来自天主,且只有天主能降福免祸。但是,"世人误认祸福之真本,故将祭祀向天地、山川、鬼神、古贤、祖先等,以望其降福免祸。"③故在万济国看来,中国祭祀固然未失求福免祸之情,却误认了祝福真原。

2. 论祭祖非理

万济国重点剖析的是儒家祭祖礼,他从祭者的情感动机与木主牌位两方面展开。首先,从祭者情感动机来证明祭祖是向祖宗求福免祸,他引《诗

---

① 多玛斯·阿奎那:《神学大全》(Summa Theologica),SS,Q85,A1,第 2075—2076 页。
② 同上书,第 2077 页。
③ 李西满:《辩祭参评》,第 373 页。

经》《礼记》等书来证明祭祀之礼俱有致福弭灾之意。

《礼记》:"孔子云(曰):'我战则克,我祭则受福。'"

《诗经》云:"我受命溥将。自天降康,丰年穰穰。来格(假)来享,降福无疆。顾予烝尝,汤孙之将。"又云:"钟鼓喤喤,磬筦将将,降福简简,威仪反反。既醉既饱,福禄来反。"

《诗经》尚有多处言降福。祭祀既为求福之礼,而祖先又非降福之原,则祭礼实为逆理犯分之事,故圣教禁之也①。

其次,关于木主,即祖宗牌位,是祭祖的一项重要内容,亡者于墓地安葬之后便依礼设立木主,以后的祭祖礼仪都是向木主而行。所以木主成为万氏重点批驳的对象。

万济国看到木主牌位上写着"故祖考某""神主"或"神位"字眼,他认为"木主者,神之栖也"。因此祭祖时才会出现降神、参神、辞神之礼,如《家礼》所明言,且《诗经》亦言祭祖时神"来格来享",而且朱熹也明确肯定感格之说。因之,他认为从古至今,儒家祭祖时人们都认为祖灵栖居在木主上以享受祭品②。

然而万氏很难据此证明祭时神灵就一定来享受祭品。对此,万济国使用两难推理而将木主归谬。如果不信有神栖于木主之上,则无须立木主,写上某人之神主神位栖于木主的做法是诳诞的;要是果真相信神栖在木主上,可是儒、释、道三教的典籍都不能证明神灵(死者灵魂)能复来于世。所以万济国断定所立木主全无实据,立木主者却相信木主为神所栖,立木主者有求福免祸之意。所以要禁止立木主这种荒谬的行为③。

万氏在净教思潮的大背景下④,原教旨般地将阿奎那的迷信、祭祀思想运用在儒家礼仪,很自然会判定这一他者为迷信。逻辑其实非常清楚:出于自然法则,一切民族都会献祭,对高于自己的存在进行神圣崇拜;而应该接受神圣崇拜的对象惟有独一神天主,否则无论是祭祀的方式不当,还是祭祀的对象不当,都是迷信行为。中国的儒家祭礼既然是祭礼行为,就不能外于自然法则而特立于世界民族之林,然而祭仪与对象都异于天主教的弥撒礼,故而是迷信无疑!

---

① 李西满:《辩祭参评》,第397—399页。
② 同上书,第417页。
③ 同上书,第417—420页。
④ Eugenio Menegon, *European and Chinese Controversies Over Rituals*, pp.193-222.

二、李西满的辩护

万济国极端地将古祭礼与弥撒对立起来,从而将"古教"即犹太教之祭礼也判为"以伪礼敬真主"。故而李西满(Simon Rodrigues,1645—1704)提请他要"小心比拟",因为"古礼非伪,且亦古时天主所定,何谓以伪礼敬真主乎"①。李西满一针见血地指出万济国对中国祭祀的批驳实质:将弥撒等同于祭祀,从而以基督宗教的弥撒来取代中国的祭礼。对于这种做法,李西满指其为"异端",主张将两者区分开来,因为天主教的弥撒与中国的祭祀"两不相蒙"②。

李西满承认万济国所持守的神学根据正确,但是对中国祭礼的分析不当③。来华耶稣会士亦持守阿奎那神学原理,且未能跳出"争论学"框架,所以他的矛头没有针对阿奎那神学本身,而是反对将阿奎那的神学教条主义地套用在儒家礼仪身上,为此,他极力主张将两者分开,且认为两者可以并行不悖。李西满在《辩祭参评》一书中对万济国逐条驳斥。

1. 祭祖不与敬天主相背

对万济国证明"祭祀惟敬天主可用,而不可向于他位"的三点理由,李西满亦从三方面予以反驳:第一,祭礼有多种,儒家郊祀之礼为最重,而其他祭礼较轻,故并非不可以向他位行④。

第二,根据中国之祭礼"分有尊卑,祭各有义",将"祀圣""祀先"同天子祭天地、诸侯祭境内山川区别开来,以驳斥万济国主张的"中国自古至今所行祭祀之礼,悉属求福免祸本情"⑤。以儒家祭礼的政治性、人文性来否认其中的"宗教性"。

第三,李西满同意万济国关于祭祀之礼应合其位高卑的说法,认为弥撒之祭礼乃至尊之礼,惟天主之位得以当之。但是中国祭先祭圣之祭礼与弥撒之祭主不同,因为中国不知祭祀天主,中国各祭不加于伪主,也不奉于真主。天主教诚然如万济国所说那样不向圣母、天神、圣人行弥撒祭祀之礼,但是同样也不用中国之祭礼。所以,对于中国祭祖祀孔,"安得谓之非理乎?"⑥

2. 祭祖并不求福免祸

针对万济国引《诗经》《礼记》等书以证中国祭礼俱有致福弭灾之意,李

---

① 李西满:《辩祭参评》,第371页。
② 同上书,第394—395页。
③ 李西满:《辩祭参评》,第367页。
④ 李西满:《辩祭参评》,第377页。
⑤ 同上书,第380—384页。
⑥ 同上书,第386页。

西满说这是以辞害志。于是引经典加以反驳:孔子所云"祭则受福"非世所谓福,乃指"行之之道",《诗经》"降福无疆""福禄来反"仅是祭时称愿,"自天降康""天被尔禄""受天之右"明示福来自天而非祖宗,且《礼》云"祭祀不祈""贤者之祭也,不求其为"等明显不求福之言①。那么,论辩双方到底谁较符合儒家经典原义?

《诗经·商颂·烈祖》云:"我受命溥将。自天降康,丰年穰穰。来假来享,降福无疆。顾予烝尝,汤孙之将。"郑玄笺注云:"'享',谓献酒使神享之也。诸侯助祭者来升堂,来献酒,神灵又下与我久长之福也。"②

《诗经·周颂·执竞》"执竞武王……钟鼓喤喤,磬筦将将,降福简简,威仪反反。既醉既饱,福禄来反。"《正义》曰:"笺以文承'奄有'之下,降福是祭祀之事。故知是武王既定天下,祭祖考之庙也……此时祭之末节,人多倦而违礼,故美其礼无违者,以重得福禄,即经之'来反'也。此陈祭祀之事,止应一降福耳,但作者于乐音和集之下,以言降福;于群臣既醉之下,复言福禄,每于一事得礼,一言获福,欲见善不虚作,福必报之,为节文之势,故言福禄复来也。"③

就以上《诗经》原文及注疏而论,祭祀时,祖宗神灵的确会降福,以作为善报。那么祭祖之人在行礼时有求福之心吗?《礼记·礼器》中有两句话分别为万、李二人所引证,即"孔子曰:'我战则克,祭则受福。'""君子曰:'祭祀不祈。'"这两句在《礼记》原文中前后相连,同属《礼器》篇,却为争辩双方割开来引证。对于第一句,郑、孔注疏云:"'我'谓知礼者。'克',胜也。言知礼之人,战必胜,祭必受福。'盖得其道矣'者,解所以战胜而祭受福也。"认为"我"不是孔子自称,而是指知礼的人。对于后一句,孔疏:"'祭祀不祈'者,'祈',求也。凡祭祀之礼,本为感践霜露思亲,而宜设祭以存亲耳,非为就亲祈福报也。"④所以,将两句合起来,方可较完整地理解,即知礼之人祭祀并不祈福,却必然受福。

3. 木主原意

对于万济国批评设木主虚谬,李西满指其为"拘滞之论"。李认为设木主的原意无非记其名号,让后人有所瞻拜,并非必然向木主降神、参神、辞神。他举《论语》孔子答祭先以"祭如在"之语来证明祭祖之时,神实际上不

---

① 李西满:《辩祭参评》,第400—402页。
② 郑玄笺、孔颖达等正义:《毛诗正义》卷二十之三,那一章二十二句,《四部精要》本,第621页。
③ 郑玄笺、孔颖达等正义:《毛诗正义》卷十九之二,时迈一章十五句,《四部精要》本,第589—590页。
④ 郑玄笺、孔颖达等正义:《礼记正义》卷二十三,礼器第十,《四部精要》本,第1435页。

在木主之上,只是祭祖之人祭祀时内心把魂看成仿佛在木主上,"祭者精诚以其恍惚与神明交"。所以,在李看来以"祭如在"的态度设木主是合理的,他反问万济国:"魂不必在,心当如在,何不可也?"进而说这是人"明悟"(思维)的习惯,因为人"记想无形之物,本来如此"。所以,"古人或云'来格来享'者,皆思之所成耳,非真谓其来享来格也。"①李还说中国用字原有一字多义的情况,不能因为木主有"主"字、"神"字而禁用木主牌位。

他的反驳是否切中万济国要害?李聚焦于魂是否在木主之上,他赞同"祭如在"的态度,认为魂不必然真在木主之上,只是心把魂当作在木主上而已。"魂不必在,心当如在"隐含了这样的意思:其一是灵魂存在,对此,李明确承认说"今我之证灵魂不灭者,尚赖有祭祀一节"②;其二,在祭祀者内心,魂与木主的确有一种"如在"的关系。至于到底是否有求福免祸或者"如"求福免祸之意?李显然很为难,如果按照他的逻辑,一旦承认有"如"求福免祸之意,就等于从祭祀者的情感动机具有宗教性。辩下去显然对他不利,故而在万氏《辩祭》相应内容上方加一眉批:"《礼记》中多汉儒杂出,何足深辩?今《祭义》以为孔子之言与后朱子之说,亦不可辩……"。③

况且万济国也并非认为灵魂必然在木主之上,所以才从逻辑上推敲说立木主是荒谬,在他看来这完全是因为中国人不识真主而按照求福免祸的本情而贸然行事的结果。万氏说:"木主之设,实为诳诞,圣教禁之宜矣,虽曰无求福免祸之意,吾不信也。"④所以李西满用"祭如在"来辩护,至少对于万济国来说无效,因为万氏认为即使中国人的信仰未必认定魂必然在木主上,也不影响中国人具有求福免祸之心的事实。

总体而言,李西满既然将儒家祭祀与弥撒截然隔开,从而将儒家祭祀置于儒家经学体系之内理解,流露出可贵的人类学倾向。然而,对万济国的辩护多处流于为反驳而反驳,他对儒家"宗教性"加以掩饰,却未必符合实际情况,更致命的是他的辩解前后出现自我矛盾,更无法说服万济国等托钵修会。李西满将祭区分祈、报和由辟三层含义,从而极力将祭祖、祭孔与祭天地、山川区别开来,极力撇清祭祖、祭孔具有宗教含义。他的基本策略是利用儒学注重礼有隆杀的政治性,证明祭祖祭孔与祭天地、山川的宗教意涵有别,这缺乏说服力。并且,他说祭祖、祀孔都是人立之礼,明属人类,非求庇于人类之外,此说牵强。因为在祖先、孔子都已非生人,人死为鬼,的确世人

---

① 李西满:《辩祭参评》,第 421—423 页。
② 同上书,第 423 页。
③ 同上书,第 419—420 页。
④ 同上书,第 419—420 页。

多将祖先视为鬼神来敬①。只是必须按照礼典的规定祭之以礼,否则为淫祀,《礼记》曰:"凡祭,有其废之,莫敢举也。有其举之,莫敢废也。非其所祭而祭之,名曰淫祀。"②《汉书》说得更明白:"各有典礼,而淫祀有禁。"③儒家反淫祀主要是从遵守祀典角度而言的,较少反对信仰内容。万济国强调中国祭祀具备求福免祸本情固然片面,但是就祭祖、祀孔与祭天地、山川、五祀在宗教意涵相同这点而言,他是对的,孔颖达说"其实此鬼神亦兼山川五祀百物之属,故《礼运》云'列于鬼神',注云'谓祖庙山川五祀之属'。"④

三、阿奎那"宗教"—"迷信"之图谱

阿奎那的《神学大全》在综合西塞罗与奥古斯丁的基础上定义"宗教"。西塞罗认为人之宗教性(religiosus)乃反复沉思敬神(divine worship,或译神圣崇拜)之事,奥古斯丁说,"宗教"之得名也许也来自这一事实:"我们由于自己的疏忽(negligere)而失去了天主,应该重新选择他(reeligere)。"进而,阿奎那的定义是:"无论'宗教'一词来自于反复阅读,还是来自于重新选择因疏忽而失落的,抑或来自一种连结,宗教都本然地表示与上帝的关系。因为我们应该将自身无穷的信念与之相连的是他;领我们毅然选择到达最终目的地者也是他;当我们因为罪忽视他时,失去的是他,我们应该藉信靠和明认信仰而重新寻获的,也是他。"⑤阿奎那从敬神的行为角度接受了西塞罗的宗教定义,从天主乃惟一对象的角度接受了奥古斯丁的定义。概言之,宗教乃敬神的行为,即对天主予以神圣崇拜的行为。

其论宗教从宗教"本身""行为"与"恶习"三方面展开:宗教本身部分阐述宗教是一种只指向天主的德性⑥;宗教行为分内在、外在两部分,内在行为包括虔诚(devotio)、祈祷等,外在行为包括朝拜(adoratio)、祭献、使用属天主之物等⑦。图示如下:

---

① 《礼记·祭法》:"人死曰鬼。"《周礼注疏》:"大宗伯之职,掌建邦之天神、人鬼、地示之礼。""人鬼"与"天神""地示"并列。王充《论衡·自然篇》:"世谓人(死)为鬼,有知,能害人。"见郑玄注、孔颖达等正义:《礼记正义》卷四十六《祭法》,《四部精要》本,第1588页。郑玄注、贾公彦疏:《周礼注疏》卷十八,《四部精要》本,上海:上海古籍出版社,1992年版,第757页。王充:《论衡》,黄晖校释,北京:中华书局,1990年版,第871页。
② 郑玄注、孔颖达等正义:《礼记正义》卷五,《四部精要》本,第1268页。
③ 班固:《汉书》卷二十五上《郊祀志》第五上,北京:中华书局,2012年版,第1089页。
④ 郑玄注、孔颖达等正义:《礼记正义》卷四十七《祭义》第二十四,《四部精要》本,第1595页。
⑤ 多玛斯·阿奎那:《神学大全》(Summa Theologica),SS,Q[81],A1.中译本,《神学大全》第十册,周克勤等译:台南:碧岳学社、中华道明会,2008年版,第9页。
⑥ 多玛斯·阿奎那:《神学大全》第十册,第8—17页。
⑦ 同上书,第317—319页。

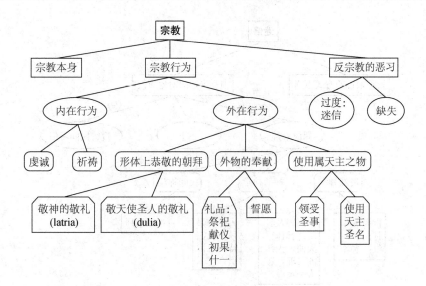

由于他认为宗教是一种只指向天主的德性,与天主教不一致的行为乃"反宗教的恶习",违反了天主教中道原则,要么过度而为迷信,要么不足而为缺失。换言之,真宗教乃是对独一神天主的神圣崇拜,一切属于敬神却与敬拜天主不一致的行为就是迷信。他说:"迷信是一种因过度而与宗教相背的恶,并非因为迷信比真宗教更加敬神,而是因为迷信对神所作的崇拜要么对象不当,要么方式不当。"①我们将他关于迷信的分类图示如下:

---

① 阿奎那:《神学大全》(Summa Theologica),SS,Q[92],A2.,第 2127 页。阿奎那说:因此迷信是一种因过度而与宗教相背的恶,并非因为迷信比真正的宗教更加敬神,而是因为迷信对神所作的崇拜要么对象不当,要么方式不当。如上所述,反宗教的罪存在于特定情形下超出了德行的手段(A[1]),因为如我们所讲过的(FS,Q[72],A[9]),不是每种堕落的情形把一种罪区分出不同种类,而仅仅那些为了多种目的指向多样对象的情形——只有在这种情况下道德上的行为才是具体多样的,如上所述那样(FS,Q[1],A[3];FS,Q[18],AA[2],6)。因而迷信的种类得以区分,其一是方式,其二是对象。神圣崇拜或许要么给予该受崇拜者,即真正的上帝,但是"以一种不正当的方式",此乃迷信的第一类;或者给予那些不该受崇拜者,即任何受造物,这是另一类迷信,在敬神的多种目标方面被分为不同种类。神圣崇拜的目标首先是敬上帝,在这方面第一种是"偶像崇拜",不恰当地将尊荣加给受造物。宗教的第二个目标是人也许得到他所崇拜之神的指点,这必然涉及"占卜"迷信,为了请教魔鬼而与之订立或隐或显的契约。第三,神圣崇拜根据所拜对象神的规诫来指导人的某些行为,这点必然涉及某些特定的"遵循"(observances)。奥古斯丁提到这三种(De Doctr. Christ. ii, 20),他说:"任何用于制造并崇拜偶像的东西都是迷信的。"这指第一种,他继续说:"或者为了占问以及符契(compact by tokens)而与魔鬼立约。"这指第二种,他还略作补充说:"这属于所有护身符之类的东西。"指的是第三种。现在我们来考虑迷信的种类。我们将论及(1)以不正当方式崇拜真上帝的迷信,(2)偶像崇拜的迷信,(3)占卜的迷信,(4)遵循的迷信。

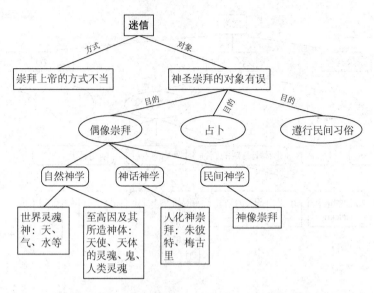

宗教与迷信的区别在于敬神的对象和方式,既然都是敬神,两者是否有相同之处? 阿奎那认为:"'敬神'(latria)这个名词可有两种解法:第一种解法,是指人类'敬神'的行为('敬')。这样,无论敬拜的是谁,'敬神'这个名词的意思常不变;因为按照这种解法,敬拜的对象并不包括在定义内。如果这样来解'敬神',那么,不管它指的是真宗教,或是拜偶像,都是按照单义或同样的意义;正如纳税一样,不管是给一位真国君,或是一个假国君,都是单义的或同样的纳税。第二种解法,'敬神'的意思与'宗教'相同。这样,既然它是德性,它的意义是对那应受敬拜者行敬神之礼。就这一点来说,对真宗教的敬神或天主,与敬拜偶像,'敬神'的意思就不相同或是多样的(aequivoce);正如'明智'这个名词对明智的德性或智德,与对肉体的明智或狡猾,其用法并不相同。"①

第一种解法不考虑对象,只从宗教行为的角度而言,则迷信与宗教意义相同,都是敬神的行为,即对高级存在物的神圣崇拜。第二种解法从对象的角度考量,则上帝为唯一合法的敬神对象。阿奎那倾向第二种解法,将"敬神"与他所谓的"宗教"等同。

阿奎那在目的与行为之间的调和是有矛盾的,一方面承认对天主、天使、圣人等高级存在物的朝拜(adoratio)都属于宗教的外在行为,另一方面,只有对天主的神圣崇拜才是宗教。为此,他特意区分对天主的朝拜(latria)和对天使、圣徒的朝拜为恭顺(dulia),恭顺可用于天主、天使、圣人等对象,而祭祀只能专用于天主。可是,人们也常常为天使和圣人建立供献

---

① 多玛斯·阿奎那《神学大全》第十册,第188—189页。

祭用的圣堂和祭台,并且人们常常向之祷告,然而,在阿奎那看来,献祭的对象仍只是天主,面向天使、圣人所行的祷告无非是面向天主的转祈而已①。朝拜天主(Latria)与朝拜天使、圣人等(dulia)区别在于"德性"不同,德性不同是因为"义务"不同,义务不同是因为天主与天使、圣人等"统治权"不同,后者虽然分享了天主的某些统治权,却无创世的能力②。因为人的灵魂乃为天主所造,故而,阿奎那认为人类的祭祀是将有形的外物,"表示内在精神的祭祀,即灵魂自献于天主的祭祀。"③实际上,阿奎那从对象角度否认了对天主之外朝拜行为之宗教的正当性,就意味着连对天使、圣徒的"宗教行为"也非"宗教"了。他从内外统一的角度将敬神行为灵性化了。

如此,以灵性化了的启示宗教否定自然理性支配下的祭祀行为也就"顺理成章",实际上,他明确否认了以色列人祭祀行为的宗教合法性。阿奎那将内祭与外祭统一于对于天主的弥撒,革除了犹太教旧有的祭仪,他说:"在这新约法律时代,那些有关基督的奥迹既然已经完成,使用旧约法律时代那些预象未来基督奥迹的宗教仪式便是有害的。"④这具有较强烈的"取代论"(supersessionism)倾向。英语 supersessionism 源于拉丁语 supersedere,意为"立于上面",19 世纪末已经有人使用,第二次世界大战后学者们较多地用这个词来描述基督宗教与犹太教的关系,指基督宗教教会在救赎史上已经取代了以色列⑤。当代西方学者诺瓦克(Novak)和利弗林(Levering)将取代论区分为温和的与严厉的两种,温和的取代论承诺推动犹-耶(Jewish-Christian)对话,而严厉的取代论阻止这一对话。他们认为对基督徒来说,温和的取代论是不可避免的,因为这种观点宣称耶稣基督"胜过"犹太教⑥。来华耶稣会士就是持温和的"取代论",经耶稣会士授洗的著名天主徒杨廷筠曾言,耶稣降生代赎是一次自我献祭,之后,《旧约》所载古代祭祀天主之礼已为弥撒所取代,耶稣亲立弥撒,革去古牺牲礼,只用香烛⑦。然而如前揭,面对万济国所持严厉的取代论,李西满只得宣称儒家祭祀与天主教的弥撒不相关。

---

① 多玛斯·阿奎那:《神学大全》第十册,第 82—83 页。
② 同上书,第 74、89、300—301 页。
③ 同上书,第 82 页。
④ 同上书,第 181 页。
⑤ Matthew Anthony Tapie, *Aquinas on Israel and the Church: A Study of the Question of Supersessionism in the Theology of Thomas Aquinas*, The Catholic University of America, 2012, p.9.
⑥ Matthew Anthony Tapie, *Aquinas on Israel and the Church: A Study of the Question of Supersessionism in the Theology of Thomas Aquinas*, pp.62-63.
⑦ 参见杨廷筠:《代疑篇》:"答礼惟天子祭天,今日日行弥撒礼非僭即渎条"。周骃方编校:《明末清初天主教史文献丛编》,北京:北京图书馆出版社,2001 年版,第 52 页。

天主教的弥撒与儒家祭祀果真没有可比性吗？宗教改革之后，欧洲神学界一度在争论弥撒是否祭祀，但是来华耶稣会士基本坚持认为弥撒是祭祀，李西满之所以将两者截然分开，更多是出于不得已的策略。如今人类学对地方性知识的强调，何以与人类共通性知识协调起来，仍是当今学界面临的问题，耶稣会士是这方面的先行者。其实从耶-犹到耶-儒的转移，有助于这一问题的解决。比较宗教学、宗教社会学、人类学渐渐地将祭礼在宗教中的问题阐明。

因之，按照阿奎那的第一种解法即从宗教行为角度出发看待不同民族的宗教，或是比较宗教学的可行路径。涂尔干学派将祭祀纳入公共话语，不再将上帝视为宗教唯一合法的对象，承认神圣的多样性。涂尔干说："对任何宗教来说，不管它如何等齐划一，都必须承认神圣事物的多样性。甚至对基督教，至少是天主教而言，它除了有时候要根据神圣人格承认三位一体之外，还要承认圣母、天使、圣徒、死者魂灵等各种神圣事物。"①神圣与世俗的二分模式是涂尔干学说的核心要义，其对神圣的定义虽未免有些泛化，但在宗教行为层面与阿奎那的解释是相合的。阿奎那阐明宗教与神圣（sanctitas，或译"圣善"）"只有理念或观点方面的分别，另无本质方面的不同。的确，名为宗教，是根据它在那些特别与敬神有关的事上，如：祭祀、奉献等类的事，给天主奉献应有的服事。名为圣善，是根据人不仅把上述一切，而且还把其他德性的行动，也都归向天主；或者是根据人藉着善行，准备自己去敬礼天主"②。

按照阿奎那的宗教-迷信观点，如果从宗教对象角度考量，儒家祭礼明显属于"迷信"：祭孔、祭祖以及天地、山川、风雨、雷电等神圣崇拜都属于自然神学，具体而言祭祖、祀孔是对享有神性的人类灵魂之神圣崇拜，而天地、山川、风雨、雷电则为统治世界的灵魂，是众神；山川神往往又与历史人物对应，故有的山川神则属于神话神学；民间神学在祠宇中多见。

但是，如果从宗教行为的角度考量，则儒家祭礼是宗教行为：对孔子、祖先、天地、山川、风雨、雷电等"高级存在物"的神圣崇拜，包括内在行为的虔诚、祈祷，也包括外在行为朝拜，如跪拜、祭祀、献礼等行为。

首先，关于内在行为的虔诚与祈祷问题，参与耶稣会士发起的调查的陕西无名氏说得透切："祈福求祥，虽载于《周礼》，予以为不然，何也？人之祭神，不过将一念之诚敬以达于神明，一有邀福之心，不敬之甚！切不

---

① 爱弥尔·涂尔干《宗教生活的基本仪式》，上海人民出版社，1999年版，第47—48页。
② 多玛斯·阿奎那《神学大全》，第十册，第23页。

可以,为训!"①所以,儒家祭礼,内心的"敬"是最重要的,不敢有太多太明显的求福之心,因为一有此心,很可能会损害内心之诚敬。相信只要诚敬以行,福会自来,无所不顺。是故,不求福,却受福。为保证诚敬,在举行祭礼之前先要行斋戒沐浴礼,心不苟虑,手足不苟动,不举乐,不吊唁,改变饮食,穿明衣,如此经过十天时间,达到恍惚如见神明的状态。

如前揭,儒家在祈福的问题上坚持不祈福却受福的态度,《礼记·祭统》关于"贤者之祭也,必受其福……不求其为"一段话普遍为万济国、李西满及入教儒士严谟等人援引来证明自己的观点,因立场的不同而各有曲解,唐代经学家孔颖达解释得较为清楚:

"不求其为者,言孝子但内尽孝敬,以奉祭祀,不求其鬼神福祥为己之报。案:少牢馈辞云'皇尸命工祝,承致多福,无疆于女孝孙,使女受禄于天,宜稼于田',则是祭祀有求,所云'不求者',谓孝子之心无所求也,但神自致福,故有'受禄于天'之言。若水旱灾荒祷祭百神,则有求也,故大祝有六祈之义,大司徒有荒政索鬼神之礼。"②

阿奎那就明确肯定可以祈求世福,"对于暂世的东西,不可把它们当作首要的东西去寻求,而只把它们当作次要的东西"。③事实上,其他宗教传统在祭祀是否求福的问题上大多存在着双重态度。道格拉斯说:"我们应该意识到,信徒心中往往会存在所谓巫术效应的观念,人很自然通过制定一些宇宙性的象征,期以获得物质利益。但是,那些认为原始礼仪以获得物质效应为首要目的的观点是错误的。"④许多民族的宗教礼仪都免不了有求福,又十分警惕将物质效应的诉求过分置于礼仪会有损于礼仪,"因为狭隘地聚焦于物质财富和快乐会让一个宗教失去信任"。⑤

关于外在行为,儒家祭礼过程中的献祼礼,无论是仪式之肃穆、对神灵之诚敬,还是以臭味来与神灵沟通之方式,都与《利未记》有诸多暗合之处。儒家有十分详备的仪式体系来施为(perform)神圣,天地山川风云雷雨皆有神司、司日常起居炊食的五祀神、守护城市之城隍神、无后之孤魂等等,构成神灵信仰体系。李西满等耶稣会士就这一信仰体系在多地发动教内儒士展开了问卷调查。

---

① 无名氏:《礼仪答问》,见钟鸣旦、杜鼎克编:《耶稣会罗马档案馆明清天主教文献》第十册,第473页。
② 郑玄注、孔颖达等正义:《礼记正义》卷四九《祭统》,《四部精要》本,上海古籍出版社,1992年版,第1602—1603页。
③ 多玛斯·阿奎那:《神学大全》第十册,第44页。
④ Mary Douglas, *Purity and Danger*, p.61.
⑤ Ibid., p.177.

若是按照颇具影响力的涂尔干的标准,儒家祭礼无疑合乎他对宗教的定义,他说"神圣事物有关的信仰与仪轨所组成的统一体系"①。涂尔干是强调"教会"的,教会的"缺失"成为很多人否认儒家宗教性的重要因素,其实他所谓教会指的是拥有共同观念共同实践的社会群体,除了拥有神职人员的宗教场所,"某个群体、家庭或行会"的"私人膜拜"也被明确视为小教会,为大教会的分支②。涂尔干对教会的强调与坚持宗教与巫术的区别有关。19世纪末以后在进化论思潮下,巫术做为迷信的一种得以强化。受罗伯特森·史密斯影响,涂尔干坚持巫术与宗教相区别开来,从伦理视角来区分群体与个体,从而认为巫术"始终保持个人独立状态",宗教有教会③。然而,要在宗教与巫术之间在信仰层面彻底划出界限是十分困难的,涂尔干承认巫术中充满了很多宗教要素,因为"它就是从宗教中产生的"④。

宗教与巫术的区别,做为宗教-迷信二元对立模式的延伸,很大程度上是出于宗教群体的身份标识而表现出的权力关系。所以,从仪式层面看,基督宗教指责希伯来宗教是巫术,而新教则指责天主教为巫术⑤。儒家祭礼一方面确有很深的巫教或者萨满根基,另一方面,虽不截然区隔宗教与巫术,却也十分强调祀典与淫祀的对立。《礼记·祭统》以"备"释"福",百顺之谓备,内心要诚信忠敬,外在的行为合乎道合乎礼,上则顺于鬼神、外则顺于君长、内则以孝于亲。亲亲、尊尊为内、外,顺于鬼神为上,实则表明儒家祭礼"以神道设教"的逻辑。诚然孔子讳言神道,但不能由此否认人道之正须以神道为根基,《礼记·大传》云:"圣人南面而治天下,必自人道始矣。"⑥《白虎通》言明:"孔子曰'为礼不敬,吾何以观之哉?'夫礼者,阴阳之际也,百事之会也,所以尊天地,傧鬼神,序上下,正人道也。"⑦《易传·观·彖》"盥而不荐,有孚颙若……观天之神道而四时不忒,圣人以神道设教而天下服矣"⑧,明示王道重祭礼之灌地降神,祭祀环节礼仪最隆重,祭者最诚敬,神道是教化之所以能令天下人信服的根基。

儒家祭礼在王权体系中的位置与欧洲天主教存在结构性的差异。天主教教权与王权长时期保持相对独立性,儒家的祭礼体系长期由王权统摄,所

---

① Jonathan Klawans, *Purity, Sacrifice, and the Temple: Symbolism and Supersessionism in the Study of Ancient Judaism*, Oxford University Press, 2006, pp.6-7.
② 爱弥尔·涂尔干:《宗教生活的基本仪式》,第50页。
③ 同上书,第52页。
④ 同上书,第478页。
⑤ Mary Douglas, *Purity and Danger*, p.18.
⑥ 孙希旦:《礼记集解·大传第十六》,北京:中华书局,1989年版,第904—906页。
⑦ 陈立:《白虎通疏证》卷三,吴则虞点校,北京:中华书局,1994年版,第95页。
⑧ 高亨:《周易大传今注》,济南:齐鲁书社,1998年版,第163页。

谓神道设教，故在现代性转换的历史进程中，"欧洲教界从世俗政治中撤出，从世俗知性问题撤出，撤退到专门的宗教领域"①，而儒家祭礼体系在王权体制崩解之后，未能成功从组织上完成"撤退"式的现代性转型，也成为儒家宗教性遭到遮蔽的重要原因之一。

综上所述，中国礼仪之争实质是关于中国儒家礼仪宗教性问题。以万济国为代表的礼仪反对者在净教思想的主导下以阿奎那的迷信理论来判断儒家祭礼，是一种苛刻的取代论。耶稣会亦持守阿奎那的祭祀理论，虽然一定程度上走上了人类学对地方性知识之合法性论述的先行道路，但也未能彻底走出争论学框架，致使他们纵然再渴望将儒家祭礼与天主教天使圣人崇拜会通，由于诠释空间有限，大抵还是主张将儒家祭祀与天主教的弥撒弄成无交集的两条平行线。其辩驳不仅于反对者无效，自身还多有矛盾和有意的误读，为强化儒家的人文性，而极力否定了宗教性。

按照阿奎那的宗教观考量，从宗教对象层面的"取代论"桎梏中挣脱出来，走出争论学，从宗教行为层面走出自觉的比较宗教学路径，如此才能解决他在对象与行为相互调和时留下的矛盾，才能为基督宗教之外的神圣崇拜行为之宗教性去蔽。正如对天主教天使、圣人的朝拜行为之宗教性需要去蔽，儒家的祭礼诚然具有非常明显的人文性，但是行为层面亦具有无法抹杀的宗教性：无论是从虔敬与祈祷的内在行为，还是朝拜与献祭品的外在行为，儒家祭礼都是对所祭对象即鬼神的神圣崇拜。

第二节 儒家信徒的辩护与考证

一、1680—1690年代的文献

"万济国事件"之后，福建、江西、杭州、陕西、北京等地的耶稣会士和入教儒士对儒家礼仪展开考证和辩护。

福建是最活跃的地区，参加人数和作品都最多。李西满直接发动的中国信徒主要是福建的李九功和严谟，李九功在暮年写了《证礼刍议》《礼俗明辨》。严谟的著作最为丰富，有《福建严保禄集》②，此外，有多部关于丧葬祭祖礼仪考辨的作品。此外，丘晟和何某也参与进来，丘有《述闻编》，何某有

---

① Mary Douglas, *Purity and Danger*, p.93.
② 钟鸣旦、杜鼎克编：《耶稣会罗马档案馆明清天主教文献》第十一册，台北：台北利氏学社，2002年版，第115页。

《刍言》。

浙江杭州:张星曜的《祀典说》,呈给殷铎泽(Prosper Intorcetta,1625—1696)①;洪意纳爵等的《祭祀问答》恭答殷铎泽,抄送白晋,是耶稣会内审查杭州信徒的著作。

江西建昌:夏大常的《赣州堂夏相公圣名玛第亚回方老爷书》《生祠缘由册》《生祠故事》《祭礼泡制》《礼记祭制撮言》《礼仪答问》。其中前三本是应耶稣会士方济各(Francesco Saverio Filippucci,1632—1692)之请而作。《礼仪答问》送呈毕嘉②。

陕西:张象灿的《家礼合教录》,呈送给时任中国副会长的毕嘉③;一无名秀才作有《礼仪问答》,答李西满条问,是呈给毕嘉副会长的④。

这些作品都撰于"万济国事件"之后,大背景是回应多明我会士闵明我在"广州会议"后对中国礼仪的攻击。"万济国事件"始于李西满,应是奉毕嘉之命行事。毕嘉曾于 1644 年在漳州传教,而在 1667—1668 年之交的"广州会议"上,也曾与多明我会士闵明我就"中国礼仪问题"反复辩难,1680—1683 年和 1689—1692 年间,毕嘉负责耶稣会中华副会省,并著有《中国宗教仪轨》(*De ritibus Ecclesiae Sinicae*)(1680)一书。夏大常的《礼仪答问》、不知撰人的《礼仪问答》、何相公的《刍言》、张象灿的《家礼合教录》等书,均应毕嘉的要求所撰。⑤ 福建、杭州、江西、陕西等地虽然信息沟通不是十分畅通,但有一定的联系,李西满向李九功、严谟提的二十几条问题也被毕嘉发往福建、江西和陕西。1686—1689 年掌理中华副会省的是殷铎泽

---

① Albert Chan, S. J., *Chinese books and documents in the Jesuit archives in Rome: A Descriptive Catalogue*, *Japonica-Sinica I-IV*, Armonk, New York: M. E. Sharpe, 2002, p.54.

② Ibid., p.60. 黄一农:《两头蛇:明末清初的第一代天主教徒》,上海:上海古籍出版社,2006 年版,第 421 页。

③ 《家礼合教录》眉批处有一行字,据陈伦绪翻译,他是西安府的一个举人,是名基督徒,此手稿呈送给时任中国副会长的毕嘉。Albert Chan, S. J. *Chinese books and documents in the Jesuit archives in Rome: A Descriptive Catalogue*, *Japonica-Sinica I-IV*, Armonk, New York: M. E. Sharpe, 2002, p.59.

④ 眉批有葡萄牙文"Este tratado he de hum Bacharel parece gente de Xen sy, q. c. deo à o p. Gabiani; V Pro. al".可知这是陕西一秀才呈给毕嘉副会长的。Albert Chan, S. J. *Chinese books and documents in the Jesuit archives in Rome: A Descriptive Catalogue*, *Japonica-Sinica I-IV*, Armonk, New York: M. E. Sharpe, 2002, p.55.

⑤ 毕嘉于 1680 年至 1683 年及 1689 年 6 月 30 日至 1692 年两次掌理中华副会省,第一次在任期间,巡历各省而常居澳门,第二次在任期间因康熙而留在北京。荣振华著、耿昇译《在华耶稣会士列传及目补编》,北京:中华书局,1995 年版,第 782 页。费赖之:《在华耶稣会士列传及书目》上,冯承钧译,北京:中华书局,1995 年版,第 323—324 页。李天纲:《中国礼仪之争:历史、文献和意义》,上海:上海古籍出版社,1998 年版,第 144 页。黄一农:《两头蛇:明末清初的第一代天主教徒》,上海:上海古籍出版社,2006 年版,第 410 页。

(Prosper Intorcetta，1625—1696)，杭州张星曜的《祀典说》与洪意纳爵等的《祭祀问答》当撰于这段时间。

下面，着重探讨福建和杭州的情况，考察这些作品创作时间、内容及创作目的，并且分析这些作品是怎样参与到"广州会议"之后的"中国礼仪之争"进程中，颜珰介入后与这场礼仪考辨运动形成怎样的互动。

福建的情况

1. 李九功

(1) 李九功、李良爵与李奕芬的关系略考

李九功，字其叙，圣名多默，约生于 1603—1608 年间，卒于康熙二十年(1681)，享年近八十岁①。李九功及其儿子在"中国礼仪之争"中扮演了十分重要的角色。李良爵帮助李西满撰写了《辩祭参评》，《证礼刍议》《礼俗明辨》也都由其笔录，这些都与"万济国事件"有关。其子李奕芬后来在颜珰入华后成为其中文老师②。李九功到底有几个儿子，学界尚不是很清楚，杜鼎克、许理和认为至少有两个，顺治四年(1647)5 月清军攻入福州后展开屠杀，李九标很可能死于非命，而李九功与其两个儿子大难不死，其一为李奕芬，另一子名字待考。长子李奕芬(教名 Leontius 或 Leantius Li)③，钟鸣旦说其生于 1635 年，至少活到 1706 年④。学界一般认为李良爵即李奕芬，笔者颇为怀疑，因为李奕芬在《慎思录》的封面页亲笔署"福唐李九功男奕芬"，在《慎思引》末题署"绿庄奕芬谨识"，且两处题署笔迹一致，但是在第一集首

---

① 李奕芬所作《慎思引》提到其父李九功于辛酉年逝世，即康熙二十年(公元 1681 年)。"年将及耄，夜多不寐，常以平日学道于所见者乐于枕上"，故可知活到近八十岁，生于 1603 年之后，大约在 1603 至 1608 年之间。"生平著述如《励修一监》《文行粹抄》等集固已梓行于世，他如《问答汇抄》《座隅广识》诸编则姑藏之于家而未能登梓者甚多"。见钟鸣旦、杜鼎克编:《耶稣会罗马档案馆明清天主教文献》第九册，台北:台北利氏学社，2002 年版，第 141—142 页。

② Claudia von Collani, "Charles Maigrot's Role in the Chinese Rites Controversy", in D. E. Mungello (ed.), *The Chinese Rites Controversy: Its History and Meaning*. Nettetal: Steyler Verlag, 1994, p.159. Nicolas Standaert, *Handbook of Christianity in China*, Leiden, Boston, Koln: Brill, 2001, p.423. 比较李天纲《中国礼仪之争:历史、文献和意义》，上海:上海古籍出版社，1998 年版，第 226 页。

③ Adrian Dudink, "Giulio Aleni and Li Jiubiao", in Lipiello and Roman Malek, *Scholar from the West*, 1997, pp.164, 180. 许理和(Erik Zürcher, 1928—2008)《李九功与〈慎思录〉》，见卓新平主编:《相遇与对话:明末清初中西文化交流国际学术研讨会文集》，北京:宗教文化出版社，2003 年版，第 73、79—80 页。

④ Nicolas Standaert, *Handbook of Christianity in China*, Leiden, Boston, Koln: Brill, 2001, p.401.

页标明"闽福唐李九功其叙父著,男奕芬所良汇稿"①。可见李奕芬字所良,并非良爵,而且从笔迹上来看,李奕芬与李良爵是两个人。《辩祭参评》封面书有标题,标题下书曰:"系方济各利安当述",被涂掉了,标题右有几句拉丁文,但也遭涂改,涂改后的拉丁文说李奕芬(Li Leantius)是颜珰委任的暂管教区牧师(amnuensis)、秘书(domesticus)和本地传教者(cathechista),《辩祭参评》成书时,颜珰尚未入华,故此拉丁文修改的时间必在《辩祭参评》成书几年之后。陈伦绪注意到涂改的情况,但在解释时依据成说误认为李良爵即李奕芬②。联系上文李九功至少有二子,则可推断,李良爵是李奕芬之弟,同为李九功之子。

"万济国事件"爆发时,李九功已经是福建地区的教中元老了。李九功及其兄长李九标年轻时即与艾儒略相识,之后便放弃科举,一生致力研究基督宗教,后来也没有取得功名,李九功从 1635 年起就认真研读天主教书籍③。1639 年就已经完成一本儒学与神学关系的著作《励修一鉴》④,所以他对如何处理耶、儒双方关系有丰富的经验。李西满要请中国信徒来帮忙,首先想到的自然是他,许理和认为"李九功很可能是第一个应邀引用儒学经典、为中国礼仪辩护的中国教徒。李九功很快做出答复,写成《礼俗明辨》《证礼刍议》二稿"⑤,许说有理,却有待进一步商榷。《礼俗明辨》明显是对李西满所提诸条问题的回答,而《证礼刍议》则得具体分析,其两个版本创作、修改于不同历史时期。

(2)《礼俗明辨》

《礼俗明辨》创作于其临死前不久,时在康熙二十年秋冬,即公元 1681 年,最迟不会超过 1682 年 2 月 6 日。创作此书时,他已经体弱不能亲为,需他儿子协助⑥,最后由他本人口授,其子李良爵笔录而成⑦。分二十八

---

① 钟鸣旦、杜鼎克编:《耶稣会罗马档案馆明清天主教文献》第九册,台北:台北利氏学社,2002 年版,第 119、145、147 页。
② Albert Chan, S. J., *Chinese Books and Documents in the Jesuit Archives in Rome: A Descriptive Catalogue*, Japonica-Sinica I-IV, Armonk, New York: M. E. Sharpe, 2002, p.50.
③ 潘凤娟:《西来孔子艾儒略——更新变化的宗教会遇》,台北:台北县新店市基督教橄榄基金会·圣经资源中心,2002 年版,第 89—90 页。
④ 李天纲:《中国礼仪之争:历史、文献和意义》,上海:上海古籍出版社,1998 年版,第 225 页。
⑤ 许理和:《李九功与〈慎思录〉》,见卓新平主编:《相遇与对话:明末清初中西文化交流国际学术研讨会文集》,北京:宗教文化出版社,2003 年版,第 83 页。
⑥ Albert Chan, S. J., *Chinese Books and Documents in the Jesuit Archives in Rome: A Descriptive Catalogue*, Japonica-Sinica I-IV, Armonk, New York: M. E. Sharpe, 2002, p.68.
⑦ 在书末题:"古闽李多默口授,男良爵笔录"。钟鸣旦、杜鼎克编:《耶稣会罗马档案馆明清天主教文献》第九册,台北:台北利氏学社,2002 年版,第 49 页。

条逐条回答问题,并附总评于文末。这二十八条问题与严谟《李师条问》分二十一条回答的问题基本一致,可知是李西满提出的(参见严谟的《草稿抄白》),这些问题还发给福建的何某、江西的夏大常、陕西的无名氏,让他们回答。每个人回答问题的总数及顺序略有差异。

(3)《证礼刍议》与《证礼刍议引》的版本辨析

《证礼刍议引》和《证礼刍议》都已收入钟鸣旦、杜鼎克编的《明清天主教文献》中,钟、杜编目时认为二书为同一书的两个版本,《证礼刍议》是早期版本,《证礼刍议引》则是近期抄本①。二书确实两个版本,但是笔者认为《证礼刍议引》才是早期版本。从笔迹来看,《证礼刍议引》由李九功亲笔书写,笔迹与其《励修一鉴》相近。而《证礼刍议》则由李良爵抄录,至于该书标题下所书"闽中李多默著"几字写得比正文要美观大方,不可能出自"文不工"的李良爵,也不太像李九功本人手迹,倒很像出自李奕芬,可旁证李奕芬与李良爵非同一人。正文则明显由李良爵抄录,笔迹与其笔录的《礼俗明辨》一模一样,与其述写的《辩祭参评》也颇相近。另外,《证礼刍议》与《礼俗明辨》二书将"葬"字全部写成"塟",可证《证礼刍议》出自李良爵之手无疑,亦可知李西满找他帮忙撰写《辩祭参评》时推辞说"文不工",并非谦虚,而是实情。

从内容上看,两个版本有几处重大区别。经对照便知《证礼刍议》经李良爵笔录后,针对万济国《辩祭》一书而作了修改。

《证礼刍议引》全书分为五个部分,先是"证礼刍议引",然后是"议吊丧礼""议安葬礼""议祀祖先礼",最后是"议祀孔子礼"。《证礼刍议》没有引言,标题下则是正文,分"议吊丧""议安葬""议祀祖先""议祀孔子"四个部分。

《证礼刍议》有几处明显是在《证礼刍议引》的基础上针对万济国《辩祭》一文作了修改。

第一,《证礼刍议》在"议祀祖先"部分,论及神不栖木主之上,如下:

> 但恐昧于识者,因题有"神主"二字,遂以其有神栖之,孰知人之灵神,赋于天主,终无不受判于天主,其或升或堕,各有所归,安得复有依于木主者? 虽然,以神而论,虽形骸归土,而其灵神,天主赐之,知凡世间相关之事,则子孙将享之文,彼亦无有不知,岂如无灵觉魂,死后旋

---

① 钟鸣旦、杜鼎克编:《耶稣会罗马档案馆明清天主教文献》,台北:台北利氏学社,2002年版,第9页。

灭，即有酒馔当前，子孙罗拜，亦犹呈彩色于既盲之目，奏雅音于既聋之耳，徒等之儿戏而已耶？故知祖先灵神不灭……非必祖先果来格来尝也，盖祖先之魂，非奉主命，无有能自由而复行世之理。①

《证礼刍议引》关于这部分内容，是这样说的：

此设木主之意，原非有不善。第恐暗于识者，见题有"神主"二字，遂以真有神栖于此。孰知人之灵神，初赋畀于天主，终无不复命于天主。既复命而听天主审判，其灵神非上升天国，即下堕冥狱，各有所归，无有能自由而复来人间世者……则木主之无神栖止，斯非其明验耶？②

《证礼刍议引》认为人死灵魂（灵神）要么上升天堂，要么下堕地狱，不能自由而复来人世间。《证礼刍议》也认为人死灵魂或升或堕，不会依于木主，但是他没有说灵魂绝对不会再来人世间，而是话锋一转，说祖先的灵魂有知，也知道子孙的供奉，否则酒馔当前、子孙罗拜的祭祖礼仪则为儿戏了。一方面说人死灵魂不会栖在木主上，另一方面说祖先的灵魂不灭，并且知道子孙在行祭礼，两相折衷，得出结论：祖先灵魂不灭，并且有知，但是不会享用祭品，非奉天主之命，不会自由复行于世。

《证礼刍议》明显与李西满的《辩祭参评》第九条所论"今我之证灵魂不灭者，尚赖有祭祀一节"③思路一致，是这一思路的具体展开，是调和耶、儒灵魂观以回应万济国，因为儒家没有灵魂不灭观念，按照万济国的逻辑，祭祀的对象——灵魂如果散去，祭祖礼就是荒谬的，所以《证礼刍议》不仅说灵魂不灭，而且为了证明不荒谬，承认祖灵知道子孙在献祭。但是他不能承认祖灵会来人世享用祭品，否则就等于承认万济国指责的祭祖是迷信了，于是说"非奉天主之命，不会自由复行于世"，言下之意，如果奉天主之命，祖先灵魂也会复临人世间。

第二，关于祭祖是报还是祈的问题，两版本有别。

《证礼刍议》论及祭祖岁时祭享之礼，引证《诗经》的《既醉》篇、《信南山》

---

① 李九功：《证礼刍议》，见钟鸣旦、杜鼎克编：《耶稣会罗马档案馆明清天主教文献》第九册，台北：台北利氏学社，2002年版，第73—74页。
② 同上书，第106—107页。
③ 李西满：《辩祭参评》，见钟鸣旦、杜鼎克编：《耶稣会罗马档案馆明清天主教文献》第十册，台北：台北利氏学社，2002年版，第423页。

篇来说明祭先主报不主祈,不敢说祖宗有降福之能①,明显是针对《辩祭》第五条万济国所论,论证的思路与李西满的参评基本一致。

而《证礼刍议引》没有这些引证,只是说"至于岁时祭享,礼虽近于虚文,义实主于报本。故人子假之以明孝恩,先王制之以厚风俗,非必先灵果来格来歆也"②。

《证礼刍议引》所说的"礼虽近于虚文,义实主于报本",等于承认万济国所谓内意外礼不一致,属荒谬之礼。鉴于此,《证礼刍议》删除"近于虚文",进而下文对"主于报本"也作了修改,断言祭祖只报不祈,驳斥万济国所持祭祖背敬天主一说,这也是承《辩祭参评》的思路,并且不简单地如李西满那样将中国之"祭"与基督宗教的弥撒区别开来说两者"两不相蒙"了事("弥撒,译言祭也",将问题归之于翻译),而是力图证明两者在义理上并不相背。《证礼刍议》如是说:"六合之内,实惟有一天主可祈,至凡人家祖先,报之则是,祈之则非也。如是言祭,则不失祭之义,庶于敬主爱亲,两者俱可无背矣。"③

此外,《证礼刍议》除了对《证礼刍议引》进行增加之外,还删除大篇幅内容,例如李九功在《证礼刍议引》尊朱熹的家礼为儒教正统④,显然与李西满《辩祭参评》是先儒而非今儒的立场相龃龉,或因此《证礼刍议》绝口不提。

《证礼刍议引》与《证礼刍议》具体撰写时间未详,《礼俗明辨》(1681)两次明确提到《证礼刍议》⑤,笔者不知是指早期版本《证礼刍议引》还是指后期版本的《证礼刍议》,如果指后者,则改本时间下限当在1681年冬,如指前者,由李良爵笔录可知时间当于《礼俗明辨》同期。因这一改本是在《辩祭参评》之后,故不会早于1681年。所以,改本《证礼刍议》的时间当在1681年

---

① "至于岁时享献,则考之《礼记·祭统》云,'祭者,所以追养继孝也'。注:应氏曰,'追其不及之养,而继其未尽之孝';刘氏则曰,'追养其亲于既远,继续其孝于不忘'。此为祭先之正义,实惟在于主报也,或有疑其说主祈者,惟有见于《诗经》中,如'介祉绥福'等字,颇有影似。然《既醉》篇有曰'天被尔禄',《信南山》篇有曰'受天之祐',亦何尝不明归福于天?盖此多是祝者设为祖宗告孙子之嘏辞,其意特愿孙子之孝享者,以德获福于天,未尝如谓为人祖宗者,自有其降福之能了。"钟鸣旦、杜鼎克:《耶稣会罗马档案馆明清天主教文献》第九册,台北:台北利氏学社,2002年版,第77—78页。
② 李九功:《证礼刍议引》,见钟鸣旦、杜鼎克编:《耶稣会罗马档案馆明清天主教文献》第九册,台北:台北利氏学社,2002年版,第109页。
③ 李九功:《证礼刍议》,见钟鸣旦、杜鼎克编:《耶稣会罗马档案馆明清天主教文献》第九册,第80页。
④ 同上书,第101页。
⑤ 《礼俗明辨》答"丧礼各等葬礼何如"条说到"若更于《刍议》中,取吊丧安葬二议,采而行之",答"祭孔子祭祖宗求福不求福"条说到"其理更详在《证礼刍议》中"。见钟鸣旦、杜鼎克编:《耶稣会罗马档案馆明清天主教文献》第九册,台北:台北利氏学社,2002年版,第30、38页。

秋冬。

由上可知，《证礼刍议引》(《证礼刍议》的早期版本)由李九功撰于"万济国事件"爆发之前，《证礼刍议》则由李良爵笔录，是以《证礼刍议引》为母本，依据《辩祭参评》而作修改，成于1681年秋冬，目的是回应万济国的《辩祭》。

2. 严谟

严谟，字定猷，教名保禄，福建漳州人，康熙四十八年贡生[1]。其关于丧葬祭祖礼仪的著作有《考疑》《祭祖考》《木主考》《辩祭》《李师条问》《致穆老师文二首、跋语一首》《草稿(抄白)》《草稿》《〈辩祭〉后志》等[2]。下面，先介绍这些作品的时间、缘由及主要内容，从而考察这些作品参与礼仪考辨的情况。《李师条问》是严谟对丧葬(包括祭祖)考辨的重要著作，将在下章深入分析。

（1）《考疑》

撰于康熙二十三四年间(1684—1685)，呈给多明我会士罗文藻(首位中国主教)和欧加略，请他们转送万济国和夏老师；除此之外，由《辩祭》书后语可知，《考疑》一书还送给李西满及北京的传教士[3]。

严谟撰写《考疑》，是为了驳斥万济国《辩祭》第五条关于禁止祭祖的规定。严谟在《辩祭》书末清楚道出《考疑》的创作缘由与主旨："《考疑》一册之著，盖因万老师摘《礼记》《诗经》十数条，以证祭祖有来享、有求福，愚为考辨其原义不干求福之事，非真来格之言。"[4]

---

[1] 李天纲：《中国礼仪之争：历史、文献和意义》，上海：上海古籍出版社，1998年版，第221页。黄一农：《两头蛇：明末清初的第一代天主教徒》，上海：上海古籍出版社，2006年版，第405页。

[2] 这些文献都已收录在钟鸣旦、杜鼎克编的《耶稣会罗马档案馆明清天主教文献》中，此外，无名氏撰的《庙祠考》与《帝天考》装订在一起，钟、杜未收，黄一农亦归之于严谟笔下，黄一农对这些作品的创作时间及创作缘由做了初步考证。参见黄一农：《两头蛇：明末清初的第一代天主教徒》，上海：上海古籍出版社，2006年版，第415—417页。

[3] 他在《考疑》一书的末尾，尝致书某教士称："此书乃呈进于罗、欧二老师者，已蒙采取录寄万、夏二老师，谨将原稿呈览，以便采择。"黄一农说罗、欧、万分别指罗文藻、欧加略和万济国，估计夏老师是巴黎外方传教会的Nicolas Charmot(1655—1714)。参见黄一农：《两头蛇：明末清初的第一代天主教徒》，上海：上海古籍出版社，2006年版，第412页。为何在《考疑》中未提及李西满，而在《辩祭》书后提及，笔者以为原因是李西满早已在《辩祭参评》中向万济国"宣战"，所以严谟在呈给多明我会士时有必要讳言。这些是李西满主动安排的，还是严谟主动而为，抑或两人经过商量，笔者存疑，从其他几本书撰写情况看来，李西满主动安排的可能性最大。

[4] 严谟：《辩祭》，见钟鸣旦、杜鼎克编：《耶稣会罗马档案馆明清天主教文献》第十一册，台北：台北利氏学社，2002年版，第46页。

(2)《祭祖考》《木主考》《辩祭》

大约撰于1685年春①。在封面处题有"祭考""祝文考""木主考""辩祭",封面后有一目录:"祭之原意、三代祭仪、宋儒家礼、后代祝文、俗祭之邪、木主考、辩祭"。在"辩祭"条目下说明:"此篇是因福安所作《辩祭》之文翻驳中国祭礼,故作《辩祭》以分别之。"②

以上目录所关内容辑在一起,实为关于祭祖的三个篇章,即《祭祖考》《木主考》和《辩祭》。严谟之所以没有在封面标题中写明"祭祖",应该是出于针对万济国《辩祭》的原因,突出"祭"字,并且万氏是以祭祖为主要讨论对像驳斥中国祭礼的。

《祭祖考》探讨的主题有"祭之原意""三代祭仪""宋儒家礼""后代祝文""俗祭之邪",每个主题下都从中国经典中采录相关语句,"以备参考"。最后才是作者按语。引证的文献有《礼记》《论语》《中庸》《朱子家礼》《开元礼》,还引证程子、张载、张拭、司马光、刘璋、欧阳修等人的观点。

严谟的观点表达在按语中。他认为祭之原意在于人不忍心亲人的死去,害怕生者忘记死者,所以古先王制祭祀礼。三代与宋儒的祭祖礼仪,是用有形的仪式表明无形的寓意,使死者如有所凭依。祭祖历来就是维持人道、敦厚人心的重要手段,不能误以为祭祀时鬼神需要饮食——佛教才这样以为,但儒家祭礼与佛教无关。祝文所说"尚飨"是几乎来享用的意思,并非必然来飨。也不能误认为祭祀时神会在庙在木主之上,因为"其在庙之主,即所以事其在天之神也,明明说主在庙,神在天",古人有"来格来享"一说,皆人思而成,并非真来格来享。祭祖的含义在于思念死者,并非求福,礼经以及唐以降之祝文都无丝毫求福之意。"总之,祭祀者,止是沿习古礼,敬思亲之心耳。非有魔鬼之说,行之无碍于圣教信德之事。"③

严谟辩驳万济国以证明祭礼正当性,参考了李西满的《辩祭参评》,例如说祭祀是"藉有形以寓无形",用《论语》所谓"祭如在"来证祖灵不在庙和木主上,而且"今我之证灵魂不灭者,尚赖有祭祀一节",等等,基本是《辩祭参评》第九条的原话。

但是有一点不同,李西满遵循利玛窦路线,是先儒非后儒,认为汉儒中已然杂有异端,宋儒就更不值得辨。严谟则充分肯定后儒,认为从先秦一直

---

① 黄一农:《两头蛇:明末清初的第一代天主教徒》,上海:上海古籍出版社,2006年版,第413页。
② 严谟:《祭祖考》,见钟鸣旦、杜鼎克编:《耶稣会罗马档案馆明清天主教文献》第十一册,台北:台北利氏学社,2002年版,第3、6页。
③ 严谟:《祭祖考》,第21—28页。

到他所处的时代,中国祭祖礼仪都是正当的。只有焚烧金银纸钱的礼仪,是流俗杂释老于祭礼中。自从利玛窦区别先儒、后儒之后,入教儒士多接受,严谟应该也不例外,他充分肯定后儒的一个主要原因是将宋儒作为道统的一部分,另一个重要原因是李西满在辩护中落入自相矛盾,即一方面说中国人在基督宗教传入中国之前不知道有敬真主之真礼;另一方面,承认中国祭天之礼是向天主而行。严谟在封面后的目录上标明"祭之原意、三代祭仪、宋儒家礼、后代祝文",不是将宋儒作为批驳的对象,而是辩护的对象,延续第一代儒家天主教徒对宋儒的态度。

《木主考》与《祭祖考》一样,严谟先引证儒家经典,然后发表自己的观点。引证的经典有:《礼记》、《春秋》、《白虎通》、《五经异义》、《诗经》、《家礼》,以及徐邈、高堂隆、王怿、贺循、丰城朱氏等人的诠释。

他说立木主含义在于:"古人既不忍死其亲,欲常常见其如在,则必立之物以想像之,有定所,使心凭依之。此木主所为设也。"①

严谟针对的仍然主要是万济国《辩祭》第九条所谓"木主者,神之栖也"。他为"神主"字眼辩护,说神主出于宋儒,上古只称"主",并且"神主"只是指祖宗名号而已,并无他意(灵魂在木主上之意)。至于"依神"字眼,他承认不当,但此非古原称,出自后汉许慎。他在此处将汉、宋的注解与上古原意区分开来,不能因后代的注解便误解说立木主本来具有万济国所指责的求福免祸之意。严谟也在区分先儒、后儒,但是不像利玛窦以来的耶稣会士那样将两者对立起来。

《辩祭》有两个版本,内容差不多。

严谟将他所谓的"辩祭"与万济国所谓"辩祭"区别开来,以免传写中出现错误。他说:"此'辨'字,别也。非原'辩'字,驳也。"意思是说万济国所谓"辩"祭是驳斥中国祭礼,而他所谓"辨"祭意为辨别,即辨别"中邦古礼"、"今之祭先祖先师"之礼与"西邦圣教大礼"两者之间的差异,从而驳斥万济国,为中国祭礼辩护。

严谟说"祭"字名义释为"至",是个泛称。接着,将祭祖同祭上帝、百神区分开来,祭上帝、百神都用"祈""报""弭"三礼(即万济国所谓祭祀有祈福、报本、免祸"三情")。严谟说《礼记》所谓"祭有祈焉,有报焉,有由辟焉",指的是祭上帝与百神,不包括祭祖在内:

> 祭祖则异是矣,并无一毫祈祷求福之想。上古经书,后代祝文,可

---

① 严谟:《木主考》,第34页。

考而知也。今考之经书,其言祭祖之原意,不过曰祭者所以追养继孝而已,欲使人勿倍而已。非有见其飨,表孝子之心而已。春雨濡而怵惕,秋霜降而凄怆,心怵而奉之以礼而已。修宗庙、陈宗器、设裳衣、荐时食,事死如事生,事亡如事存而已。外此,无别意也。①

关于祭祖原意,他总结道:

> 古人制此祭祖之礼者,止是不忍忘倍死者之意,用生时宫室几筵饮食礼仪以维系此心,使之宛在目前,聊当思报尔。且以永缔宗支,使不忠贞不睐失。②

为了证明祭祖的正当性,将祭祖单独区分开来。为此说中国祭礼并不等于弥撒,两者"判然不相关"③,祭祖并不僭越天主。这是李西满《辩祭参评》中使用过的策略,稍不同的是,严谟认为祭上帝与百神之"祭"都具备祈、报、弭三情,李认为惟独祭上帝之礼才具备三者。而且,严谟说如果祭祖求福,必然会表现在作为"告神之语"的祝文中,但是遍考历代祝文都没有求福——所以祭祖不求福。

另外,严谟于康熙三十四年(1695)九月撰有《〈辩祭〉后志》,驳斥其侄默觉有关祭礼的议论,重申《辩祭》的基本立场。该书对万济国《辩祭》书中第一、二条,第五、六、七、八条,第十二条,第十三条分别予以答辩,他说其他几条不用答,否则太烦,总之,祭祖之祭与祭天主之祭"总归两路"④。

(3)《李师条问》

成书于康熙三十年(1691)左右⑤,是回答李西满所提问题的集子,由其父严赞化审校。书后附有《木主考》一条,即上述大约撰于1685年春之《木主考》。

正文前列有所引用书籍、姓氏、年代。引用的书籍有《尚书》《诗经》《礼记》《春秋》《周礼》《仪礼》《论语》《中庸》《白虎通》《开元礼》《文献通考》《家

---

① 严谟:《木主考》,第39页。
② 同上书,第41—42页。
③ 同上书,第43页。
④ 严谟:《辩祭后志》,见钟鸣旦、杜鼎克编:《耶稣会罗马档案馆明清天主教文献》第九册,台北:台北利氏学社,2002年版,第67—72页。李西满在《辩祭参评》中分十二条回应万济国的《辩祭》,严谟在《辩祭后志》所说诸条顺序及条数与《辩祭参评》略有差别。
⑤ 黄一农:《两头蛇:明末清初的第一代天主教徒》,上海:上海古籍出版社,2006年版,第415页。

礼》《大明集礼》。并且引用汉、唐、宋、元经学家的经典注疏①。

严谟对李西满所提问题分二十一条予以回答。从上述文献中考证,然后每条加以按语。对于此文的分析,见第四章。

(4)《致穆老师文二首、跋语一首》

这是严谟写给耶稣会士穆德我(Joseph Monteirom, 1646—1720)②的信。据黄一农考证,初步推断此信书于康熙二十六年至三十二年年底间(1687—1693),即穆德我担任福建的宗座代牧期间③。

信中写道:"内文二首、跋语一首,奉上穆大老师台清览。并请将前后拙著照目录所有者一总抄寄与江西聂老师,盖闻聂师为此事有著作,且前屡亦下征谟所著作,远道无缘寄达以备刍荛一得也!切嘱切仰!"④

内文二首分别是宋欧阳修的《襄州谷城县夫子庙记》和明汤来贺(1607—1688)的《春秋修其祖庙陈其宗器设其裳衣荐其时食》。跋语是严谟为此二文而作,并交待为何要将欧、汤二文呈给穆德我。跋语有云:

> 有疑敝国祭祀死者祖先之礼有同于事天主之意,有同于事天主之貌,愚谓并无其意并无其貌……但此说老师有不信,谓独出我奉教者饰说,以为欺瞒。今录此宋朝古文一首,明朝时文一首,亦足以见非出于奉教者之私说,而后世即当邪说盛行之时,尚能道出古祭祀之原意,而祭先祖与祭先师之礼原淡淡如此也,可无庸疑忌矣。⑤

可知严谟之所以将欧、汤两首文章呈给穆氏,是因为严谟为中国祭礼所作的考辨不能令他信服,严在跋语中重申他关于祭祖(附带提及祀孔)的主

---

① 严谟:《祭祖考》,见钟鸣旦、杜鼎克编:《耶稣会罗马档案馆明清天主教文献》第十一册,台北:台北利氏学社,2002年版,第117—119页。
② 穆若瑟,字德我,葡萄牙人。荣振华说穆于1680年来华,先到湖广,1683—1684年在江西南昌,1687—1693年由澳门主教任命为福建的宗座代牧,并于1693年被任命为福建副主教。费赖之说1693年果阿大主教命之为福建副主教,但是因为代主教颜珰的教令引起纷争,不得已自引退。关于穆卒年,费认为在1718年。两家记载略有不同处,取荣说,因其说晚而有校。见荣振华:《在华耶稣会士列传及书目补编》,耿昇译,北京:中华书局,1995年版,第443—444页。费赖之:《在华耶稣会士列传及书目》(上),冯承钧译,北京:中华书局,1995年版,第394页。
③ 黄一农:《两头蛇:明末清初的第一代天主教徒》,上海:上海古籍出版社,2006年版,第415页。
④ 严谟:《致穆老师文二首、跋语一首》,见钟鸣旦、杜鼎克编:《耶稣会罗马档案馆明清天主教文献》第十一册,台北:台北利氏学社,2002年版,第75页。
⑤ 严谟:《祭祖考》,见钟鸣旦、杜鼎克编:《耶稣会罗马档案馆明清天主教文献》第十一册,台北:台北利氏学社,2002年版,第85—86页。

要观点:三年之丧中对死者的奠哭与丧后对祖先的祭祀只是设礼以想像之,只是以侍生者以待死者,使不忘而已,祀孔也只是因为读其书学其学,所以祭祀之以不忘本而已,故中国祭祀之貌之意(外礼内意)皆与弥撒礼不同,并不僭天主之礼。这些是《考疑》《祭祖考》《木主考》《辩祭》诸篇所持观点。穆氏本人一定是看了这些书后,担忧严谟的考辨为了维护中国祭礼而故意掩饰其中的宗教性,甚至怀疑严谟对李西满、穆德我等耶稣会士也欺瞒不报,从而让他们达不到参考的目的,最终说服不了其他修会,因为他本人都难以相信当"后世邪说盛行之时",严谟尚能道出古祭祀的原意。

严谟要站在天主教的立场来辩护丧、祭礼不具有宗教性,实在为难,百般辛苦却连耶稣会中人都难以取信,只好录教外后儒的文章来证明儒家祭祖祀孔之礼原来淡淡如此。汤的文章论周代祭祀祖先的含义,汤属教外人士且晚年在学界享有盛誉,故其文自然比严谟本人论祭之原意更客观公正。

汤来贺的《春秋修其祖庙陈其宗器设其裳衣荐其时食》主题是周代祭祖礼仪是用人道来处之,即开头一句所言:"周之礼其先,为其人以处之而已。"主要讲述标题所示修祖庙、陈宗器、设裳衣、荐时食四部分的含义。贯穿全篇的是"以人处之"。"人"与死者对言,即生人,"以人处之"实即作者所理解的儒家孝道,以孝道来处生死,是对孔子的话"之死而致死之,不仁而不可为也。之死而致生之,不知而不可为也"的诠释①。亲死后,祭者并"不敢异人于亲",故用修、陈、设、荐这些生养之道来追养死者。汤氏说通过祭祀,"亲或可依于其情而有乎?且武周之谓善继人之志,善述人之事,为其能有乎?"意思是说亲虽死,但是可以通过后代祭祀而"有"。何以可能?汤氏接着说:"人也,所去之身,而通之于得在之情。是亲不可知,而所留于子之心则可知也。"而生者对于亲不能令其就这样死去,同时又不能让其不死而复活,应如孔子那样持中庸的态度,汤氏说这就是武周祀先之道——"推人道以相接"②。

"推人道以相接"从字面上看,正是严谟所希望的,有利于他证明儒家祭礼的非宗教性,仅仅是表达子孙对亲人的思念,不忘记亲人。诚然,这是儒家祭礼的一个维度,从生者这个角度而言尤其这样,但是还有其他维度,即关于死者存有的信仰维度。汤氏在文末关于祭祖"荐其时食",礼仪有云:"形之为物,从于其气,而留举吾气所从来之本,以束其游泊无归之魂。则形

---

① 郑玄注、孔颖达正义:《礼记正义》卷八《檀弓》上,《四部精要》本,第1289页。
② 黄一农:《两头蛇:明末清初的第一代天主教徒》,上海:上海古籍出版社,2006年版,第81页。

虽隐，而气相通之道也。"①意即用四时之食物荐享祖先，祖先的灵魂依气来感格。万济国在《辩祭》一文中明确说祭祖先之礼之所以荒谬的主要原因之一，是人死最后归为浑囵之气，于理不通。气之妙用在汤来贺看来并非仅仅物质性的呼吸吐纳之气，而是"吾气所从来之本"，借此而荐享游魂，灵魂可得到安顿。汤氏说这是"武周所称达孝"。对此，严谟忍不住在上方加一眉批："尚是宋儒之解，迂而未邪。"②

严谟的上述文献除了《李师条问》条答李西满以供参考外，其他的是驳斥万济国《辩祭》一文，当然也得经过耶稣会之手。穆德我说他欺瞒时，意思主要是担心严谟受双重立场的偏见影响太深而导致所论不客观从而不具备说服力。那么他对耶稣会士是否真的有欺瞒？《李师条问》一文他迟迟不呈给李西满，从这件事看来，的确被穆言中了。他本人在《草稿（抄白）》提及迟迟不呈一事。

(5)《草稿抄白》

据黄一农考证，《草稿抄白》所收录之信，可能为三十二年(1693)年底所写，是年五月已托参加会试的妹夫蔡氏带给穆、李二人书信，此则为续写③。

"抄白"意为抄本、副本。《草稿抄白》是一式两份，用信函寄给穆德我，再请穆将抄本寄给李西满（远在常熟、苏州一带）。其中除了写给穆、李各一封信之外，从《李师条问》中录出"孔子与裸祭"二条呈给穆、李二人，并附上《李师条问》的完整目录——《辑答李老师条问目录》。另外，请穆氏将抄本转交北京的耶稣会士、江西的聂仲迁。

从写给穆德我的信中可知，多明我会、巴黎外方传教会用西文撰文驳中国礼仪，而耶稣会答辩④。"又前呈颜老师西字回书，亦求指示其中一二要语"，可知写此信之前颜珰已经正式介入"万济国事件"后的争论，阅毕严谟的书信后，便用西文写信驳斥严谟，严谟请穆德我帮忙翻译其中大意。严谟在信中到底给颜珰写了什么？大意不外乎严谟《考疑》《祭祖考》《木主考》《辩祭》诸文的观点。阅读完毕，颜珰大为光火，多明我会士马熹诺也看到严谟写给颜珰的信，指控他犯了"逆主教之罪"，给严谟的侄儿严默觉罗织

---

① 黄一农：《两头蛇：明末清初的第一代天主教徒》，上海：上海古籍出版社，2006年版，第82—83页。
② 同上书，第83页。
③ 同上书，第414—415页。钟鸣旦、杜鼎克编：《耶稣会罗马档案馆明清天主教文献》第十一册，台北：台北利氏学社，2002年版，第92页。
④ 钟鸣旦、杜鼎克编：《耶稣会罗马档案馆明清天主教文献》第十一册，台北：台北利氏学社，2002年版，第91页。比较黄一农：《两头蛇：明末清初的第一代天主教徒》，上海：上海古籍出版社，2006年版，第414页。

参与严谟著述的罪名,为了报复,当其病中不给他行告解,并且从严谟的先父严赞化身上下手,强迫严默觉写信反驳严赞化生前关于"祭祖合礼"的言论①。

关于"孔子与祼祭"二条:

即便穆已经指责过严谟所呈的文章有"欺瞒"之嫌,严谟仍然不将《李师条问》完整寄上,而是从中录出关于祭孔、祭祖二条,他说其他诸条不是当时争论的焦点,在信中说道:"辑答李老师一书未经呈上,以其多问诸等祭祀诸等礼文,未为今日切举也。"②而在写给李的信中说:"谟前年辑答老师条问,兹近蒙穆老师征貤旧著,再从新改,此答比前更得详明"③。经比较,此二条内容对《李师条问》确实作了修改。如今收入钟、杜所编文献的《李师条问》版本,已经于1691年左右全文呈给李西满了。但此时他更认清托钵修会反对中国礼仪的焦点所在,所以他必须有针对性地加以修改后才肯上呈穆德我,情非得已不得不"欺瞒"。

从中摘出修改后寄出的二条,即"问孔子立庙春秋二祭何义?又问祀孔子与神祖宗有何分别?又问祭孔子求福不求福?又问进学中式孔子庙中谢者何义?""问祭礼奠酒于地何如?"这是严谟在《李师条问》第六条和第十六条所回答的问题。两相比较,作者关于这两条从儒家经典所征引的一样,但是按语有很大改动。

关于《李师条问》第十六条"问祭礼奠酒于地何如",严谟强调祼礼不"灌地降神",他说这种说法自唐人首提后,宋儒便"每注'祼'字,皆曰'灌地降神'",而这并非古意。他考证后说:"愚以为祼之礼,古人最重,彼盖知鬼神无形,世物惟声音香臭较清微,欲藉以得达于鬼神乎?故祭慎诸此,今人即酹酒于地以存其意亦无妨,特'降神'二字原非古,不必用!"④这几句按语在他呈给穆、李的信函中改成"愚以为古祼礼既是以芬香之酒表敬意……"⑤,用较清微世物之声音香臭以达鬼神一句被删除。

《李师条问》第六条"问孔子立庙春秋二祭何义?又问祀孔子与神祖宗有何分别?又问祭孔子求福不求福?又问进学中式孔子庙中谢者何义",所问重点在祀孔。而严氏已完成的诸著将主要精力放在对祭祖的考辨,相对

---

① 严谟:《草稿抄白》,见钟鸣旦、杜鼎克编:《耶稣会罗马档案馆明清天主教文献》第十一册,台北:台北利氏学社,2002年版,第63—64页。
② 同上书,第91页。
③ 同上书,第97页。
④ 严谟:《李师条问》,见钟鸣旦、杜鼎克编:《耶稣会罗马档案馆明清天主教文献》第十一册,第191页。
⑤ 同上书,第113页。

而言对孔子本身则研究较少,是因为万济国《辩祭》一书着重批祭祖从而批儒家祭礼。故在《李师条问》和《草稿抄白》中,即便论及祀孔这一主题,侧重点犹在论祭祀本身。关于祭孔之祭的按语,从《李师条问》到《草稿抄白》有变化,后者突出地讨论儒家祀典关于"常祀"与"淫祀"的思想,而《李师条问》中只是一笔带过,以"正"与"流俗"讨论之,尚不脱李九功早期作《证礼刍议引》的模式。《草稿抄白》突出地讨论"常祀"与"淫祀"("邪祀"),是为了证明儒家祭祀实无"异端之邪"①。

对此,我们作如下分析。

穆德我向他征耻旧著时,他不直接将全文呈上,而是挑出祭孔、裸祭二条,严谟说其他问题不是当时争论最主要的问题,是实话,但不妨碍他将《李师条问》全文直接呈上以备参考,可是他没有如此做,他顾虑什么?最主要的原因在于颜珰的禁令②,第三条明确宣布祭祖、祀孔带有迷信色彩。禁令第六条说一些口头或书面上流传的说法正把粗心的人引向错误,为迷信大开方便之门,列举的说法主要有:中国人教授的哲学,如正确理解并没有什么和基督教教规相违背的;向孔子、神灵所致敬意其世俗意义更甚于宗教意义等。颜珰说这些说法似是而非,错误百出,要严格禁止传播这些说法。

颜珰列举的说法明显是针对"万济国事件"之后的情况:耶稣会士与入教儒士一同为祭祖祀孔礼所作的考辨。如前述,在禁令发布之前,万济国虽然据阿奎那的神学原理在事实上判定中国祭祀为迷信,但是他没有明确使用"迷信""偶像崇拜"之类术语,而是具体分十二条将阿奎那关于"宗教""迷信"的神学理论套用在儒家祭礼身上。而李九功、李良爵、严谟等入教儒士对万济国所持的神学根据了解有限,结果他们的考辨都被《辩祭》文本牵着鼻子走,顾此而失彼。现在颜珰把问题挑得更加明了,宣布祭祖、祀孔礼仪带有迷信色彩。颜珰的七条禁令公布并强制执行后,包括严谟在内的福建教徒在平日的宗教生活中,因为祭祖、祭孔涉嫌"迷信"而承受的压力之大可谓空前,在禁令之下,严谟比撰写前述诸著时更加清楚地知道多明我会、巴黎外方传教会驳斥中国祭祀礼仪的核心所向,因而也知道他以前的辩护针对性不强,不仅对祭祖、祀孔的非宗教性辩护不够,反倒字里行间还暴露出宗教性,这是致命的,足以令他惶恐,故《李师条问》须得经他修改之后才敢上呈穆德我。

---

① 严谟:《李师条问》,见钟鸣旦、杜鼎克编:《耶稣会罗马档案馆明清天主教文献》第十一册,第155—156页,比较同册第100—105页。
② 苏尔、诺尔:《中国礼仪之争西文文献一百篇》,沈保义、顾卫民、朱静译,上海:上海古籍出版社,2001年版,第16—19页。

固然,严谟对"中国礼仪之争"的理解越来越接近所争论的问题核心——儒家的宗教性,但是他对万济国所持神学根据的了解终究有限,为此还受到多明我会士马熹诺的指责,严谟1695年所作的《草稿》说:"马神父云:'圣多明我会与耶稣会相与辩论,此事之深者,吾辈皆不可得而闻也。'则我与尔亦同是瓦缶之鸣耳。"①

3. 丘晟

1701年,丘晟(1663年前—1706年后)与颜珰就礼仪问题交锋,写了一封信和一篇长论来反驳颜珰的理论②。长论即《述闻编》,信即《闽中将乐县丘先生致诸位神父书》,附于书前。

丘晟在信中说明撰《述闻编》的目的:"夫中土隔西洋数万里之遥,所得同者,独此圣教至公之理,至于风土人情,理体文章,迥然相殊,不能强合。未可以掉三寸不烂之舌,遽欲变中土而为西洋也。传教者当因其人心之明而开导之……"③他区分宗教与风土人情的文化二面,意在说明儒家礼仪只是风土人情,与基督宗教相容。并且认为只能以孔子引路,才能成功地传"圣教"(完全是利玛窦的思路),如果"必指孔子为有异端,则儒者尤必指圣教为有异端,互为无益之诘訾"④。

丘晟在信件开头十分谦虚谨慎,甚至说自己"迫于穷困,意绪错乱"⑤,他如此是为了避颜珰的锋芒,以免落得如严谟及其侄那样的下场,获"逆主教"的罪名。但是在对待中国礼仪的立场上,他毫不含糊:"神父辈,读吾中国之书,当圆融变通者,不宜死死认一个字眼,一句说话,便不融通,致外传教事理也。今读书之人,哓哓其说,不肯奉教,正谓此等说话,行不能去。又人多疑降生救赎之事,未必真有,命、相、堪舆、诸说,未必俱无,诸佛、菩萨,为可信,圣教之斋,为可疑,所以罪人不惜笔墨之劳,作书一通,名曰《述闻编》。"⑥他在信末说《述闻编》"内义理、文间俱校正无讹,幸不必改易一字,致伤中国文理"⑦。

颜珰对中国礼仪的极端态度甚至引起方济各会士的不满,利安定未指名地批评颜珰:"中国的基督徒对耶稣会的传教士、对你和对我有什么办法

---

① 严谟:《辩祭后志》,见钟鸣旦、杜鼎克编:《耶稣会罗马档案馆明清天主教文献》第十一册,台北:台北利氏学社,2002年版,第72页。
② 孟德卫:《1500—1800:中西方的伟大相遇》,北京:新星出版社,2007年版,第40—41页。
③ 丘晟:《闽中将乐县丘先生致诸位神父书》,见钟鸣旦、杜鼎克编:《耶稣会罗马档案馆明清天主教文献》第十册,台北:台北利氏学社,2002年版,第166页。
④ 同上书,第170页。
⑤ 同上书,第165页。
⑥ 同上书,第172—173页。
⑦ 同上书,第174页。

呢？他们为什么需要我们？是我们需要他们。从人道主义方面来说，成为基督徒他们能获得什么好处？相反，他们每天都要面对异教徒的亲戚和朋友，每走一步都会被他们咒骂为信仰的是洋教，因他们停止了对其祖先的供奉……。"①

丘晟《述闻编》化耶、儒为圣俗，以耶稣会一贯的态度来处理两者关系，形式上是以教徒的身份与教外儒士对话，他实际上是以此方式来证明耶稣会士的传教路线可取，从而回应颜珰。

杭州的情况

1. 张星曜的《祀典说》

关于张星曜《祀典说》的创作时间，当在1693—1696年间。理由如下：他于1678年才入教②，故《祀典说》当著于1678年后。封面上有葡萄牙文"Este he obra de un Letrado de Hoan cheu. A mandou o P. Intorcetta."是给殷铎泽（Prosper Intorcetta，1625—1696）。故《祀典说》作于1678至1696年间。据孟德卫研究，张星曜是17世纪晚期杭州天主教会的柱石，当颜珰颁布七条禁令后，殷铎泽敏锐地意识到危险性，于是发动张星曜回应颜珰的挑战③。《祀典说》应是回应颜珰之作，那么时间当在颜珰七条禁令（1693）公布之后，故创作时间是1693—1696年。

张星曜基本上是按天主教的立场来区分考论神祠、生祠、禄位和家庙之祭祀。主张生祠应该禁止。认为"禄位"则是僧道所为，更不能纵容。至于神祠，则在耶、儒之间进行调适。对于家庙祭祖，则极力论证其合理性。

开篇论神祠，即关于天地、神祇的祭祀。他首先解释先王制定祭祀的祈、报两种含义："祈者，祈求福泽也；报者，报其成功也。"④他马上就将上帝与其他天地之神区分开来，声称祭上帝含有祈、报二义，而祭日月、星辰、山川、海岳则是报，"盖司日月诸神能奉上帝之命，各任一职，助成万物，不有以报之不可也。"⑤按照天主教的教义，惟上帝有赏善罚恶之权，其他天神并无

---

① "Sinica Franciscana", Vol. Ⅶ-Pars prior, Augustinus AS. Paschale, Epistola ad D. Artus de Lionne, Canton, 13 Februarii 1694, p.262. 转引自崔维孝：《明清之际西班牙方济会在华传教研究(1579—1732)》，北京：中华书局，2006年版，第319页。
② 李天纲：《中国礼仪之争：历史、文献和意义》，上海：上海古籍出版社，1998年版，第234页。
③ D. E. Mungello, "The Forgotten Christians of Hangzhou", Honolulu: University of Hawaii Press, 1994, pp.155-156.
④ 张星曜：《祀典说》，见钟鸣旦、杜鼎克编：《耶稣会罗马档案馆明清天主教文献》第十册，台北：台北利氏学社，2002年版，第443页。
⑤ 同上书，第444页。

此权柄,无非是奉上帝之命行事,故而张氏要极力区分祈、报二义,将祭祀日月诸神仅解释为"报",罔顾这些仪式中大量祈祷的含义。将最高权柄归为上帝,大体可以成立,明朝朱元璋等皇帝为了革除前朝为神灵不断赐加封号的做法,也采取类似的说法①。其实,天主教徒们也常向诸天神祈,只是常常将之解释为转祈或请天神于上帝处代祷。在礼仪之争白热化之时,张氏做如此区分,是为了免去不必要的麻烦。

次论"人类鬼神",包括生祠在内。在张星曜看来,圣王制定祀人类鬼神之礼的含义是"报",祭祀的对象皆为已死之人,因生前有功德,圣王为了让这些人流传后世,以让后人好善恶恶,故设祠庙以祭之,而这些已死之人并不恋供品。张星曜认为这些人类鬼神都列在祀典中是正当的,然而,他认为周末之后"祠庙愈滥",祀典之外的淫祠不可胜纪。具体而言,张星曜认为生祠祭祀的对象只包括"帝王如黄帝、颛顼、帝喾、尧、舜、禹、汤、文、武,臣如厉山氏之子农、共工氏之子后土、少昊氏之子无冥、商之祖契",他表示根据来自于《礼记·祭法》的记载,未载此书的则表示"无闻",即不具正当性,因而,他将祭祀屈原的三闾庙、项羽庙、傲象庙、余杭陈浑庙等都列入"滥祭",至于生祠,更是主张禁止。张氏固然声称是按照《礼记·祭法》"法施于民""以死勤事""以劳定国""能御大灾""能捍大患"几项立祀典的标准,但是,他实际上是按照天主教的标准来衡量取舍的。三闾庙等都符合功德立庙的标准。至于生祠,也属于人鬼祭祀,在儒家祀典中非常多见,尤为常见的是对有功德之官员在离任一方之后,所在地人们为颂扬其功德,建庙以表思念,故而常称"去思庙",渐渐地百姓来祈。显然,这与天主教教义格格不入,所以他说:"凡此皆昧于先王祈报之义,更不禁其利欲之心,遂佞神祈福,甘心背主,系世俗矫诬之失,岂先王之过哉?"②因此,他不是简单地按照利玛窦规矩以秦火分先儒、后儒,而是将周末以来的人鬼祠祭都列入滥祭行列。

关于家庙,属于祭祖内容的重要一环,他没有说其中有"滥祭"的情况,也没说有向祖宗求福的情况,而是极力肯定家庙的正当性,共有"四善":一是表达后人的孝思及诚敬;二是先王设家庙以感天下之人心咸归于孝,从而使世人知有君;三是可以维系家族世代统一,让亲戚和睦;四是家庙可以感化暴戾之夫,族长可以家庙治之。

---

① 《(嘉靖)清苑志》:"我太祖高皇帝,以岳渎皆高山大水英灵之气,萃而为神,必皆受命于上帝,非国家封号所可加。"见《中国古代祭祀礼仪集成·方志》第二册,任耕耘主编,合肥:黄山书社,2013年版,第158页。
② 张星曜:《祀典说》,钟鸣旦、杜鼎克编:《耶稣会罗马档案馆明清天主教文献》第十册,第443—448页。

张星曜虽然与其他儒家天主教徒一样受双重身份的制约,但对于儒家的同情似不及李九功、严谟等人,他甚至认为中国没有纯粹的儒家,大多杂有其他学说①。故撰给耶稣会士殷铎泽的《祀典说》,没有像严谟那样有所"欺瞒"。当然,《祀典说》面向中国礼仪的反对者,于辩护儒礼无益。

后来,张星曜编撰而成《天儒同异考》,证明天教合儒、补儒、超儒,对于所杂入的异端,都应以基督宗教的标准来恢复古先王初意。这是利玛窦奠定的核心思路,张星曜在1700年代予以重申,当是在颜珰掀起的争论的背景下所作回应。中国信徒当中,从徐光启等第一代儒家天主教徒一直到严谟,对利玛窦批评宋儒的态度一直都是有保留的,大多将之作为道统的一部分予以体认。但是到了17世纪末,情况发生了变化,张星曜完全接受利玛窦当年设立的天教合儒、补儒、超儒的框架,是先儒非后儒,上文所述丘晟的《述闻编》中也流露出强烈的利玛窦色彩。之所以出现这种变化,是因为耶稣会在与颜珰的交锋中,觉察到自己处于非常不利的境地,过去对儒家的辩护并不成功。这种局面让耶稣会传教士之间以及耶稣会士与入教儒士之间产生猜疑,所以他们希望重新回到"利玛窦规矩",统一思想和作法。

2. 洪意纳爵等的《祭祀问答》

据黄一农考证,《祭祀问答》创作于1693年前,该书恭答殷铎泽,抄送白晋,试图回应颜珰:"表面上是请白晋转送其他会士参考,但背后或是企盼其意见能有机会上达朝廷,以回应颜珰主教在福建所掀起有关中国祭礼的轩然大波。"②这种观点值得商榷。《祭祀问答》的创作动机,应从洪意纳爵跟殷铎泽的对话与写给白晋的信来解读。

写给白晋之信末尾处署名除洪意纳爵外,还有朱西满、杨伯多禄两人,可知这两位杭州信徒也参与同殷铎泽的问答。

殷铎泽怀疑有耶稣会铎德允许教友用金银纸锭、焚帛化楮、宣读祝文等行为③。烧纸等仪式早已被利玛窦、艾儒略判为邪礼,并已成为中国信徒的共识。洪意纳爵说浙江金华或兰溪一"朱先生",导人更改耶稣会"规额"④,这一朱先生或许即殷铎泽所指的耶稣会铎德。联系上文所述穆德我对严谟产生不信任一事,可知耶稣会内部以及耶稣会士与儒家信徒之间关于中国祭祀之原意究竟如何已经产生分歧,在颜珰掀起争论高潮的背景下,耶稣会

---

① 李天纲:《中国礼仪之争:历史、文献和意义》,上海:上海古籍出版社,1998年版,第235页。
② 黄一农:《两头蛇:明末清初的第一代天主教徒》,上海:上海古籍出版社,2006年版,第421页。
③ 洪意纳爵:《祭祀问答》,见钟鸣旦、杜鼎克编:《耶稣会罗马档案馆明清天主教文献》第十一册,第249页。
④ 同上书,第254页。

士想重新审查教友的礼仪实践,保证统一执行"利玛窦规矩",张星曜撰写《天儒同异考》很可能就是出于此意。如推理成立,则《祭祀问答》撰写当在颜珰发布禁令之后,或撰于1693年3月26日至年底间。

《祭祀问答》是对杭州信徒的一次审查,殷铎泽让他们详细禀报"耶稣会士先后导人之言"①,看其是否违背耶稣会的规定,在祭祖中是否有迷信行为。洪意纳爵如李西满、李九功父子、严谟那样,将祭祖宗之祭同祭上帝之祭区分开来,"如以祭上帝之祭移祭祖宗遂谓之僭,是以辞害义矣!"②坚决否认曾有耶稣会士"许教友听其用金银纸锭与焚帛化楮及宣读祝文以当诵祝诸异端事"③,他说这些是祀典中错杂浑用违悖圣道者,已为利玛窦、艾儒略、傅泛济所严禁,但他们"历经多方辩论,知祭祀为可从之礼,必心无僭妄,乃子孙表其追忆之孝思而,亦不之禁也"④。判断礼之是非的标准是行礼的意图,而非礼仪行为。("不当以行事之异同断,当以其用礼之心断"⑤)

洪意纳爵承认浙东土风袷祭盛行,"有主祭、陪祭、赞礼诸执事,期间非礼之举不少"⑥,但是奉教之人数不及教外人数多,要全部革除其中陋习则"力有不能",反倒会遭到指责说天主教使人不孝祖宗。对此殷铎泽的解决办法是力虽不能,但须明辨其非,近礼者从之,非礼者自不为,即便参与,只是行中国敬祖之礼,不妨。如果教徒居主祭之位,则应该向族人晓之以理,革除其中违理之礼,如固执难化,则辞去主祭职位,只随班参与祭祀,这样两无碍。

"广州会议"之后,耶稣会士充分估计到反对中国礼仪者如多明我会闵明我之流不会善罢甘休,形势不容乐观,他们不敢大意,马上准备回应即将到来的挑战。1668年会议一结束,殷铎泽便将会议的结果报告给耶稣会长。尤其是1676年闵明我在西方掀起攻击中国礼仪的热潮后,在华耶稣会士积极回应。在这样的大背景下爆发了"万济国事件",耶稣会士李西满找到攻击中国祭礼的理论著作《辩祭》一书,加以驳斥。

《辩祭》一书是托钵修会反对中国礼仪的代表性理论著作,全书依据对阿奎那《神学大全》的教条式理解,较深入地论证儒家祭礼是背敬天主,即将之判为"迷信",他虽未直译"迷信"等术语,全书都在将阿奎那关于"迷信"的论述套用于中国祭礼,为此他援引《诗经》《礼记》等儒家经典来证明他的观

---

① 洪意纳爵:《祭祀问答》,见钟鸣旦、杜鼎克编:《耶稣会罗马档案馆明清天主教文献》第十一册,第237页。
② 同上书,第250页。
③ 同上书,第249页。
④ 同上书,第244页。
⑤ 同上书,第243页。
⑥ 同上书,第245—246、251—252页。

点，相当系统深入地表达出托钵修会反对中国信徒祭祖祀孔的神学根据。万济国从礼文与礼意的双重考察来判定祭祖不仅是迷信而且十分荒谬，应该绝对禁止信徒们参加，并且一定要按照基督宗教的标准废除祭祖祀孔。有了这样教条主义的立论，使得一切为儒家祭礼的辩护几乎不可能成功。万氏与龙华民、黎玉范等反对中国礼仪的先辈们一样，执着于耶、儒之异，聚焦于祭祖，选择对于丧葬礼仪中那些非祭奠的仪式予以支持。

综上所述，第一个卷入"万济国事件"的入教儒士是李良爵，除了李氏父子和严谟父子之外，一同加入考辨的还有福建的何某、丘晟，江西的夏大常，陕西的张象灿和一位秀才，此外，还有浙江杭州的张星曜、洪意纳爵等人。他们的著述有直接反驳万济国的（例如严谟），更多的是回答耶稣会士以备参考。此外，有的（如《祭祀问答》）还是耶稣会对儒家信徒的内部审查之作，因为耶稣会内部关于祭祖祀孔在政策上似产生分歧，而耶稣会士与儒士之间亦产生信任危机，这当然与颜珰反对耶稣会的中国礼仪政策而导致形势空前严峻有关。颜珰入华后正值1680年代信教儒士考辨儒礼如火如荼地展开之时，他对自龙华民至万济国诸位为何要反对中国礼仪了如指掌，还亲自对儒家展开较深入的研究，并且在1693年颁布"七条禁令"前后与严谟有书面往来，读到他对祭祖所作的考辨诸书。

入教儒士们与耶稣会士处于辩论的同一阵营，他们一致反对将弥撒与祭祖祀孔相等同，证明中国祭礼并不是托钵修会指责的迷信，并不与基督宗教相背。他们都不将矛头指向万氏所持的理论，而是承认万济国所持理据正确，只是用于指责邪魔外道则可，却不能用于祭祖祀孔。与李西满一样，反对用弥撒为标准来裁量中国祭礼，入教儒士们强调要尊重儒家的人文传统。他们考证中国经典，证明儒家礼仪是正当的，不是迷信（邪礼）。然而，入教儒士与耶稣会士的辩护不仅都归于失败，而且还火上浇油，他们之间自相矛盾的说法促使颜珰更激烈地反对中国礼仪，在1693年之后还不断将儒家礼仪的研究著述上报罗马，最终罗马在参考了包括这些耶稣会士和儒士们的声音之后，坚决判定祭祖、祀孔带有迷信色彩。这场礼仪考辨归于失败的原因主要有以下几点：

首先，基督宗教与儒家双方的礼仪在相遇之前，已经在各自历史传统中形成了较稳定的结构，结构性差异显而易见，万济国等基于对阿奎那神学的教条主义理解，以弥撒为标准，从礼意礼文两层面作双重考量，不仅判定儒家礼仪涉嫌迷信，而且礼意与礼文还看似不相一致，因而斥其为谬，"无神的偶像崇拜"这一原本是基督宗教神学在西方传统文化之内指责其他异教时出现的悖论，置于儒家礼仪后被无限放大。所以，只要这种思维不从根本上改变,对于礼仪的反对者们来说一切辩驳都是无效的,相反只会增加他们对儒家礼仪的怀疑。

其次,儒家信徒们对万济国所持的神学根据——阿奎那神哲学缺乏系统了解,因而有些地方只是为辩而辩,流于口舌之争。

最后,虽然这些儒士们在立场与目标上与耶稣会士保持一致,并且各地区之间亦有(不很畅通的)联系,但是各儒士之间、儒士与耶稣会士之间对儒家礼仪的诠释和情感态度并不完全一致,例如对宋儒的态度,除了张星曜之外,李九功、严谟、丘晟等人都基本将宋儒作为儒家道统的一部分,张象灿的《家礼合教录》更是证明朱子家礼与基督宗教相合,这与利玛窦以来耶稣会士对待中国儒家的态度有重大差别。而对于祝文,严谟与洪意纳爵持相反的态度。因而他们的辩护有许多矛盾和漏洞。不仅如此,这些儒士著作的字里行间还暴露出儒家的宗教性,怎能令托钵修会士不加深怀疑?当然,这些儒士不算客观的考辨却为后人提供了非常宝贵的文献。

二、来自中国的证词:1701—1704

2007年,钟鸣旦在布拉格一家图书馆(Clementinum)惊喜地发现此前从未被人关注到的一批文献。这批文献的背景是为了应对颜珰所激化的矛盾,时任副省会长的耶稣会士安多(Antoine Thomas,1644—1709)发动取证,派遣代表去罗马申诉。关于这些文献,钟鸣旦将之分为两个阶段,第一个阶段是1701年,安多将已有文献,包括上文提及的1680—1690年代的信徒考辨文献、1701年中国康熙皇帝有关中国礼仪之争的简短回答(*Brevis relatio*)一起,派卫方济(François Noël)和庞嘉宾(Kasper Castner)两位送书代表呈送罗马,他俩于1702年1月24日从澳门启程,于1702年12月30日抵达,于1703年3月27日交给教皇。并且出版《刚刚来自中国经授权的新的证言(欧洲人和中国人的)的摘要》(*Summarium Nouorum Autenticorum Testimoniorum tam Europæorum, quam Sinensium nouissimè è China allatorum*)。第二个阶段,安多于1702年秋发起了举国调查,征集到来自北京、湖广、福建、江西、陕西、江苏、上海、南京等地的60多封书信和430份签名证词,主要文献于1704年4月28号交给教皇,部分于同年8月21日呈上,并于同年发表,题为《中国更新的证言摘要》(*ummarium Novissimorum Testimoniorum Sinensium*)①。

---

① Nicolas Standaert, *Chinese Voices in the Rites Controversy*, Roma: Tipografia Fa. Ro. Press, 2012, pp.13-34.

这些文献的发现,可以证明来自中国信徒的声音于 1704 年之前传到了罗马,也就是说罗马教廷于 1704 年下谕令为礼仪定调之前,是充分考虑了中国信徒意见的。因此,钟鸣旦纠正此前学界关于中国声音"被忽略"的说法,他认为中国声音是"被拒绝"了①。此外,这批文献对于信仰群体的网络群体研究有很重要的意义,其中有许多湖南的群体,此前未被学界所知。钟鸣旦已经很详细地对这些群体进行了分疏。并从"之间"(in-betweenness)的视角,分析中西文化间的交往艺术。尚未就争论的义理层面深入分析。

第一个阶段的文献主要来自 1680—1690 年,这些文献上文已提及。关于 1702—1704 年儒家信徒的证词,正如钟鸣旦所说,这些文本有的是个人写的,有的是集体的创作,文本有长有短,难以判断这些是否是复制于某一标准答案,但是卫方济、庞嘉宾及安多等人对于这些材料进行了取舍、编辑,这是事实②。再者,因为颜珰与中国信徒的冲突事件,让他们更加清楚整个中国礼仪之争的焦点:上帝之译名问题、祭祖、祀孔。

关于译名问题,这些证词可谓众口一词,声称中国古经书的上帝即天主教之天主,称谓之别,乃是出于尊敬,好比中国人称皇帝不直呼其名,而称陛下。他们声称中国经书上的上帝实际是主宰之帝,并非苍苍有形之天③。这也就是利玛窦在《天主实义》中的核心观点"吾国天主,即华言上帝"④。诚然儒家之"上帝""天"等词所指的确不是有形的苍苍之天,但是也并非天主教具有明显人格特征的上帝,故而将两种上帝观直接等同是明显的过度诠释。刘耘华在《诠释的圆环》一书中有详细论述⑤,此不赘述。

关于祀孔子,证词声称敬孔子之礼无非是因为其传道有功,故而称为先师而恭敬之,并无求福之情。

关于祭祖先,证词称此乃孝敬父母之道,事死如事生,之所以立木主牌位,是将父母名字书于其上,如见父母之音容,不敢忘父母,而非祖先之灵在此。总之,力称祭祖乃报本,绝无祈福之义。

以上三点,其实之前的考辨多有论及,只不过此时以签名"誓状"的形式表达,口径更统一。相比之前的文献,虽然跨文化诠释的张力增加了,但是文本呈现出来的意义却大大简化了,远不及 1680—1690 年考辨文献所呈现

---

① Nicolas Standaert, *Chinese Voices in the Rites Controversy*, Roma: Tipografia Fa. Ro. Press, 2012, pp.8-244.
② Nicolas Standaert, *Chinese Voices in the Rites Controversy*, pp.219-222.
③ Ibid., pp.302-421.
④ 朱维铮编:《利玛窦中文著译集》,上海:复旦大学出版社,2001 年版,第 21 页。
⑤ 刘耘华:《诠释的圆环——明末清初传教士对儒家经典的解释及其本土回应》,北京:北京大学出版社,2005 年版。

出来的意义那么丰富。当然,为了给正处于不利困境中的中国礼仪进行辩护,耶稣会士极力避免不必要的争端,而将儒家礼仪给予明确定性,将儒家祭天之礼定为宗教礼仪,而将祀孔祭祖定为"政治性""世俗性"与"人文性"的礼仪,如卫方济总结陈词所云①。

三、入教儒士的辩中辨:以严谟《李师条问》为中心

对明清之际中西文化交流尤其关于"中国礼仪之争"的研究,自 20 世纪 90 年代初以来,因中文文献的开掘而不断取得推进。特别是随着罗马耶稣会档案问世,有一批儒家天主教徒主要于 1680—1690 年撰写的礼仪考辨文献,为学界了解中国信徒的看法打开了一扇窗。学者爬梳史料,探讨儒家天主教徒的双重身份与文化困境②。李天纲敏锐地指出这批文献证明这场争论远非意气之争,而是西方神学与儒家经学的一次深入交流,这批文献在"实证""中西文化比较研究"纠正数百年的误解等方面有重大价值③。

这场围绕中国文化性质问题的争论,不仅仅是儒家(儒学、儒教)是否宗教问题的滥觞,而且作为重要因素之一促成 17 世纪之后西方现代"宗教"观念的诞生④。儒教问题牵涉到西方神学与儒家经学的比较、西方宗教观念的演变与比较宗教学的方法论建构等深层问题。如今,"儒教"问题仍然是悬而未决的疑难、热点问题,而"西方学者对中国宗教的认识方法和问题论域"在明清之际既已被框定,而且西方的结论为 19、20 世纪的中国学者所广泛接受了,儒家不是宗教就是其中一个重要的结论⑤。

争论至今的"儒教"问题几乎无一例外地采用现代的"宗教"观念来格义历史上的儒家,将 18、19 世纪已经深度拆解裂变却远未达成一致的"宗教"⑥的

---

① Nicolas Standaert, *Chinese Voices in the Rites Controversy*, p.249.
② Lin Jinshui, "Chinese Literati and the Rites Controversy", in *The Chinese Rites Controversy: Its History and Meaning*, ed. D. E. Mungello, Sankt Augustin: Institut Monumenta Serica, and San Francisco: The Ricci Institute for Chinese-Western Cultural History, 1994, pp.65-82. 李天纲:《中国礼仪之争:历史、文献和意义》,上海:上海古籍出版社,1998 年版,第 158—238 页。黄一农:《"中国礼仪之争"被忽略的声音》,见《两头蛇》,上海:上海古籍出版社,2006 年版,第 404—421 页。
③ 李天纲:《中国礼仪之争:历史、文献和意义》,上海:上海古籍出版社,1998 年版,第 150—155 页。
④ Nicolas Standaert, "Early Sino-European Contacts and the Birth of the Modern Concept of 'Religion'", in Herausgegeben von and Barbara Hoster and Dirk Kuhlmann and Zbigniew Wesolowski, Sankt Augustin (ed.), *Institut Monumenta Serica*, LXVII/1 2017, pp.3-27.
⑤ 李天纲:《龙华民对中国宗教本质的论述及其影响》,《学术月刊》2017 年第 5 期,第 165 页。
⑥ Nicolas Standaert, "Early Sino-European Contacts and the Birth of the Modern Concept of 'Religion'", pp.3-27.

话语投射到儒家,势必在"是""非"宗教之间莫衷一是。无怪乎"儒教"问题的探讨迟迟找不到一个合理的"概念框架"(conceptual framework)①。所以,要走出儒教问题的困境,十分必要重新审视明清之际礼仪之争尤其是中国礼仪之争的核心问题,随着中国文献的不断开掘,使得这项研究成为可能。

从义理层面考虑两个阶段的文献,1680—1690年考辨文献尤其是严谟系列著述的深入程度,所呈现意义的丰富程度,远胜过第二个阶段(1701—1704)的文献——主要是统一了口径、义理大大简化的证辞、签名"誓状"。因之,本文主要以1680—1690年的文献为研究对象,着重以一份关于儒家礼仪的调查问卷为焦点,以严谟的《李师条问》为中轴,将五份答卷置于儒家经典注疏传统中分疏,予以横向比对,再将严氏前后文本予以历时性比对,从彼此矛盾与自我矛盾中考察这些答问者们有意掩盖了什么、客观呈现了什么。最后,以阿奎那的"宗教行为"论为框架,尝试以平行研究的视角探讨儒家丧、祭礼之"宗教性"。

一份问卷

17世纪80年代是"中国礼仪之争"暗流涌动的阶段,中国礼仪的反对者万济国撰成《辩祭》一书,以阿奎那的神学系统性地将儒家祭礼斥为迷信而荒谬的行为②。耶稣会士基于辩护考虑,希望掌握祭祀原义,发动全国多地的入教儒士,对儒家礼仪展开系统深入的考证。

1680—1690年儒家天主徒的考辨文献分布在全国多地。在福建,李九功于暮年写了《证礼刍议》《礼俗明辨》;严谟的著作最为丰富,有《福建严保禄集》;此外,丘晟有《述闻编》,何某有《刍言》。在浙江杭州,有张星曜的《祀典说》、洪意纳爵等的《祭祀问答》。江西有夏大常的《赣州堂夏相公圣名玛第亚回方老爷书》《生祠缘由册》《生祠故事》《祭礼泡制》《礼记祭制撮言》《礼仪问答》。陕西有张象灿的《家礼合教录》、无名秀才作的《礼仪答问》,等等③。这些文献主要是供耶稣会士参考,有的(如洪意纳爵等的《祭祀问答》)还是耶稣会对儒家信徒的内部审查之作,因为随着争论升级,耶稣会内部

---

① 黄进兴:《皇帝、儒生与孔庙》,北京:生活·读书·新知三联书店,2014年版,第115页。
② Eugenio Menegon, "European and Chinese Controversies Over Rituals: a Seventeenth-Century Genealogy of Chinese Religion", in Bruno Boute and Thomas Småberg (ed.), *Devising Order: Socio-religious Models, Rituals, and the Performativity of Practice*, Boston: Brill, 2013, pp.193-222.
③ Albert Chan, S. J., *Chinese Books and Documents in the Jesuit Archives in Rome: A Descriptive Catalogue*, Armonk. New York and London. England: M. E. Sharpe, 2002, pp.54-60.

就对待祭祖、祀孔在政策上产生分歧,耶稣会士与儒士之间亦产生信任危机。

在这批文献中,数严谟的《李师条问》着力最深,乃回答李西满的问卷调查,此问卷还被分发至全国多地,据现有文献可知,参与回答的有福建李九功的《礼俗明辨》、何某的《刍言》,江西夏大常(夏玛第亚)的《礼仪问答》,陕西无名氏的《礼仪答问》五份问卷。五份答卷撰写的年度不一,回答问题的顺序不同,问题数也不齐,当然答案差异更大。由于李九功的《礼俗明辨》撰写时间最早(1681年秋冬),所录问题最全,且其他几份答卷的顺序与之相对较近,故以氏著的序列为参照标准。其答卷条目序列如下:

①日蚀月蚀行礼何如?②武官兵马祭旗纛神其礼何如?③官长备(辨)酒行礼先奠于地其义何如?④民家备(辨)酒行礼何如?⑤丧礼奠酒于地何如?⑥官长敬城隍何义?⑦中国祭礼天子九献诸侯七献大夫士三献其义何欤?⑧孔子庙中春秋二祭何义?⑨进学中举孔子庙中谢者何义?⑩丧礼用草人殉葬何义?⑪死人旁边造草人何义?⑫又有酒奠草人上何义?⑬丧礼各等葬礼何如?⑭婚礼拜天地何义?⑮祭孔子祭祖宗斋戒沐浴者何义?⑯入祖庙祠堂呼祖父名大哭三声者有此礼乎?⑰子婚女嫁告祠堂何义?⑱人死行复礼今不知可行否?⑲又有在城外路叫者何义?⑳人死灵前设磬何义?㉑人死饭含行之何义?㉒祀孔子与神祖宗有何分别?㉓祭孔子祭祖宗求福不求福?㉔家内祭五祀神何义?㉕择地何义?㉖祭风云雷雨缘由何如?㉗祭孤魂何义㉘祭关王何义礼?

附表:　　　　　　　　五份答卷条目序列对照表

序号	李九功《礼俗明辨》	严谟《李师条问》	何某《刍言》	夏大常《礼仪问答》	无名氏《礼仪答问》
1	①	㉖	①	⑩	①
2	②	①	③④	⑪⑫	②
3	③	⑦	⑤	⑬	③
4	④	㉓(祭祖)	⑥	⑭	④
5	⑤	⑮	⑦	⑮	⑤
6	⑥	⑧㉒㉓(祭孔)⑨	⑧	⑯	京中皇城内北面历代帝王庙人过下马何义

(续表)

序号	李九功《礼俗明辨》	严谟《李师条问》	何某《刍言》	夏大常《礼仪问答》	无名氏《礼仪答问》
7	⑦	⑰	⑨	⑰	⑥
8	⑧	⑯	⑩	①	⑦
9	⑨	⑱⑲	⑪⑫	②	⑧
10	⑩	㉑	⑬	③	⑨
11	⑪	⑩⑪⑫	⑭	④	⑮
12	⑫	⑳	⑮	⑤	⑩
13	⑬	㉕	⑯	⑥	⑬
14	⑭	⑬	⑰	⑦	⑯
15	⑮	③④	⑱	⑧	⑭
16	⑯	⑤	⑲	⑨	⑰
17	⑰	㉔	㉑	⑱	⑱
18	⑱	⑥	㉒	⑲	⑳
19	⑲	②	㉓	⑳	㉒
20	⑳	㉗	㉔	㉑	㉓
21	㉑	㉘	㉕	㉒	㉔
22	㉒		②	㉓	㉕
23	㉓			㉔	人死守斋何义？
24	㉔			㉕	⑲
25	㉕				⑪⑫
26	㉖				
27	㉗				
28	㉘				
备注		缺⑭。第16条写作"祭"(对应李九功第5条,写作"丧")	缺⑲㉖㉗㉘	缺㉖㉗㉘；第22条将"祀"写作"供养"	缺㉑㉖㉗㉘条。但多出第6条

问卷涵盖明清之际祀典所规定的内容，也包括当时流行的一些风俗。明清之际的祀典，经历了洪武礼制及嘉靖改制之后，全国各地的祀典所载祭祀的对象互有同异，顺序也不尽一致，因为各地祭祀的对象除了遵礼制之外，还有较强的地方性。查阅各地方志，可知明清两朝常见的祭祀即"祠祀"系统，包括天神、地祇、人鬼，"古者坛以祠天神、地祇，庙以祠人鬼，人鬼有时而坛，神祇不庙"①，建坛以祀天神、地祇，明清流行的是社稷坛与风云雷雨山川坛，不得用庙。祭祀人鬼则大多用庙祭，有时也用坛祭，尤其是城隍神，因为常常是某地曾经为官一方而有功于民者受到崇拜，因而属于人鬼，却常常与山川坛合祭。除了有些地方流行的八蜡之神外，该问卷调查的对象较全面地涵盖明清流行的祀典内容，包括嘉靖之后兴起的祭旗纛神。

五份答卷中，要数严谟所排顺序变动最大。很明显，他将这些问题进行了归类。按照内容，我们大体可以将《李师条问》归为如下几个部分。

第一部分关于日月风云雷雨祭祀，属于天神，是回答问题㉖、①；第二部分关于献仪，因为祭天神、祖神都含有献仪，故置于天神与祖宗、孔子序列之间，回答问题⑦；第三部分关于祭祖宗、孔子，回答问题㉓、⑮、⑧、㉒、⑨；第四部分关于在祠堂举行的一些民俗活动，答问⑰、⑯；第五部分关于丧葬礼仪，答问⑱、⑲、㉑、⑩、⑪、⑫、⑳、㉕、⑬；第六部分关于奠酒礼，答问③、④、⑤；第七部分关于祭五祀、城隍、旗纛神、孤魂、关王等百神，答问㉔、⑥、②、㉗、㉘。

这些入教儒士持守护教立场，却因为对万济国《辩祭》所持神学根据——阿奎那神学缺乏系统了解，故各儒士之间、儒士与耶稣会士之间，对儒家礼仪的诠释并不一致甚至矛盾。正值 1680 年代信教儒士考辨儒礼如火如荼地展开之时入华，颜珰（Charles Maigrot，1652—1730）来了，他将争论推向白热化，他不仅熟知龙华民至万济国诸位中国礼仪反对者的思想，还亲自对儒家展开较深入的研究，也知晓耶稣会发动的礼仪考辨，与严谟有书面往来，读到他对祭祖所作的考辨诸书。颜氏于 1693 年颁布的"七条禁令"比较深入，应该是经过深思熟虑的，这一纸禁令将矛盾彻底激化。所以，严谟随着对反对者神学根据的了解日益加深，不断增删修改，故而自身前后观点难免矛盾。

---

① 《（光绪）无锡金匮县志》，见任耕耘主编《中国古代祭祀礼仪集成·方志》第八册，合肥：黄山书社，2013 年版，第 13 页。

辩中辨：以《李师条问》为中心

（一）天神

问："祭风云雷雨缘由何如？"

五份答卷中只有李九功和严谟二人录有此问题，他俩关于各神祭祀的日期看法不同，但是一致认为风云雷雨皆有神司①。据严谟查考，这些祭祀在汉唐较为盛行，由《开元礼》的祝文可知，风伯、雨师之祭已入祀典，用备常祀②。

其实，这几种祭祀对象纳入祀典的时间先后不一，风师、雨师之祭较早，唐代增祀雷，明朝增祀云。据《（嘉靖）江阴县志》："按《王制》诸侯祭境内山川，《大宗伯》以槱燎祠司中司命风师、雨师，唐天宝间诏祀雷，国朝增祀云，嘉靖九年，皇上更其神之序曰'云雨风雷'。"③明清两朝，风云雷雨祭祀在全国非常盛行。人们常将风云雷雨与山川并称且一同建坛祭祀，有时还将城隍纳入一并祭祀，如嘉靖时期江阴县："坛设木主三，一书'风云雷雨之神'居中，一书'本县境内山川之神'居左，一书'本县城隍之神'居右。祭以春秋仲月上巳日，羊三豕三帛七。"④人们相信名山大川能"兴云布雨而生物以养民"⑤，之所以将风云雷雨与山川同祭，《（弘治）徽州府志》的表述值得参考："民非谷则不食，谷非土则不生，土非风云雷雨则不滋，云雨非山川之气上升则不降。鬼之为厉，非有所依则不息，故皆坛以祀之。"⑥人们向这些神灵表达报恩之心，并祈祷风调雨顺，信仰基础是天人相互"感通"⑦，《（正德）南康府志》云："幽明感通，人鬼之道一也。故郡邑之设坛庙，春祈秋报，典不可缺。"⑧

（二）献仪

问："中国祭礼天子九献，诸侯七献，大夫、士三献，其义何欤？"

---

① 李九功：《礼俗明辨》，见钟鸣旦、杜鼎克主编：《耶稣会罗马档案馆明清天主教文献》第九册，第42页。严谟：《李师条问》，见《耶稣会罗马档案馆明清天主教文献》第十一册，第123页。
② 严谟：《李师条问》，第121—123页。
③ 《（嘉靖）江阴县志》，见任耕耘主编《中国古代祭祀礼仪集成·方志》第八册，合肥：黄山书社，2013年版，第72—73页。
④ 同上。
⑤ 《（万历）重修保定志》，见《中国古代祭祀礼仪集成·方志》第二册，第111页。
⑥ 《（弘治）徽州府志》，见《中国古代祭祀礼仪集成·方志》第十二册，第120页。
⑦ 《（嘉靖）章丘志》，见《中国古代祭祀礼仪集成·方志》第六册，第386页。
⑧ 《（正德）南康府志》，见《中国古代祭祀礼仪集成·方志》第二十册，第193页。

李九功、夏大常、无名氏、何某认为献数之多寡是别尊卑、贵贱①,这一解释符合儒家礼有隆杀的传统。何某认为祭天地、山川、五祀、祖考,意在"报本,报功,非祈福"②。

严谟查考《礼记·祭统》《礼器》篇,说明献仪的具体内容:

> 唯圣人为能飨帝,孝子为能飨亲……齐齐乎其敬也,愉愉乎其忠也,勿勿诸其欲其飨之也。
>
> 祭祀之礼,主人自尽焉耳,岂知神之所飨?亦以主人有齐敬之心也。③

严谟引言旨在响应祭礼中魂魄是否来飨来格,这是礼仪之争中的焦点之一。他一方面说孝子"欲其飨",同时,不知"神之所飨",旨在强调孝子的齐敬之心。换言之,孝子不能断定祖先之飨,却有期盼来飨之愿望,以齐敬之心为重。严谟认为飨"非必之之词",乃"爱而期之之词",诚为持中之论。然而,断然否定"鬼神须饮食",则失之偏颇。固然,鬼神未必像生人那样饮食,但是"飨"字并非空洞,孔疏:"飨者,乡也者,言神之所以飨者,由孝子之所归乡也,乡之故,然后能使神灵歆飨焉。"④实际上,鬼神之飨是以"德"与"味"为对象。严谟之所以要强调鬼神不饮食,是因为想撇清"迷信"的指控,故而他还极力否认祖灵的临在,将孔子"祭如在"过度诠释为祭"无在",回避了儒家祭礼合魂魄而祭的本意⑤。

(三) 祭祖宗、孔子

1. 问:"祭孔子、祭祖宗,求福不求福?"

五位都否认祈福,差别在于回答问题的角度。此外,与其他几位那样将祭祖、祭孔合并回答不同,严谟仅仅回答祭祖是否求福。概言之,五位儒士从祝福之权、祈福之文与祈福之心三个层面响应。

李九功声称祝福之权在于天,故祀孔"实惟以尊道报功",祀祖"实惟以

---

① 李九功:《礼俗明辨》,见《耶稣会罗马档案馆明清天主教文献》第十册,第 26—27 页。夏玛第亚:《礼仪问答》,见《耶稣会罗马档案馆明清天主教文献》第十册,第 128 页。无名氏:《礼仪答问》,见《耶稣会罗马档案馆明清天主教文献》第十册,第 465—466 页。
② 何某:《刍言》,见《耶稣会罗马档案馆明清天主教文献》第十一册,第 260—261 页。
③ 严谟:《李师条问》,见《耶稣会罗马档案馆明清天主教文献》第十一册,第 129—130 页。
④ 郑玄注、孔颖达等正义《礼记正义》卷四十七《祭义》,见《四部精要》本,上海:上海古籍出版社,1992 年版,第 1593 页。
⑤ 严谟:《李师条问》,见《耶稣会罗马档案馆明清天主教文献》第十一册,第 134—137 页。

追养报本"①，严谟也提及祖宗并无赐福之权。权柄问题主要是从天主教的立场所作响应，却并不足以回应万济国等人曾指责的儒家经书中的祈福之文。

祈福之文与祈福之心是祭礼问题之礼意、礼文两个侧面。如果坚持礼文与礼意相统一的原则，就得彻底否定礼文与礼意中有任何求福因素。否则，就得割裂礼文与礼意。无名氏、何某属于第二类。无名氏认为《周礼》虽有祈福求祥之文，但祭者并无此心，强调祭礼无非是"将一念之诚敬以达于神明"②。何某承认汉以后有"祷祀祈祝之文"，他声称不当，同时，他认为祭者并无求福之意。

夏大常与严谟则不仅否认任何求福之意，也极力否认求福之礼文。他举时兴祝文与文公《家礼》所载祝文为例，证明祭孔子祖宗并不求福。严谟则录唐代《开元礼》、朱子《家礼》中的"祝文"，以证明祭祖并无涉及求福之词。然而，他们的论证并不算成功，因为他们还是试图从礼意来否定礼文，实际的逻辑还是割裂两者。夏大常声称《诗经》中的"降福"字眼，无非是诗歌夸张的手法而已③，换言之，有降福之文，无降福之意。严谟在按语中特别提及《仪礼·少牢》有"承致多福""受禄于天""眉寿万年"等语，认为此乃古人互相称愿时的话语，古人并不敢说祖宗有赐福之权，严谟指出这些礼仪久废不行，世俗或偶有为之者，他将之归于愚妇佞佛行为④。

五位答问者的共同之处是都极力否认祭礼有求福之心，故普遍征引《礼记》"祭礼不祈""福者备也"等语。然而，他们有意回避了"必然受福"，对此经学家何休释曰："《礼器》称'君子曰祭祀不祈'，祭者，意虽不祈，其实福以祭降，以祭获福，即祈之义也。"⑤当然，儒家经学传统观点并非如阿奎那神学那般强调礼文与礼意相统一，求福与否、求福是否正当等问题，要视祭祀是"常"还是"变"、是为民还是为己。

故而他们笼统地说儒家祭礼不求福，以"祭礼不祈"之语来否定求福，是难以成立的。随着争论的深入，耶稣会士与入教儒士们倾向于认为祭天求福，祭孔子、祖宗则决无求福之意，显然这也是不得已之辨，这一策略性的解释几乎发展成为1701—1704年辩护方的共识。诚然，祭孔子与祖宗是以人

---

① 李九功:《礼俗明辨》，见《耶稣会罗马档案馆明清天主教文献》第九册，第37—38页。
② 无名氏:《礼仪答问》，见《耶稣会罗马档案馆明清天主教文献》第十册，第473页。
③ 夏玛第亚:《礼仪问答》，见《耶稣会罗马档案馆明清天主教文献》第十册，第135—138页。
④ 严谟:《李师条问》，见《耶稣会罗马档案馆明清天主教文献》第十一册，第141—147页。
⑤ 杜预、孔颖达:《春秋左传正义》卷三十，《四部精要》本，上海：上海古籍出版社，1992年版，第1938页。

道为主,但是不能断然否定其中有任何求福之意。他们在有意的误读基础上达成的"共识",是利用了儒家祭礼在礼文与礼意之间的张力,利用其中的诠释空间。究竟是否求福的问题涉及"德福之道",此处先不展开,下文将论及。

2. 问:"祭孔子、祭祖宗斋戒沐浴者何义?"

五位都认为斋戒沐浴是洁净身心内外以向孔子、祖先表示诚敬,例如严谟引《礼记·祭统》曰:"是故君子之齐也,专致其精明之德也。故散齐七日,以定之,致齐三日,以齐之,然后可以交于神明也。"①

严谟赞同这段引言,其按语云斋戒沐浴乃古人"致其敬洁以接于神明之道"②。

斋戒通过一定的仪式达到恍惚如见神明的状态,是祭祀之前由世俗转向神圣的重要环节,其宗教性十分明显。因为斋戒在阿奎那的标准中并不属于祭祀之列,故而这一问题并非当时争论的敏感话题,五位答问者较能如实反映。

3. 问:"孔子庙中春、秋二祭何义?祀孔子与神祖宗有何分别?进学中举孔子庙中谢者何义?"

何某认为春、秋二祭孔子乃"报其教泽","祈福之义亦在所后耳"③,换言之,祭孔主报,次有祈福之义。夏大常则认为祭孔只是表崇儒重道之心,无求福之意;他由于极力想否认祭孔求福,以致连报功含义也一并否认了,却又承认进学中举者入孔庙谢恩,不免矛盾④。无名氏认为祭孔与祭祖先固然不能浑然无别,却认为孔子与祖先一样有功德,故主张尊孔应如同尊祖宗⑤。

严谟在撰写《李师条问》时,受李西满《辩祭参评》的影响,聚焦祭祖问题,于祭孔问题着墨不多,将祭孔的几个问题并置,作统一回答。他简要列举出自汉高祖以降加封孔子的史实,并举唐朝开元祝文,并未详论春秋二祭含义、中举者入孔庙谢之义、祀孔与祭祖之间的分别等问题,只在按语中指出"祀祖为其生我也,祀孔为其教我也"⑥。指出行礼者无非是表敬崇之意,并不求福。

然而,随着颜珰将礼仪之争激化,祀孔再次成为争论的焦点之一,严谟

---

① 严谟:《李师条问》,见《耶稣会罗马档案馆明清天主教文献》第十一册,第49页。
② 同上书,第151页。
③ 何某:《刍言》,见《耶稣会罗马档案馆明清天主教文献》第十一册,第261页。
④ 夏玛第亚:《礼仪问答》,见《耶稣会罗马档案馆明清天主教文献》第十册,第129—130页。
⑤ 无名氏:《礼仪答问》,见《耶稣会罗马档案馆明清天主教文献》第十册,第472—473、466页。
⑥ 严谟:《李师条问》,见《耶稣会罗马档案馆明清天主教文献》第十一册,第156页。

不得不花更多的力气来辩白,在1693年的《草稿抄白》中特意拣出"孔子与裸祭"二条……称孔子因"制作教治,垂于后世"之功,故后世祀之,创为祀典。严谟认为祀孔非为求其庇护,为此,他做出多重区分:将祀孔与事上帝百神区别开来,说明孔子无祸福之权;将常祀与淫礼区别开来,说明祀孔不像佛教、流俗那样求福;将孔圣与西方天主教之圣人区别开来,说明祀孔旨在教人不忘本始、尊师重道,并非像西方圣人那样代人向天主转求①。

(四)祠堂里的风俗

1. 问:"子婚女嫁告祠堂何义？"

李九功、夏大常、无名氏认为告祠堂之礼乃关涉人伦之重礼,表尊敬祖先之意。夏大常的观点最为持中,认为此礼有两种说法:一说将嫁,告之于祖庙,如祖父生时必告一样,乃以生道待之;二说嫁女关乎继他人之后,礼必祭告而后敢宴请②。一则为生道,一则实为敬鬼神之道。严谟则认为此礼无非表示思念及重视子女婚嫁之事,别无他意③,明显是掩盖了后者,实际上,先秦婚姻中此含义十分明了,例如士昏礼六大仪节中的纳吉,在祖庙问吉凶。

2. 问:"入祖庙祠堂呼祖父名大哭三声者,有此礼乎？"

五位答辩者异口同声地说此礼无书籍记载,也未曾见过这种礼俗。

(五)丧葬礼仪

1. 复礼与叫魂

问:"人死行复礼今不知可行否？又有在城外路旁叫者何义？"第一个问题是关于丧礼之复,即人刚死时为死者行的招魂礼。第二个问题是关于为死者与病者叫魂的习俗。

严谟引《仪礼》及郑、贾注疏,表明行复礼者是希望亡灵复返,希望死者能够复活。他引《礼记·檀弓》曰:"复者,尽爱之道也。"并且注云:"已死,犹冀其复生,是尽其爱亲之道。"④然而,他分割引用,乃断章取义。《礼记·檀弓》曰:"复,尽爱之道也,有祷祠之心焉。"无论郑注、孔疏、《礼记正义》,还是宋代卫湜撰《礼记集说》,明代胡广所撰《礼记大全》,抑或清代学者,解释此句时大多与"祷五祀"合起来解释⑤。例如孔疏:

---

① 严谟:《草稿抄白》,见《耶稣会罗马档案馆明清天主教文献》第十一册,第99—105页。
② 夏玛第亚:《礼仪问答》,见《耶稣会罗马档案馆明清天主教文献》第十册,第121—122页。
③ 严谟:《李师条问》,见《耶稣会罗马档案馆明清天主教文献》第十一册,第158页。
④ 同上书,第160、196页。
⑤ 卫湜:《礼记集说》卷二十,清《通志堂经解》本。

《正义》曰：始死招魂复魄者，尽此孝子爱亲之道也。非直招魂，又分祷五祀，冀精气之复反，故云"有祷祠之心焉"……直言乃行祷者，谓非直招魂，兼有分祷，俱是求神之义。言分遣其人，以祷五祀。①

五位答问中，唯夏大常没有回避复礼的祷祀之心②。

可见，严谟将复礼仪解释为尽爱亲之道，刻意隐瞒了古代复礼时向神祷祀。古人相信人的疾病、生死决定于魂魄的分合，魂魄合则生，分去则病，久分不合则死。所谓招魂复魄，是向神祈祷，希望神能让亡魂与魄相合，让死者复活。一旦魂气散尽，则没有复活的可能性，就可以行"死事"了，故《礼记·丧大记》云"复而后行死事"，郑注云"复而不苏，可以为死事"③。所以，复礼诚然关乎爱亲之道，却是以魂魄的信仰为基础。

第二个问题："又有在城外路旁叫者何义？"严谟说这是复礼的余意。此礼仪是为暴死者招魂，清朝犹存，无名氏的《礼仪答问》说：

今俗有暴死于外者，令人持死时所着之衣，持秤一杆，挂衣于秤钩上。又持鸡一双，镜一圆，使人打鸡献镜，呼其名而叫之曰"回家来，回家来"，即此义也。④

因为魂魄的离合不仅决定人的生死，还被认为是决定人健康与否的根源。所以招魂不仅用于刚死不久者，还为生人招，清人蒋骥说："古人招魂之礼，为死者而行，嗣亦有施之生人者，原以魂魄离散而招，尚在未死也。"⑤为病者、精神恍惚者叫魂与招魂基于同样的信仰。

在吴、楚一带，一直到清代还流行着为生人叫魂的习俗，可与《楚辞》相互印证。清人胡文英按当时的习俗解释，说《招魂》即于怀王时作于今之江南，"生人招魂，吴楚风俗有之，谚谓之'叫魂'，精神恍惚者皆用之，故曰'魂魄离散'，杜诗'剪纸招我魂'是也"。⑥ 清人黄钺，安徽人，曾写诗讽刺为小孩招魂以治病的习俗："不须扁鹊称奇剂，自倚巫阳作上医。升屋而号缘底

---

① 郑玄注、孔颖达等正义：《礼记正义》卷九，《四部精要》本，第1301页。
② 夏玛第亚：《礼仪问答》，第131页。
③ 孙希旦：《礼记集解》，北京：中华书局，1989年版，第1135页。
④ 钟鸣旦、杜鼎克：《耶稣会罗马档案馆明清天主教文献》第十册，台北：台北利氏学社，2002年版，第476页。
⑤ 蒋骥：《山带阁注楚辞》卷下《楚辞余论》，清文渊阁《四库全书》本。
⑥ 胡文英：《屈骚指掌》卷四，清乾隆刻本。

事,未堪说与病夫知。"①高延(J. J. M. De Groot)以早期民族志的视角评述了叫魂习俗在福建的流行情况②。

2. 饭含

为了撇清嫌疑,严谟干脆声明此礼已废除不行。相比而言,其他几位的观点更为可信,李九功只是声明教内不行此礼,何某则暗示今人犹行饭含③,夏大常更为明确地指出时人用白银点珠,含入死者口中④。

关于饭含之义,李九功、何某、夏大常的回答与严谟一样,认同《礼记·檀弓》所云"饭用米贝,弗虚也;不以食道,用美焉尔",意思是饭含并非为死者饮食,而是不忍心让死者口里虚无一物,故而以美洁之物来充实。他们极力证明儒家丧礼的非宗教性,尤其以严谟、李九功表现得更为明显,因为他们处于福建这一论辩中心地带,饭含在传教士们(包括耶稣会士)看来,容易惹"迷信"嫌疑。古希腊-罗马便有为死者含币之礼,供死者渡越冥河时用,基督宗教的临终圣餐礼仪即由这种含币礼仪演变而成,"异教徒往死者嘴里填塞的钱币转变成基督的肉和血,死者在通往死后世界的路途中以之作为食粮并用来护身。"⑤至于儒家丧礼饭含何义,因孔子"不语",后世的诠释受到抑制。

饭含之义与所用之物是同一问题的两个层面。严谟引用《三礼》和宋《家礼》,说明饭含或以珠,或以玉,或以贝以米,宋又以钱。关于饭含所用何物,经学史上众说纷纭⑥。孔广森⑦、胡培翚、金锷⑧等清儒热议"饭""含"是一事还是二事,他们的分歧,主要出于历代注文有对文、省文修辞,所以造成理解上的混乱,饭含二字分开而"散言",也有二字合用而"通言"⑨。就饭含所用的物件而言,饭、含之别,总归如《礼记·檀弓》所云米、贝二类。

关于饭含之义,前人大体有防腐固魄、礼神、明器三说。

防腐固魄说主要见于班固,《白虎通德论·崩薨》:"用珠宝物何也? 有益死者形体。"⑩此说为后世学者如高延⑪等所信奉。持论者大体认为古人

---

① 黄钺:《一斋集》卷十一,清咸丰九年许文深刻本。
② 高延:《中国宗教系统》卷一,台北:南天书局有限公司,1988 年版,第 243—244 页。
③ 何某:《刍言》,见《耶稣会罗马档案馆明清天主教文献》第十一册,第 264 页。
④ 夏玛第亚:《礼仪问答》,见《耶稣会罗马档案馆明清天主教文献》第十册,第 132 页。
⑤ Paul Binski, *Medieval Death*, New York: Cornell University Press, 1996, p.32.
⑥ 孙诒让:《周礼正义》,北京:中华书局,1987 年版,第 1602—1604 页。
⑦ 孔广森:《公羊春秋经传通义》卷五,清嘉庆刻巽轩孔氏所著书本。
⑧ 金锷:《求古录礼说》卷十一,清光绪二年孙熹刻本。
⑨ 胡培翚:《仪礼正义》卷二十六,南京:江苏古籍出版社,1993 年版,第 1687 页。
⑩ 班固:《白虎通德论》卷四下,北京:中华书局,1985 年版,第 296 页。
⑪ 高延:《中国宗教系统》卷一,台北:南天书局有限公司,1988 年版,第 269—274、277—278 页。

相信金玉等物能使尸身（主要是魄）不朽或者保存得长久，以便祭祀时魂魄来合。但是，这只能解释玉，难以解释为何饭含还有用"珠""贝"等物，照郑、贾注疏所说："玉是火精，可知云食之以御水气者。"①则珠是"水精"，于尸体防腐何益？贝更难通！

金锷则反对防腐固魄说，而持明器说："饭用米贝之义，《檀弓》云'不以食道，用美焉耳'，不以食道，此与明器同意，盖弗忍虚则无致死之不仁，不以食道则无致生之不知也。"②

凡为明器，似真非真，必须异于生前物品所具有的实用性。从这个角度考虑，生"米"或与明器有几分相合，但是将珠、玉、璧、钱等物都归为明器难免牵强。

饭含之所以用宝物，还有一重要意义，即礼神。《楚语》"玉足以庇荫嘉谷，使无水旱之灾则宝之"，韦昭解释道："玉，礼神之玉也。言用玉礼神，神享其德，使风雨调和，可以庇荫嘉谷，故取而宝之。"③用玉礼神不仅见于《尚书》所谓周公作金縢一事，亦见于《周礼》，云"以玉作六器，以礼天地四方"，据此，唐太和九年十一月，王起请造礼神九玉。所以，至于玉所作六器是用于初祭还是正祭，是礼何神，历来说法不一，用玉乃礼神则无疑义④。其实，珠、玉、璧等物都属贝，是古代的货币⑤。秦废贝而行钱，至宋司马光《书仪》便用钱和米饭含⑥。所以，我们认为礼神说更为可信。

（六）奠酒礼仪

1. 问："官长备（辨）酒行礼先奠于地其义何如？民家备（辨）酒行礼何如？"

五位都认为官长备酒行礼是祭先代始造饮食之人，以不忘本。此外，夏大常认为此礼并非停几之奠，而是酹酒于地。何某、无名氏认为民家不当行此礼。严谟认为今人饮食不行此礼，惟燕大宾客行吉礼时酹酒于地，属沿习古礼以示敬意⑦。

---

① 郑玄注、贾公彦疏：《周礼注疏》卷六，《四部精要》本，上海：上海古籍出版社，1992年版，第678页。
② 金锷：《求古录礼说》卷十一，清光绪二年孙熹刻本。
③ 孔安国、孔颖达：《尚书正义》卷八《商书》，《四部精要》本，上海：上海古籍出版社，1992年版，第161页。
④ 孙诒让：《周礼正义》第六册，北京：中华书局，1987年版，第1602—1604页。
⑤ 许慎：《说文解字》卷六下，北京：中华书局，1963年版，第129页。
⑥ 吕思勉：《中国制度史》，上海：上海世纪出版集团，2002年版，第91页。
⑦ 何某：《刍言》，见《耶稣会罗马档案馆明清天主教文献》第十一册，第259页。严谟：《李师条问》，见《耶稣会罗马档案馆明清天主教文献》第十一册，第184页。夏玛第亚：《礼仪问答》，见《耶稣会罗马档案馆明清天主教文献》第十册，第125—126页。无名氏：《礼仪答问》，见《耶稣会罗马档案馆明清天主教文献》第十册，第462—463页。

2. 问:"丧礼奠酒于地何如?"

除无名氏泛泛作答之外,其他几位从"灌地降神"与"求神"两方面展开。李九功、何某赞同灌地降神说:李氏认为"古礼有灌地降神,盖为人死则形魄归于地,而求之于阴之意也",并指出当时教中已不行此礼①;何某曰:"丧礼奠酒于地,示祖考既殁,魂气上升于天为神,灌酒下地,所以降上神也。"②夏大常认为丧礼之奠只是停酒于几,并非浇酒于地,惟祭礼浇/酹酒于地以求神③。

严谟与夏大常的观点相近,反对灌地降神说,同时肯定求神说。严谟断然否定"灌地降神"说,尤其反对使用"降神"字眼,他认为后人混用了"酹""灌""奠"三字。值得一提的是,严谟与同时代王夫之的"古无灌地降神"说十分相近。王夫之训"奠"为"安置",并无"注""降"等含义,认为"灌"乃"祼"之假借,意为酌鬯始献神,即用鬯酒向神行初献礼,只是斟酒而已,并不灌注于地;惟"酹"倾酒于地,乃战场盟誓之仪。换言之,奠、灌、祼同义,异于注地之"酹"字④。此外,严、王也都宣称,如果祼礼注酒于地,则有献尸,就不应再有降神之说,其实二人都混淆了献尸与求神二事,实际上献仪的直接对象是尸而非神,尸既代表神,又是神与人之间的中介,故将两者等同则不通。

关于奠酒于地到底何义,严谟广泛列举经书与汉宋经师说法。其中《礼记·郊特牲》一段话非常重要:

> 魂气归于天,形魄归于地,故祭,求诸阴阳之义也,殷人先求诸阳,周人先求诸阴。诏祝于室,坐尸于堂,用牲于庭,升首于室,直祭祝于主,索祭祝于祊,不知神之所在,于彼乎? 于此乎? 或诸远人乎? 祭于祊,尚曰求诸远者与?⑤

该引文较能体现儒家魂魄观的整体含义,儒家祭祀的核心环节是求魂魄之合,子曰:"气也者,神之盛也,魄也者,鬼之盛也,合鬼与神,教之至也。"《正义》:"人之死,其神与形体分散各别,圣人以生存之时神形和合,今虽身死,聚合鬼神似若生人而祭之。"⑥汉儒以降经师说法中,宋人王昭禹《周官

---

① 李九功:《礼俗明辨》,见《耶稣会罗马档案馆明清天主教文献》第十册,第25页。
② 何某:《刍言》,见《耶稣会罗马档案馆明清天主教文献》第十一册,第259页。
③ 夏玛第亚:《礼仪问答》,见《耶稣会罗马档案馆明清天主教文献》第十册,第126—127页。
④ 周聪俊:《祼礼考辨》,台北:文史哲出版社,1994年版,第35—36页。
⑤ 严谟:《李师条问》,见《耶稣会罗马档案馆明清天主教文献》第十一册,第187—188页。
⑥ 郑玄注、孔颖达等正义:《礼记正义》卷四七,《四部精要》本,上海:上海古籍出版社,1992年版,第1595页。

详解》、易被《周官总义》"祼用郁鬯以求神"之义昭然明白,已有学者阐明,此不赘述①。

严谟大体肯定《礼记·郊特牲》的观点,虽然反对"降神",却并未否定祼礼求神之实:"愚以为,祼之礼,古人最重,彼盖知鬼神无形,世物惟声音香臭较清微,欲藉以得达于鬼神乎? 故祭慎诸此,今人即酹酒于地以存其意,亦无妨! 特降神二字原非古,不必用。"而且,他也认可司马温公所载时人"焚香酹酒"以求神的做法②。

然而,其在1693年的《草稿抄白》不得已将"求神""降神"一并否认了,指斥《礼记·郊特牲》乃"美饰之说,传会不足信",特意将原有按语删改成"愚以为古祼礼既是以芬香之酒表敬意,亦是用待生人之礼"③。并且说儒家所谓"神"只是"阳气",极力撇清与天主教之神有何关联。他主要的理由是祼礼"用生人燕飨宾客之礼以待尸"④,即生人宾客之间宴饮往往用祼礼,既然宾客是生人,说明祼礼并不降神,进而推论说施于死者的祼礼无非效仿施于生者的祼礼。事实上,生者之祼礼恰恰是效仿神灵之祼礼,正如王昭禹所言:"宾客亦用祼,则先王之承宾,犹承神也,所以致其敬也。"王与之曰:"宾客亦有祼者,以待神明之道待宾客,尊之至也。"⑤所以,严谟的诠释是有意的颠倒错解。

(七)祭百神

面对儒家的诸神,问卷重点调查了城隍、五祀、孤魂等较有影响力的祭祀对象,这些祭祀在明清之际仍然十分流行。尤其是城隍祭祀,在洪武改制中被纳入国家礼制,明清时遍及全国,堪称祀典之首,例如《(顺治)宁国县志》载:"《书》曰'惠迪吉,从逆凶',此言天人感应之理。然捷于影响者,实有神焉以宰之,故《易》又曰'圣人以神道设教',乃若司保障之寄。独有城隍神,为邑中特祀,则地方安危,民生之祲祥,皆神有专责,宜为祀典之首重也!"⑥因为历代儒、释、道及民间宗教互渗,关于这些祭祀的内容涵义至今说法不一。几位答问者基本视城隍为城市的守护神,乃有功德之人鬼担任,人们希冀城隍"庇护地方民社"(何某)⑦,无名氏认为城隍神关系到社稷民

---

① 周聪俊:《祼礼考辨》,第39—40页。
② 严谟:《李师条问》,见《耶稣会罗马档案馆明清天主教文献》第十一册,第191页。
③ 严谟:《草稿抄白》,见《耶稣会罗马档案馆明清天主教文献》第十一册,第113页。
④ 同上书,第110、112页。
⑤ 周聪俊:《祼礼考辨》,第64页。
⑥ 《(顺治)宁国县志》,见《中国古代祭祀礼仪集成·方志》第十二册,第83页。
⑦ 何某:《刍言》,见《耶稣会罗马档案馆明清天主教文献》第十一册,第260页。

生的安危,"灵应至极""官长必敬。"①李九功、严谟虽然反对以人鬼为守护神,但是,他们看到按天主教的天使崇拜来改造城隍崇拜的可能性,故而也认可城隍乃一城之守护神的观点②。

关于家中祭五祀神,说法不一,严谟、夏大常初步予以分疏,夏大常指出当时多已不行,只行祭灶、祭中溜,即土神③。值得注意的是,他记载当时人死行复礼,仍会向土神祷祀④。严谟认为祭之初义难知,斥责门神、灶君等流俗之祭为大谬⑤。

关于祭孤魂,惟李九功与严谟二人作答,李氏认为此为佛教之礼,而严谟虽然指出孤魂一词来自佛教,而儒家有所谓"厉",认为是祭祀无后者,不过"举废祀"之意⑥。诚然,明清流行的做法是官府建厉坛以祭祀那些无后代祭祀的孤魂,但是严谟隐讳儒家关于魂魄/鬼神的信仰。"厉"最早出自《春秋左传》昭公七年子产与赵景子的一番著名对话,赵问:"伯有犹能为鬼乎?"子产曰:"能。人生始化曰魄,既生魄,阳曰魂。用物精多,则魂魄强,是以精爽至于神明。匹夫匹妇强死,其魂魄犹能凭依于人,以为淫厉。"⑦厉指非正常死亡尤其是暴死者的魂魄能附在他人身上作怪,故而需要安顿。这段话不仅如今广为引用,而且在严谟同时代湖广方志文献中也是如此解释⑧。史上关于离魂类的文学故事,尤其在明清笔记小说中有大量此类故事,基础就是关于魂魄的信仰⑨。

此外,关于祭旗纛神,几位着墨不多,古无此礼,乃嘉靖时创制,据《(嘉靖)吴江县志》载:"旗纛祭,祭军牙六纛之神,旧无此祭,嘉靖中知县张明道始创行之。"⑩

明代洪武礼制有十分庞大的祀典系统,祭天地神、厉、城隍以坛,祀人鬼以庙,祀功德以祠,为那些活着的有功德官员建生祠⑪。坛、庙之别,体现在是否建屋,"礼有坛有庙,坛而不屋。升臭以达诸阳,其义率神而从天。屋而

---

① 无名氏:《礼仪答问》,见《耶稣会罗马档案馆明清天主教文献》第十册,第464—465页。
② 严谟:《李师条问》,见《耶稣会罗马档案馆明清天主教文献》第十一册,第200—201页。
③ 夏玛第亚:《礼仪问答》,见《耶稣会罗马档案馆明清天主教文献》第十册,第140页。
④ 同上书,第130—131页。
⑤ 严谟:《李师条问》,见《耶稣会罗马档案馆明清天主教文献》第十一册,第194—198页。
⑥ 同上书,第207页。
⑦ 杨伯峻:《春秋左传注》,北京:中华书局,2009年版,第1292页。
⑧ 《(康熙)永州府志》,见《中国古代祭祀礼仪集成·方志》第二五册,第3页。
⑨ 参见王溢嘉:《中国文化里的魂魄密码》,北京:新星出版社,2012年版。
⑩ 《(嘉靖)吴江县志》,见《中国古代祭祀礼仪集成·方志》第七册,第418页。
⑪ "祠庙:制不屋而祀曰坛,祀灵爽曰庙,祀功德曰祠,祠去思曰生祠。"《(崇祯)嘉兴县志》,见《中国古代祭祀礼仪集成·方志》第十四册,第3页。

不坛,灌鬯以达诸阴,其义居鬼而从地。"①

四、阿奎那"宗教行为"视域下的儒家丧、祭礼

上述问卷的问答终究受制于非此即彼的判教思维的桎梏,礼仪的反对方万济国抛出的阿奎那神学根据留给他们的诠释空间有限,阿奎那将宗教之"对象"限定为唯一神天主,则其他民族具有宗教性的文化都只能被视为"迷信""偶像崇拜"。显然,在17世纪末18世纪初,现代的"比较宗教学"还没有诞生,这些耶稣会士与入教儒士,无奈地选择回避神学根据与儒家经学的交锋,声称耶儒祭礼两不相干。上文已阐明阿奎那的宗教观在"对象"与"行为"之间存在难以调和的矛盾,事实上,其宗教观具备开放性的条件,他将"宗教"(属于"道德涵养性德性")与神学德性("向天主之德")区分开来,从"行为"的角度看,他承认"宗教"与"迷信"并无实质不同②。

因此,如今站在比较宗教学的立场,我们理当放下以天主为宗教唯一合法"对象"的绝对宣称,如此则会发现阿奎那的"宗教行为"论可为中西礼仪之比较提供一个很好的概念框架。

(一)内在行为

1. 虔诚

阿奎那《神学大全》认为"虔诚"一词主要是指真诚奉献神灵的意愿与行为,是一种宗教行为。首先关于虔诚的词义:

> "虔诚"(devotio)这个名词,来自动词"奉献"(devovere)。所以那些以某种形式,将自己奉献于天主,因而使自己完全属于天主的,就叫作"献身者或虔诚者"(devoti)。为此,古时在那些异教的民族之中,那些奉献自己于邪神,为保护自己的军队,而甘愿就死的人,也叫作献身者。③

阿奎那基于亚里士多德《伦理学》,将虔诚解释为义德和宗教行为:

> "人愿意和实行公义的事,都是义德。"可是,去做那与敬礼和服事天主有关的事,显然本来是属于宗教的事……虔诚是宗教的行为。④

---

① 《(嘉靖)南雄府志》,见《中国古代祭祀礼仪集成·方志》第二一册,第51页。
② 王定安:《中国礼仪之争中的儒家宗教性问题》,《学术月刊》2016年第7期,第181页。
③ 多玛斯·阿奎那:《神学大全》第十册,第25页。
④ 同上书,第27页。

概言之,虔诚是指奉献神灵的意愿与行为,主要体现在祭礼当中,因是神圣崇拜或曰敬神的行为,故而是宗教的行为。阿奎那从"公义""意志""思想"几个层面来解释。从"自性"的角度而言,阿奎那认为虔诚是意志的行为,"虔诚是意志的一种行为,使人乐于去为天主服务。可是,每一个意志的行为,发自于某种思想;因为意志的对象,是一样被认识的善。"①一方面,作为意志的行为,虔诚是发自于某种思想,另一方面,意志又推动理性趋向自己的目的:"意志推动理性趋向自己的目的。所以,理性的行动在意志的推动下,趋向爱德的目的,即与天主结合,这没有什么不合理之处。可是,祈祷好像是受了爱德的意志的推动,而趋向天主。"②

公义、意志、思想间的结构关系,也体现在儒家的祭礼中。

> 故曰:"禘、尝之义大矣,治国之本也,不可不知也。"明其义者,君也。能其事者,臣也。不明其义,君人不全;不能其事,为臣不全。
>
> 夫义者,所以济志也,诸德之发也。是故其德盛者其志厚,其志厚者其义章,其义章者其祭也敬,祭敬则竟内之子孙莫敢不敬矣。③

明白禘、尝之祭祖礼乃治国之本这一大义,意志上就知道应该如何去做,于是才生发出各种德行的规范,其德行之志越厚,道理就更彰显,祭者也就愈虔敬。帝王自身的祭祀虔敬,则上以风化下,子孙莫敢不敬。推而广之,天下莫不敬。故曰:"天子诸侯非莫耕也,王后、夫人非莫蚕也,身致其诚信,诚信之谓尽,尽之谓敬,敬尽然后可以事神明。此祭之道也。"④这就是所谓"以神道设教",对神灵虔敬是教化得以施行的根基。

历代帝王深谙此道者并不鲜见,例如,雍正三年七月谕:"天和灾祲可消,丰穰可致,此桑林之祷,所以捷于影响也。盖惟以恐惧修省,诚敬感格为本,至于祈祷鬼神,不过藉以达诚心耳。若专事祈祷以为消弭灾祲之方,而置恐惧修省诚敬感格于不事,未免浚流而舍其源,执末而遗其本矣。"⑤雍正又说:"朕每岁躬耕,耕田并非崇尚虚文,以为观美,实是敬。"⑥以虔敬为本,是他得以宣称所以异于俗人之祷的根据。虔诚祭祀以感格鬼神的信仰是从

---

① 多玛斯·阿奎那:《神学大全》第十册,第28—29页。
② 同上书,第34—35页。
③ 孙希旦:《礼记集解》,北京:中华书局,1989年版,第1249页。
④ 同上书,第1238—1239页。
⑤ 佚名:《坛庙祀典》,见《四库未收书辑刊》一辑第二十三册,北京:北京出版社,1997年版,第23—28页。
⑥ 同上书,第10页。

儒家魂魄论的信仰根基上发展而成。郑玄云:"《礼运》以嘉魂魄,是谓合莫。"黄以周案:"合魂魄于虚莫,此即所谓合鬼与神是也。报气报魄,分之为二礼,合之为一诚。祭能诚敬,其鬼长存不散,故谓之教之至。"①

饶有兴味的是,耶、儒祭礼都是以虔诚为本。《旧唐书》:"事神在于虔诚,不求厌饫。"②郑玄注:"物虽质略,有齐敬之心,则可以荐羞于鬼神,鬼神飨德不飨味也。"③天主教葬礼在起棺之时诵念"咏:盖主若欲牺牲,我诚心已献,而主并不悦全燔之祭","咏:惟时主得飨义德之祭,与诸献与全燔,惟时伊众,将置主台上多牷。"④耶稣会士利类思(Louis Buglio,1606—1682)论敬德道:"夫敬之为德,寓在爱中,所宜奉敬者,惟一天主,因其为万有之原。凡弥撒瞻礼念诵等,皆由敬德而发。铎德既专一奉敬天主,则以尊礼为首务,夫尊礼不但在于祭献跪拜等外仪,全在内之爱德,外敬所由发也。不务于内而务于外,此虚敬耳。铎德凡行本职之事,如祭祀付圣事等,宜亶厥心,以致内敬之义。"⑤

2. 祈祷

阿奎那认为天主教之祈祷与旧约时代之献香一样,都是宗教的行为。他引奥古斯丁的观点:"祈祷是想向天主请求适当的东西。"⑥

关于祈祷的方式,天主教有口头的祈祷与心祈⑦,以口念为主,尤其是公众的祈祷,如《圣咏》第一四二篇2节所说:"我高声向上主呼求,我高声向天主求助。"只有私人的祈祷可以不用口念⑧。法国著名人类学家、社会学家马塞尔·莫斯(1872—1950)给祈祷下的定义是:"祈祷是一种直接作用于神圣事物的口头宗教仪式。"⑨

儒家祭礼之祈祷如何?关于祈:

"'祈',嚱也,谓为有灾变,号呼告神以求福者,《说文·示部》云:'祈,求福也。'……《一切经音义》引孙炎注云:'祈,为民求福,叫告之辞也。'郭注云:'祈,祭者叫呼而请事。'"⑩从方式上看,儒家亦以口号呼。祈之对象与

---

① 黄以周:《礼书通故》,北京:中华书局,2007年版,第751—752页。
② 刘昫:《旧唐书》第三册,北京:中华书局,1975年版,第970页。
③ 孙希旦:《礼记集解》,北京:中华书局,1989年版,第586页。
④ 利类思:《善终瘗茔礼典》,见《法国国家图书馆明清天主教文献》十八册,钟鸣旦、杜鼎克、蒙曦编,台北:台北利氏学社,2009年版,第545、547页。
⑤ 利类思:《司铎典要》,见《法国国家图书馆明清天主教文献》第十九册,第30页。
⑥ 多玛斯·阿奎那:《神学大全》第十册,第34页。
⑦ 欧加略:《人类真安稿》,见钟鸣旦、杜鼎克、王仁芳编:《徐家汇藏书楼明清天主教文献续编》第十七册,台北:台北利氏学社,2013年版,第111页。
⑧ 多玛斯·阿奎那:《神学大全》第十册,第58页。
⑨ 马塞尔·莫斯:《论祈祷》,蒙养山人译,北京:北京大学出版社,2013年版,第66页。
⑩ 孙诒让:《周礼正义》,北京:中华书局,1987年版,第1985—1987页。

内容,《周礼·春官居·大祝》曰大祝掌"六祝""六祈",六祝为"顺""年""吉""化""瑞""策",指福祥之事,六祈为"类""造""襘""禜""攻""说",主要指遇到灾变而举行非常之祭,向神祈求免灾①。

关于祷,《周礼注疏》有云:"求福曰'祷',得求曰'祠',诔曰'祷尔于上下神祇。'"②许慎、徐锴③等认为祷是累功德以求福。

"累功德以求福"较典型地道出儒家的祸福观,即从先秦迄于宋明而不绝的"德福之道"④。这种祸福观强调德本福辅,德、福之间有一定的张力,这就是为何《礼记》之"礼器"篇言"祭祀不祈","曲礼"篇又谓祭有"祈""报""由辟",换言之,祈指求福,报指得福而报谢,由辟指消灾⑤。一方面,强调祭礼不祈,另一方面,求福免祸是祭祀的核心三义之二,方氏悫还注意到其中张力,他的解释颇谛当:

> 于辟又言"由"者,以非祭之常礼,或有所以而用之故也。然《礼器》言"祭祀不祈"者,彼之所言,盖为己耳;此之所言,主为民也。⑥

也就是说,儒家之祭礼是否求福的问题,有常/非常、为民/为己之区分,意味着祈祷之祀多见于灾患等非常之祭,如舞雩以求雨,祈丰年国祖⑦,常祀则主报;为民求福为正当,《礼记》曰"以共皇天上帝、名山大川、四方之神,以祠宗庙社稷之灵,以为民祈福"⑧,而为己求福则嫌不当。当然世俗恰恰流行为己求福,这就是为何《礼记》以"备"来解释"福",这是从政治的角度与世俗行为的区分,这种区分也是儒士身份的一个重要标识,至于私下里是否能够做到则另当别论。清代的吴肃公将儒家祸福论与释道相比较说:"吾儒之祸福求于内者也,二氏之祸求于外者也。"⑨其实,与世俗之福的区别,无非就在于德、福之本末关系,汉代王符在《潜夫论》中论述甚明晰:"德义无违,鬼神乃享。鬼神受享,福祚乃隆……孔子曰:'天之所助者,顺也,人之所

---

① 孙诒让:《周礼正义》,北京:中华书局,1987年版,第1985—1987页。
② 郑玄注、贾公彦疏:《周礼注疏》卷十九,《四部精要》本,上海:上海古籍出版社,1992年版,第767页。
③ 徐锴:《说文解字系传》卷五,北京:中华书局,1987年版,第49页。
④ 吴震:《德福之道——关于儒学宗教性的一项考察》,《船山学刊》2012年第4期,第110—118页。
⑤ 孙希旦:《礼记集解》,北京:中华书局,1989年版,第723页。
⑥ 同上。
⑦ 孙诒让:《周礼正义》,北京:中华书局,1987年版,第1911页。
⑧ 郑玄注、孔颖达等正义:《礼记正义》卷十六,《四部精要》本,上海:上海古籍出版社,1992年版,第1371页。
⑨ 吴肃公:《广祀典议》,见《四库全书存目丛书》,济南:齐鲁书社,1995年版,第920—923页。

助者,信也。履信思乎顺,又以尚贤,是以自天佑之,吉无不利。'此最却凶灾而致福善之本也。"①不祈福却受福,以德为本,福应自来。

相对照而言,儒家德、福之间的本末次第关系,在天主教处也以不同的形式体现出来,只是不如儒家那样以政治及儒士身份标识来区分德与福。首先,以对天主的敬德为本,在此前提之下,对世福的祈求持肯定态度,阿奎那明言:"对于暂世的东西,不可把它们当作首要的东西去寻求,而只把它们当作次要的东西。"②来华耶稣会士艾儒略(Jules Aleni,1582—1649)说:"尔辈先务求德,善事天主,则凡物无各于尔,此旨良深,我等所宜深体,若我时佩主命,主必不忘我也。"③他又说:"与弥撒以禽合天主为重,但知有吾大父之当事,奚暇问有报与否? 然而感应受恩,理所必至。"④意谓以敬天主之德为本,则世福也可求,"所祈或为国家大事,或为教中事体,或为本日瞻礼之义,或为祈晴雨,或为自身修德,或为亲友喜庆苦患,种种诸事,皆属理所可求者。"⑤关于天主教的"德福论",儒家天主徒张星曜的概括较当:

> 要知先后,吾人所求于主者非一,然有先后,不可倒置。吾主耶稣曰"先求天国,他物自至",故所求先为神,次为形,先求超性诸德,及天堂永远真福,次求世事。盖天堂真福,得满人心,世物小微,有匮缺焉……世上诸福,虽则可求,吾不知其或利或害,只宜顺天主圣意可也。何则? 人世之富贵,溺之往往失天堂真福。⑥

2. 丘之祷久矣

"丘之祷"说的是孔子生病时,子路请祷,就是向神明祈福以让孔子痊愈,说明子路是有此信仰的,他有祷祀之心,希望祷神以禳病。但是,此一掌故涉及私祷,故而在史上多有争议。孔子对子路祷以治病的信仰到底是赞成还是反对? 孔子问子路"有诸?"而且,"子不语怪力乱神",这些都说明他对祷祀持怀疑态度。但是怀疑并不是说他坚决反对祷祀的做法,更不能表示其他儒士不信仰祷祀。"丘之祷久矣"到底应该怎样理解?

---

① 王符:《潜夫论》卷六《巫列》第二十六,汪继培笺校,北京:中华书局,1985年版,第394、402页。
② 多玛斯·阿奎那:《神学大全》,第十册,第44页。
③ 艾儒略:《弥撒祭义》,见《法国国家图书馆明清天主教文献》第十六册,第522页。
④ 同上书,第520页。
⑤ 同上书,第569页。
⑥ 张星曜:《天教明辨》,见钟鸣旦、杜鼎克、王仁芳:《徐家汇藏书楼明清天主教文献续编》第十七册,台北:台北利氏学社,2013年版,第528—529页。

《论语·述而》:子疾病,子路请祷。子曰:"有诸?"子路对曰:"有之;诔曰:'祷尔于上下神祇。'子曰:'丘之祷久矣。'"子路所谓的"祷"表明了什么信仰?孔子对子路祷以治病的信仰到底是赞成还是反对?史上各大经学家对这些问题颇多疑问,诠释并非全然一致。

《后汉书》记载郑玄的解释,说孔子赞成子路祷,"明素恭肃于鬼神,且顺子路之言也。"①

反对的观点则认为孔子不赞成子路祷,随着儒家在汉武帝时被独尊,孔子日益被神圣化,这种观点越来越占主流。因为孔子是圣人,一言一行都无过,不会得罪神明,故不须祷,不谄求于鬼神。这种观点汉代的孔安国已道出②,到宋朝时更为明显,后来一再得以强化,这与朝廷及儒士阵营为了打压民间宗教的"淫祀"有关。

从汉到宋,越来越倾向于认为孔子不祷,这种看法是经历了逐步形成的过程的。三国时人何晏有《论语》的《集解》,基本赞成孔安国的观点,即孔圣人德合神明,不会为神明所祸病,故不会祈祷之。"实不祷而云久祷者,圣人德合神明,岂为神明所祸病而祈之乎?"③

然而,对于孔子不祷,晋人栾肇颇为怀疑:

> 而云"丘之祷久矣",岂其辞乎?夫圣行无违,凡庸所知也,子路岂诬夫子于神明哉?以为祈福自不主,以谢过为名也。若以行合神明,无所祷请,是圣人无祷请之礼,夫知如是,则礼典之言弃,金縢之义废矣!④

栾肇承认孔子行为诚然不会有过,但是绝不能因为孔子的行为合神明就说圣人无祷请之礼,否则于理不通,于事实不符。因为他看到"天子祭天地,诸侯祈山川,大夫奉宗庙,此礼祀典之常"。且《尚书》有"金縢"之义,讲的是武王有疾,周公作策书告神请代武王死的故事。周灭商的第二年,武王患重病,周公请求大王、王季、文王三位先王的在天之灵,允许周公代武王

---

① 范晔:《后汉书》卷八十二上《方术列传》第七十二上,北京:中华书局,2012年版,第2073页。
② 王充对此说得较明确:"孔子曰'丘之祷,久矣。'圣人修身正行,素祷之日久,天地鬼神知其无罪,故曰'祷久矣'。《易》曰'大人与天地合其德,与日月合其明,与四时合其叙,与鬼神合其吉凶。'此言圣人与天地鬼神同德行也。即须祷以得福,是不同也。汤与孔子俱圣人也,皆素祷之日久。孔子不使子路祷以治病,汤何能以祷得雨?孔子素祷,身犹疾病;汤亦素祷,岁犹大旱,然则天地之有水旱,犹人之有疾病也。疾病不可以自责除,水旱不可以祷谢去,明矣。"王充:《论衡》,黄晖校释,北京:中华书局,1990年版,第247—248页。
③ 何晏集注、皇侃义疏:《论语义疏》卷四,清《知不足斋丛书》本。
④ 同上。

死。他把向先王告神的话写在金縢(用金丝束着的匣)里。他这样做是因为自认为比武王"多材多艺,能事鬼神",他向鬼神献上供品,与三位祖神作交易式祈祷,如果他们答应周公的请求,则他献上璧、圭(皆玉类)并且去事奉他们①。

当然,栾肇在质疑时,说"'祷于上下神祇'乃天子祷天地之辞",理解有误,暗含孔子不是天子不能祷的问题。皇侃抓住其矛盾,最后主张还是以何晏的集解为准,"不如依何集为是也"。所以,到了宋人邢昺的注疏中,更认定孔子不祷了:"子路失孔子之指,故曰'有之',又引祷篇之文以对也。子曰'丘之祷久矣'者,孔子不许子路,故以此言拒之。若人之履行,违忤神明,罹其咎殃,则可祷请。孔子素行,合于神明,故曰'丘之祷久矣'也。"②

虽然有诸如邢昺之类的儒士极力论证孔子不祷,但是人们生病时向鬼神祈祷极为流行,儒士自身亦然,于是生病时是否祷一直是个问题,这种局面直到清代犹未能改。清人徐乾学的《读礼通考》有言:"毋执曰死生有命,不可祷也,若自身有疾,执焉可也。"③

孔子祷与否的问题实质涉及儒学的两个层面,其一是德性,其二是宗教性,前者为主,后者为辅,但两者并非对立,"累功德以求福"即是两者的统一。即便认为孔子不祷者,也是说孔子因是圣人,行无违而德合神明,不会为神明所祸病,故不用祷,不是说孔子完全反对向鬼神祈祷,正相反,孔子对神明有着恭顺之心。

(二) 外在行为

1. 拜

阿奎那明确恭敬神灵之礼是宗教行为,关于朝拜之礼,包括身体行为方面,如俯首至地,也是内心虔诚的向神朝拜,"外在的朝拜是为了内心的朝拜而行的。"④

拜礼是儒家较为多见的礼仪行为,《周礼·春官居·大祝》辨九拜:稽首、顿首、空首、振动、吉拜、凶拜、奇拜、褒拜、肃拜⑤。此九拜表示尊敬的程度不一,稽首最敬,《白虎通义·姓名篇》云:"必稽首何?敬之至也。"⑥又如振动,"谓长跪而不拜手者。盖凡人有所敬则竦身而跪,以致其变动之意,若

---

① 孔安国传、孔颖达等正义:《尚书正义》卷十三,《四部精要》本,第195—196页。
② 何晏等注、邢昺疏:《论语注疏》卷七《述而》,《四部精要》本,第2484页。
③ 徐乾学:《读礼通考》卷三十九《丧仪节》二,清文渊阁《四库全书》本。
④ 多玛斯·阿奎那:《神学大全》第十册,第73—74页。
⑤ 孙诒让:《周礼正义》,北京:中华书局,1987年版,第2007页。
⑥ 同上书,第2008页。

秦王于范雎,跪而请教是也。"①可见,拜不仅用于敬拜神灵,也可用于对生人的敬意,虽然用于生人未必属宗教行为,但是正如阿奎那所说,对神灵的敬拜则为宗教行为②。

2. 祭

阿奎那认为,由于自然理性使然,一切民族都献祭,他承认各民族奉献神灵的祭祀行为,只是基于天主教立场,主张只能向天主献祭,"表示内在精神的祭祀,即灵魂自献于天主的祭祀"③。

阿奎那为了将祭与献仪区分开,明确给出祭祀行为的界定标准,"严格地来说,几时在献给天主的祭品行动,才称为祭祀,例如:宰杀和焚烧牲畜、擘分、祝福和吃麦饼等。'祭祀'(sacrificium)这个名词,本来就有这个意思:因为它之所以称为'祭祀',就是由于有人使一样东西'成为圣物'(facit sacrum)的缘故。"④

《圣经·利未记》记载的五种祭祀,除了素祭不用牲牺,其他几种祭祀都有牲牺。素祭在献祭之后,只有部分祭品在青铜祭坛上焚烧,余下让祭司当日常食物吃掉。燔祭最为特别,要焚烧整个动物,其他祭祀则是将选中的部分置于祭坛,剩下部分则被祭司和其他祭者食用。平安祭则要在祭坛上将腰子和肝连着脂油焚烧,乃"献给耶和华的馨香",右腿献给执礼祭司,胸部由其他祭司分享。洁净祭是将血涂抹或洒于会幕内特定的器皿上,以洁净由于罪人引起的圣物所遭的玷污。修复祭或译赎愆祭乃是要补偿过错带给神的冒犯,强调要宰杀一只没有残疾的公绵羊,将血洒在祭坛上,在坛上焚烧腰子和肝上的脂油,最后将剩肉留给祭司食用⑤。

按阿奎那的标准,儒家的祭祀无疑是正宗的异邦祭祀行为。《周礼·膳夫》有所谓"六牲",即马、牛、羊、豕、犬、鸡(或曰牛、羊、豕、犬、雁、鱼)⑥。《周礼正义·大司徒》云"祀五帝,奉牛牲,羞其肆",意思是将牛的骨体肆解以进献给五帝。解牲体分"全烝""体解""豚解":"全烝为全升牲体而不解",荐血之时,杀牲而不解;体解则析节为二十一体,"凡豚解,解左右股肱、脊及两肋为七体"⑦。祭品以哪个部位为重,不同时代,人们的观念不一,《礼

---

① 孙希旦:《礼记集解》,北京:中华书局,1989年版,第168页。
② 多玛斯·阿奎那:《神学大全》第十册,第74—75页。
③ 同上书,第80、82页。
④ 同上书,第85页。
⑤ 亚历山大:《摩西五经导论》,刘平、周永译,上海:上海人民出版社,2008年版,第217—219页。
⑥ 孙诒让:《周礼正义》,北京:中华书局,1987年版,第236—237页。
⑦ 同上书,第764—766、1302、1334页。

记·明堂位》曰:"有虞氏祭首,夏后氏祭心,殷祭肝,周祭肺。"①

儒家祭祀的对象包括天神、地示、人鬼组成的庞大的神灵系统,"山林、川谷、丘陵,能出云为风雨,见怪物,皆曰神。有天下者事百神。"②

祭天神多用燔柴升烟,祭地则多将祭品"瘞埋",祭人鬼则更为复杂。例如关于饮食的祭祀,有所谓"九祭"说,郑玄认为这是对初造此食物者的报恩之意。《周礼·大祝》"辨九祭",分"命祭""衍祭""炮祭""周祭""振祭""擩祭""绝祭""缭祭""共祭"。郑司农云:"衍祭羡之道中,如今祭殇,无所主命。周祭,四面为坐也。炮祭,燔柴也。《尔雅》曰'祭天曰燔柴。'擩祭,以肝肺菹擩盐醢中以祭也。缭祭,以手从肺本,循之至于末,乃绝以祭也。绝祭,不循其本,直绝肺以祭也。重肺贱肝,故初祭绝肺以祭,谓之绝祭;至祭之末,礼杀之后,但擩肝盐中,振之,拟之若祭状,弗祭,谓之振祭。"③

3. 献

阿奎那强调祭与献仪的差别:"至于献仪,则直接是指献给天主的物品,纵然对它什么也没有做;譬如说,把钱或饼献在祭台上,其实对这些东西,什么也没有做。为此,每一个祭祀都是献仪;反之则不然。"④

儒家在祭、献上亦有别,只是在仪式中往往串连在一起。礼学家们关注最多的是"九献",对具体内容的解释有多种说法,相较而言,贾、孔二疏较明晰可信。贾疏云:"九谓王及后祼各一,朝践各一,馈献各一,酳尸各一,是各四也。诸臣酳尸一,并前八为九。"⑤参照今人詹鄞鑫的梳理,九献可简要归纳如下:

① 降神——一献:王祼献,尸祭、啐、奠之。

二献:后从灌。

② 朝践之献——三献:王以玉爵酌着尊泛齐以献尸。

四献:后以玉爵酌着尊醴以亚献。

③ 馈献——五献:王以玉爵酌壶尊盎齐以献尸。

六献:后以玉爵酌壶尊醴齐以献尸。

④ 加事——七献:王以玉爵因朝践之尊泛齐以酳尸

---

① 孙希旦:《礼记集解》,第 856 页。
② 同上书,第 1194 页。
③ 孙诒让:《周礼正义》,第 1998—1999 页。
④ 多玛斯·阿奎那:《神学大全》第十册,第 85 页。
⑤ 孙诒让:《周礼正义》,第 1519 页。

八献：后以瑶尊因酌馈食壶尊醍齐以酳尸

九献：诸侯为宾者以瑶爵酌壶尊醍齐以酳尸①

九献是将酒食献给"尸"，尸乃神像，代表神。除了"降神"环节之外，许多献仪属于祭礼中的某些环节，"朝践""馈献""加事"都属"正祭"，如三、四献即行朝践之献仪之前，有荐血腥的环节，由王亲执鸾刀，启毛刺出血，而后体解，将肠间脂（膋）置于炭炉烧，再将肝脏合郁鬯酒烧②。祭仪部分与《利未记》之平安祭颇相似。

4. 荐新

阿奎那认为献初果"不是祭祀，因为对它们没有做什么神圣的行动。"③"初果是一种献仪，因为是用一种宣示献给天主的……'司祭就由'献初果者的'手中，接过'盛初果的'筐子'，放在上主你的天主的祭坛前……说：'我现今带来了主赐给我的田地里所出产折初熟之物。'奉献初果，是为了一个特殊的理由，即承认天主的恩赐，好像人是在承认，田中所出产的果实，他都得自天主，他也应该奉献其中一些来报答天主。"④

儒家有所谓"荐新"之礼，是将新熟时令之物献于祖先和有关神灵，主要是表达对祖先和神灵的诚敬，如秦蕙田所言："四时新物必先献而后食，寝庙之荐新，盖亦推其事先之礼，以尽其诚敬而已。"⑤

荐礼杀于祭礼，自天子至于士皆行。何休注云："有牲曰祭，无牲曰荐。"⑥

关于行事之仪节，杜佑《通典》有载荐新于太庙之仪⑦，荐新之礼大体分"陈设""省馔""行事"三个步骤⑧。行荐礼之前一日，先陈设器具与新物，而后行礼之相应人等视察，到行礼之日方行荐仪事。

结语：1680—1690年代由耶稣会士发动对儒家礼仪展开的大规模调查，固然是希望儒家信徒们能如实反映真实的情况，但是五位答辩人站在儒家天主徒的立场，一方面，他们与耶稣会士一样，极力作合乎天主教的诠释，例如将城隍崇拜引向天使圣人崇拜，另一方面，他们要极力掩盖儒家礼仪的宗教性含义。由于他们卷入"中国礼仪之争"的程度不一，各自对争论背后

---

① 詹鄞鑫：《神灵与祭祀》，南京：江苏古籍出版社，1992年版，第303页。
② 孙诒让：《周礼正义》，第1520页。詹鄞鑫：《神灵与祭祀》，第303页。
③ 多玛斯·阿奎那：《神学大全》第十册，第85页。
④ 同上书，第95页。
⑤ 秦蕙田：《五礼通考》卷一百一，清文渊阁《四库全书》本，第3期。孙诒让：《周礼正义》，第1331页。
⑥ 李塨：《李塨集》，北京：人民出版社，2014年版，第1021页。
⑦ 杜佑：《通典》卷一百十六，礼七十六，北京：中华书局，2016年版，第2958—2959页。
⑧ 马端临：《文献通考》卷九十九，北京：中华书局，1986年版，第901页。

的神学根据了解程度不一，故而回答多呈现出相互矛盾甚至自我矛盾。严谟因为身处争议的最前沿，随着礼仪之争日趋白热化，随着他对神学根据了解的愈深，他对宗教性的掩饰就愈加强烈。

严谟刻意掩饰的内容主要包括：将"岂知神之所飨"释为神不飨；将"祭如在"释为"祭无在"；极力声称"祭祀不祈"，却绝口不提"必然受福"；回避复礼中的祷祀之心；回避饭含之防腐固魄或礼神含义；将"以神明之道待宾客"的裸礼颠倒错解为"用生人燕飨宾客之礼以待尸"，从而否认"降神"之礼文礼意；先是承认裸礼"求神"，后又否认之；虽然承认耶、儒祭仪偶有类似，却否认儒家礼仪有任何神圣性等等。不得不承认的有：风云雷雨等各有神司、斋戒沐浴乃"致其敬洁以接于神明之道"，除向上帝祈福之外，也向其他百神祈福，祭祀祖先，孔子主报——报与祈、珥同样属于阿奎那所谓宗教行为的重要内容。

在基督宗教的神学史上，与"异教"仪式的宗教性越是相似之处，越要尽力区别之，故而史上对礼仪不断进行改革。如今从比较宗教学的视角对照耶、儒，虽然双方在仪式表现形态上已经迥异，但宗教性之核心要义即"神圣崇拜"（阿奎那所言）同样十分明显。以阿奎那的宗教行为论为参照，儒家祭礼的内意外礼具备十分系统性的宗教性，"内在行为"方面，表现在虔敬、祈祷，儒家祭礼以虔敬、德为本，以福为末的德福观。其宗教性也表现在拜、祭、献、荐新等"外在行为"。再者，仪式行为本身具备神圣性，礼意因而得以施为（perform）。

第三章 明清之际中西祭礼之割裂暨"比较经学"之重新展开

第一节 弥撒与儒家祭祀的相遇

明清之际中欧文化交流因"中国礼仪之争"而中断,关于该领域的研究,已有史实的考释、文献的整理、义理的剖析,可谓汗牛充栋①。学界一般将"中国礼仪之争"概括为上帝译名、祭祖、祀孔三大议题,其实,背后还隐藏着一条有待重新审视的主线,即耶稣会士李西满(Simon Rodrigues,1645—1704)在1680年代所明确指出的:万济国等礼仪反对派实质是以天主教的弥撒来取代儒家的祭祀。李西满斥该做法为"异端",同时坚称弥撒与儒家祭祀"两不相蒙"②,然而,因为弥撒与祭祀被截然区隔为二,导致业已初步展开的神、经学交流,令人遗憾地被抑制了。

饶有兴味的是,"弥撒是否祭祀"这个肇始于宗教改革时期的话题③,直到18世纪的欧洲仍在热议④,新教徒们不仅不承认弥撒,还愈加呈现出贬

---

① D. E. Mungello, *The Chinese Rites Controversy: Its History and Meaning*, Steyler Verlag, Nettetal: Institut Monumenta Serica, Sankt Augustin and the Ricci Institute for Chinese-Western Cultural History, San Francisco, 1994. 李天纲:《中国礼仪之争:历史、文献和意义》,上海古籍出版社,1998年版。Nicolas Standaert, *Chinese Voices in the Rites Controversy*, Roma: Tipografia Fa. Ro. Press, 2012. Eugenio Menegon, "European and Chinese Controversies Over Rituals: a Seventeenth-Century Genealogy of Chinese Religion", *Devising Order: Socio-religious Models, Rituals, and the Performativity of Practice*, Leiden, Boston: Brill, 2013, pp.193-222.《中国礼仪之争中的儒家宗教性问题》,见《学术月刊》2016年第7期。《天儒丧祭礼遭遇之辩中辨:儒家宗教性的比较诠释》,见《汉语基督教学术论评》2018年第6期。另可参见数据库CCT-Database第10.09类。
② 李西满:《辩祭参评》,钟鸣旦、杜鼎克编:《耶稣会罗马档案馆明清天主教文献》第十册,台北:台北利氏学社,2002年版,第394—395页。
③ Nicholas Thompson, *Eucharistic Sacrifice and Patristic Tradition in the Theology of Martin Bucer 1534—1546*, Leiden, Boston: Brill, 2005, pp.1, 33-41.
④ Hoadly Benjamin, *A Plain Account of the Nature and End of the Sacrament of the Lord's-Supper*, 1735, p.55-56. James Richie, *A Criticism Upon Modern Notions of Sacrifices*, 1761, P. xiv.

抑祭祀的趋势，甚至到了19世纪的法国，诸如控制了宗教与祭祀话语权的自由派新教徒 Albert Réville（1826—1906），将祭祀逐出"宗教"领域①。贬抑祭祀趋势的形成，与"科学"话语的强化有关，也与基督宗教的"取代论"（supersessionism）思维不无关系，天主教以弥撒取代旧约时代的祭祀，新教又挑战了天主教弥撒的合法性。适逢17—19世纪欧洲"宗教"观念的裂变②，祭祀被逐出宗教领域决非偶然。这股反祭祀的风潮直到涂尔干学派（Durkheimians）才得以矫正，他们走出新、天主教的神学争论，将祭祀纳入公共话语，恢复祭祀在宗教中的核心地位③。自从19世纪宗教研究正式起步以来，祭祀一直是西方宗教研究最受青睐的对象，正如伊万·斯特伦斯（Ivan Strenski）所梳理出的经典学者如威廉·罗伯特森·史密斯、弗雷泽、弗洛伊德、涂尔干等等，当代学者如伊利亚德、勒内·基拉尔、列维·斯特劳斯、德里达、马文·哈里斯等等一长串名单④，他们都将祭祀作为宗教研究的历史标本。

同理，祭祀事关儒家的"宗教性"，作为"儒教"问题滥觞的"中国礼仪之争"，也是比较宗教研究珍贵的历史标本。在中国，祭祀之地位更有待重估。清末民初梁启超受西方影响后与建孔教的康有为决裂，率先将仪式从"儒教"中剔除，将儒教窄化成心性一派，导致"儒教非教"说的流行⑤。如今重新正视祭祀在宗教中的核心地位，对于"儒教"问题的探讨必将引向深入。李天纲提出儒家不止有重心性的"孔孟之道"，而且有礼乐正统的"周孔之教"，即自周代以降一直保持一个较完整的祭祀体系——"祠祀系统"，祭祀系统论有助于厘正杨庆堃关于儒教"弥撒性"宗教的论断及该观点助长的儒教散乱而无系统观点之偏颇⑥。

耶、儒祭礼的相遇，所触及的正是耶、儒双方以祭祀为核心的神、经学系

---

① Ivan Strenski, *Theology and the First Theory of Sacrifice*, Leiden, Boston: Brill, 2003, pp.79, 85-91.
② Nicolas Standaert, "Early Sino-European Contacts and the Birth of the Modern Concept of 'Religion'", in Herausgegeben von and Barbara Hoster and Dirk Kuhlmann and Zbigniew Wesolowski, Sankt Augustin (ed.), *Institut Monumenta Serica*, LXVII/1 2017, 3-27.
③ Ivan Strenski, pp.171-175.
④ Ibid., p.17.
⑤ 李华伟：《儒教的国教化与窄化——康有为的"逆宗教改革"与梁启超的批判》，《探索与争鸣》2018年第9期，第126—127页。
⑥ 李天纲：《金泽：江南民间祭祀探源》，北京：生活·读书·新知三联书店，2017年版，第187、242—249、523页。

统。如今重新审视,对于方兴未艾的"比较经学"①研究,不失为一次有益的尝试。中西礼学在神、经学系统中都占有至关重要的地位,礼仪神学(Liturgical theology)乃天主教"首要神学"(theologia prima/primary theology)②,若系统性地考虑中国经学,贯穿其中的轴心非礼学莫属,最具完整体系的经学家郑玄正是以礼来统一解释群经③。因而,中西礼学之比较是"比较经学"的核心,该领域的研究方兴未艾。施舟人(Kristofer Schipper)曾于二十多年前呼吁:"晚明的儒教仪式观念值得进行研究,这种研究既有助于我们理解欧中关系史,同时也有利于我们从总体上去了解礼仪。"④钟鸣旦(Nicolas Standaert)于十年前做出呼应,将中国的大祀与欧洲的天主教弥撒展开比较研究,并且另有专著讨论中欧丧礼交流的问题⑤。他的研究侧重仪式层面,可谓近年来西方汉学界一种动向,20世纪80年代华琛(James L. Watson)就将儒家礼仪的特征概括为重仪式正统(orthopraxy)而不重信仰正统(orthodoxy)⑥。需要指出的是,仪式行为、信仰二分的模式无疑有利于学者在中西传统之间参照互补,但是我们应该注意,仪式/礼文、信仰/礼意原本为耶、儒礼学之一体两面。故本文回到"中国礼仪之争"被抑制的问题,综合礼文、礼意两面,将中欧祭礼置于神学、经学的系统重新检省。

一、关于祭祀分类的困境

在"取代论"的思维框架之下,天主教挑战了旧约时代祭祀的合法性,而更正教又挑战了天主教弥撒的合法性。但是,"两《约》的献祭体系基本上是

---

① 新兴的"比较经学"还处在未成熟阶段。李天纲、刘小枫主要指"经学"(儒、释、道本土宗教经典)与"神学"(圣经学、经院哲学、古典学等)之间的综合研究。游斌将"比较经学"分为以下几个层级:"本经学""经学诠释学""比较经学史""比较经学的原理性研究"等。本文主要采用李天纲的提法,属于神学与经学之间的历史的比较。李天纲:《跨文化诠释:经学与神学的相遇》,北京:新星出版社,2007年版,第1—49页。游斌、高喆:《比较经学是汉语神学的应有之义——神学论题简介》,《道风:基督教文化评论》(42)2015年1月,第17页。
② Dwight W. Vogel, "What Is Liturgical Theology?", in *Primary Sources of Liturgical Theology*, Collegeville, Minnesota: The liturgical Press, 2000, p.7.
③ 华喆:《礼是郑学》,北京:生活·读书·新知三联书店,2018年版,第8—88页。
④ K. Schipper, "Some Naive Questions about the Rites Controversy: A Project for Future Research",转引自钟鸣旦:《祭天仪式之"理论"》,《潘富恩教授八十寿辰纪念文集》,上海:上海古籍出版社,2012年版,第416页。
⑤ 同上书,第416—428页。钟鸣旦:《礼仪的交织:明末清初中欧文化交流中的丧葬礼》,张佳译,上海:上海古籍出版社,2009年版。
⑥ James L. Watson, Evelyn S. Rawski, *Death Ritual in Late Imperial and Modern China*, London: University of California Press, 1988, pp.3-4, 10-11.

相同的(来九、十)"①,而且《旧约》时代诸种祭祀之为祭祀的性质毋庸置疑。随着改革家们愈加强化新约对旧约时代祭祀的取代,关于祭祀的分类标准变得越来越模糊了!

阿奎那将旧约时代的祭祀分为三种。一是"全燔祭",意思是将祭品全部焚烧。将整个动物变为烟气,上升于天,表示对天主无上威严的尊敬,和对其圣善之爱慕。二是"赎罪祭",即为补赎罪过而向天主献祭。祭品一份加以焚烧,一份留给司祭们食用。但是,为全国人民或司祭献赎罪祭时,全都要焚烧,否则祭献无效。三是"和平祭",是为感谢天主,或为奉献者祈求救援和幸福。祭品分为三份:一份焚烧献天主,一份给司祭食用,一份给奉献者食用,表示人的得救来自天主,要有司祭辅助,人自己也要合作②。来华耶稣会士大体按照这一标准分类,只是并不完全一致。例如耶稣会士南怀仁(Ferdnand Verbiest,1623—1688)按照祭品是否焚毁的标准,将上古奉祭之礼分为"全烧成灰"与"不全损坏尽烧"两类③。耶稣会士利类思与入教儒士张星曜基于同样标准将之分为三类,张氏的表述更为明晰,分为"恭敬之祭""息怒之祭"与"谢求之祭"④。

加尔文的划分标准不同,他从献祭者的动机出发,将祭祀大体分为两类,一类是"颂赞和敬畏的献祭",又称"感恩祭";一类是"挽回祭或除罪祭"。这两大类将以下几种表现形态都囊括在内:

> 有时候献祭是除罪、平息神的愤怒,为了在神面前赎罪;也有时候献祭是某种敬拜神的象征和虔诚的见证——有时包括渴慕神恩惠的祈求;有时候包括感恩,为了见证我们因蒙福对神的感谢;有时候不过是敬虔的行动,包括火祭、举祭、感恩祭、初熟之果祭,以及平安祭。⑤

加尔文如此划分,基于反对"有些人用'献祭'一词来表达一切圣洁的仪式"的做法⑥。这一考虑诚然有理,圣洁的仪式属于宗教性仪式,而宗教性

---

① 兰姆博士:《基督教释经学》,詹正义译,沙田:基道出版社,2012年版,第212页。
② 阿奎那:《神学大全》第六册,周克勤等译,第155—156页。
③ 南怀仁:《圣体答疑》,见《法国国家图书馆明清天主教文献》第十八册,钟鸣旦、杜鼎克、蒙曦编,台北:利氏学社,2009年版,第399—400页。
④ 利类思:《司铎典要》,见《法国国家图书馆明清天主教文献》第十九册,第42—44页。张星曜:《天教明辨》,见钟鸣旦、杜鼎克、王仁芳:《徐家汇藏书楼明清天主教文献续编》第十七册,台北:台北利氏学社,2013年版,第519页。
⑤ 约翰·加尔文:《基督教要义》(下),钱曜诚等译,北京:生活·读书·新知三联书店,2010年版,第1488—1489页。
⑥ 同上。

仪式显然不止祭祀一种,阿奎那已经清楚地作出分类。然而,加尔文的分类显得混乱,例如祈求属于两类中的哪一类? 又如,他将未有任何焚毁仪式的献初熟之果也纳入祭祀之中。

阿奎那明确将祭与献仪区分开,从广义上讲,阿奎那认为"任何一种德性的行为,只要是为了以神圣的友谊与天主结合而去做的,就有祭祀的性质"。但是"严格地来说",阿奎那把那些直接献给天主、未有诸如祝圣之类人为的神圣行动的仪式称为献仪,例如将钱、饼之类物品献在祭台上,将初果也包括在献仪之列。他也明确指出每一个祭祀都是献仪,但并非每个献仪都是祭祀,初果虽是献仪,由于无人为的神圣行动,则不是祭祀。此外,他还指出"什一"既非祭祀又非献仪,却将之列为宗教行为中的"外物的奉献"一类①。阿奎那的关于"宗教行为"的分类,是以献祭者神圣性之强弱为标准来区分"宗教"的几种"外在行为",包括祭祀、献仪、初果、什一,这些仪式都属神圣崇拜的宗教行为,神圣性依次递减,献初果因无血牲,不增加人为的神圣行动,故而神圣性较低。

从17世纪到19世纪,西方的"宗教"观正在发生巨大裂变②,因而人们关于祭祀的分类标准不可避免地陷入混乱,至19世纪末20世纪初,祭祀是否宗教行为都成了问题,以至于文化人类学家于贝尔(Henri Hubert)和莫斯(Marcel Mauss)需要费力地为祭祀的宗教行为性质正名,却失望地声称祭祀分类的标准注定失败③。

相对而言,阿奎那的"宗教行为"论较为明晰和系统性,较好地处理新、旧约的祭祀,并且应用于如今的跨文化研究时较少时代误植,当然,其关于宗教"对象"的桎梏应当予以修正。所以,我们不妨在"中国礼仪之争"的场域中直面阿奎那关于祭祀的"方式"与"对象"(需要修正)二层面,进而将礼置于神、经学系统进行考查。

二、弥撒是否祭祀?

关于"弥撒"之得名,主要来自敬拜天主仪式的散场环节,阿奎那说:

---

① 阿奎那:《神学大全》第十册,第84—85页。
② Nicolas Standaert, "Early Sino-European Contacts and the Birth of the Modern Concept of 'Religion'", in Herausgegeben von and Barbara Hoster and Dirk Kuhlmann and Zbigniew Wesolowski, Sankt Augustin (ed.), *Institut Monumenta Serica*, LXVII/1 2017, pp.3-27.
③ Henri Hubert and Marcel Mauss, *Sacrifice: Its Nature and Function*, Chicago: The University of Chicago Press, 1964, pp.13-14.

有"弥撒"(missa)被派遣或遣送这一名称。因为司铎将祈祷经由天使遣送到天主台前,就像信众经由司铎一样。或者说,因为基督是给我们"送来的祭品"(hostia missa)。因此,在弥撒结束时,由执事在喜庆节日遣散信众说:"你们离去吧,已经遣送到了"(Ite, missa est),即是说,已经由天使将祭品遣送到天主台前,使天主悦纳。①

罗马弥撒经本的定义是:"弥撒是耶稣基多(督)所立的大祭,为赖他的司祭们(司铎,神父)藉饼酒的表记,重新奉献他在十字架上所行的血祭。"②在天主教看来,弥撒不仅是祭祀,而且比旧约时代的祭祀更为尊崇,如"西来孔子"艾儒略(Jules Aleni, 1582—1649)说:"凡祭各立一义,各行一时,惟弥撒能兼收之。盖祭或为祈祷,弥撒亦祈祷。或为谢恩,弥撒亦谢恩。或为奉献,弥撒亦奉献。能合能分,一以该万。"③

弥撒是包括圣体在内的一整套祭祀礼仪④。阿奎那认为耶稣基督是圣餐祭的主体,司铎无非将耶稣的话予以传达而已。但是,较为强调圣体礼中司铎祝圣的重要性,阿奎那一再说圣体的转变这一奇迹是藉由司铎的祝圣来完成⑤。这也就意味着强调教会的权利,他明言"教会之外不能有属神的祭献"⑥,而且,除祝圣与领圣体之礼乃耶稣亲定之外,其余弥撒礼节都由教会定⑦。

始于宗教改革时期弥撒与祭祀之争,直到18世纪的欧洲仍方兴未艾。新教改革者们广泛置疑弥撒的祭祀性质,在改革者眼中,弥撒是祭祀则意味着耶稣十字架事件独特性之贬损,意味着个人宗教功绩之拔高,相比马丁·路德(Martin Luther, 1483—1546)与茨温利(Ulrich Zwingli, 1484—1531),加尔文(John Calvin, 1509—1564)的观点较为温和⑧。加尔文只承认耶稣基督为唯一的祭司,认为其职分不可分割,他说:"我一直无法确实地

---

① 阿奎那:《神学大全》第十五册,第468页。
② 圣母会会士编译:《罗马弥撒经本》,北京、上海:圣母会公教书籍编辑部,1938年版,第3页。
③ 艾儒略:《弥撒祭义》,见《法国国家图书馆明清天主教文献》第十六册,钟鸣旦、杜鼎克、蒙曦编,台北:利氏学社,2009年版,第489—490页。
④ 同上书,第481页。
⑤ 阿奎那:《神学大全》第十五册,第267、287、339页。
⑥ 同上书,第439页。
⑦ 利类思:《司铎典要》,见《法国国家图书馆明清天主教文献》第十九册,第49页。
⑧ Herbert Vorgrimler, *Sacramental Theology*, Collegeville, Minnesota: The Liturgical Press, 1992, p.164.

知道'弥撒'这个词到底从何处而来。也许最大的可能是来自所献上的祭物。"①他认为天主教的弥撒亵渎了圣餐,指斥天主教会的弥撒圣体礼窃取了基督作为祭司的特权②。在他看来,神甫将圣物分别为圣的程序中说的那些话是含糊不清的,只会使百姓满脸疑惑,一点都弄不明白③。

天主教与宗教改革家们都承认耶稣的受难是祭祀,分歧在于教会的弥撒是对耶稣祭祀之纪念,还是本身也是祭祀。1562 年,特兰特圣公会议(the Sacred and Oecumenical Council of Trent)明确裁决"弥撒是祭祀"④,直到梵二会议也称"弥撒圣祭",并且明确基督临在于司祭之身与圣体形象之内⑤。然而"弥撒是否祭祀"的问题并未因此而结束,反而成为 18 世纪的欧洲热议的话题⑥。

三、早期译介中的区隔

弥撒与儒家祭祀的相遇,早期可谓进展颇顺,耶稣会士金尼阁(Nicolas Trigault,1577—1628)第一个向教廷请准以中文举行弥撒,于 1615 年获批准。有此准许,弥撒礼典之中译成为当务之急,罗马曾颇有意成立中华礼教会,虽计划终未得以实施,弥撒礼典之译述至利类思(Louis Buglio,1606—1682)终于完成,他将罗马弥撒礼译成汉语五卷本《弥撒经典》(1670),另有《司铎日课》(1674)、《司铎典要》(1675)、《圣事礼典》(1675)等,译成之日,汉语行弥撒之事却不复蒙许可⑦。据现有文献,最早介绍弥撒礼的是 1628 年出版的祈祷书《天主教念经总牍》,有学者认为作者是龙华民(Nicolò Longobardo,1565—1655)。1629 年,艾儒略(Jules Aleni,1582—1649)出版《弥撒祭义》,所据底本难考,艾氏的译述对耶、儒祭礼做了会通工作(下文

---

① 约翰·加尔文:《基督教要义》(下),钱曜诚等译,北京:生活·读书·新知三联书店,2010 年版,第 1483 页。
② 同上书,第 1476 页。
③ 同上书,第 1312—1313 页。
④ J.沃特活斯编译:《特兰特圣公会议教规教令集》,陈文海译注,北京:商务印书馆,2012 年版,第 180、184 页。
⑤ 《天主教梵蒂冈第二届大会会议文献》,上海:天主教上海教区光启社,2005 年版,第 105 页。
⑥ 例如在英国流传着一本影响力较大的书,作者 Hoadly, Benjamin(1676—1761)置疑道:"我称圣餐圣事为祭祀,但是实际上并非祭祀,那只是对祭祀(基督献祭自己)之追忆。"James Richie 在 1761 年出版的著作中指出当时关于祭祀的流行观念证明是"欺骗",而新的祭祀观念则是"谎言"。Hoadly Benjamin, *A Plain Account of the Nature and End of the Sacrament of the Lord's-Supper*, 1735, pp.55-56. James Richie, *A Criticism Upon Modern Notions of Sacrifices*, 1761, pp.xiv.
⑦ 方豪:《中国天主教史人物传》,上海:天主教上海教区光启社,2003 年版,第 130、295 页。费赖之:《在华耶稣会士列传及书目》,冯承钧译,北京:中华书局,1995 年版,第 244 页。

展开)。此外,无名氏的《与弥撒功程》出版于1721年,有弥撒礼节的译述,成功地影响后世两个多世纪,该书明显受到艾儒略《弥撒祭义》的影响①。

随着交流的加深,双方最先碰到的矛盾是西方弥撒与中国天子祭天礼之间的权力问题,较早响应此问题的是入教儒士杨廷筠(1557—1627)与艾儒略。

杨廷筠于1621年答"礼惟天子祭天,今日日行弥撒礼,非僭即渎":

> 礼有名同实异者,不可概而论也。天子为万民主……此为大祀之首,典礼最重,诸侯王不得僭之,重名分也。若西教之弥撒礼,非此之谓。言人享受天主大恩,殆无虚日,何可一日忘报?……故西儒亦谨守其传,日日奉祭耶稣,一是感恩天主之恩,一是遵耶稣之命。②

艾儒略在1632年答陈广文:"祭祀与奉事不同。夫郊社之礼,在中邦,非天子不举,重其事也。弥撒之礼,在圣教,非铎德不行,重其职也。若所云奉事者,为天主生天覆我,生地载我,生神守我,生万物以赡养我,种种大恩,何人不日受?何人不思图报?然则朝夕瞻依奉事,亦聊尽感酬万一耳。岂曰祭之云乎?岂曰僭而亵之云乎?"③

杨、艾二人都极力将弥撒与儒家祭祀区分为不同之事,否认之间的共同点,并且将弥撒狭义地解释为感恩的行为,杨氏尚且称弥撒为"奉祭",艾氏则否认,称之为"奉事"。显然,由于祭天之权在中国已为天子所垄断,为了避免冲突,他们掩盖弥撒的祭祀义涵实不得已,因为艾氏早在1629年的《弥撒祭义》中称"奉祭",意义上译解为"献",他说:"奉祭天地真主之大礼,西音曰弥撒,译其意义,乃献之谓也。盖撒责尔铎德主祭,代众献于天主。"④不仅如此,艾氏在对比旧约时代的祭祀与弥撒时,明确肯定弥撒的祭祀内涵,"凡祭各立一义,各行一时,惟弥撒能兼收之。盖祭或为祈祷,弥撒亦祈祷。

---

① A. Dudink, "The holy Mass in Seventeenth and Eighteenth Century China: Introduction to and Annotated Translation of Manual for Attending Mass", in *A Lifelong Dedication to the China Mission: Essays Presented in Honor of Father Jeroom Heyndrickx*, CICM, on the occasion of his 75th birthday and the 25th anniversary of the F. Verbiest Institute K. U. Leuven, Leuven: K. U. Leuven. Ferdinand Verbiest institute, 2007, pp.207-326.
② 李天纲编注:《明末天主教三柱石文笺注》,香港:道风书社,2007年版,第246—247页。
③ 艾儒略:《口铎日抄》,见《耶稣会罗马档案馆明清天主教文献》第七册,第220—221页。
④ 艾儒略:《弥撒祭义》,见钟鸣旦、杜鼎克、蒙曦编:《法国国家图书馆明清天主教文献》第十六册,台北:台北利氏学社,2009年版,第485页。

或为谢恩,弥撒亦谢恩。或为奉献,弥撒亦奉献。能合能分,一以该万。"①他认为弥撒涵盖了旧约时代各种祭祀的内容,弥撒是"诸祭中之最大者"②。

按照艾儒略的译述,弥撒是包括圣体在内的一整套祭祀礼仪③。艾氏对弥撒的定义与定性其实是准确的。

四、"两不相干":区隔的理论根据

与耶稣会士不同的是,礼仪反对者几位代表人物,从利安当④(Antonio Caballero,1602—1669)到万济国、颜珰(Charles Maigrot,1652—1730)等人,并未有意去区分弥撒的不同维度,而是笼统地视之为祭祀。其中,万济国最为系统性地用阿奎那的神学来丈量儒家祭礼,他从阿奎那的神学出发,要求祭祀之"对象"与"方式"都要统一于天主教祭礼,以此为原则,指斥儒家祭礼有违天主教。其著作被发现后,掀起所谓的"万济国事件",耶稣会士李西满逐一进行了驳斥,并一针见血地指出万济国实质是以弥撒来取代儒家祭礼,他声称两者"两不相蒙",转而发动儒家信徒从儒家经学的体系内部来解释儒家祭礼并非"迷信"⑤。

耶稣会士无力去反思反方所持神学根据是否适用于框定儒家,只得将弥撒与儒家祭礼截然二分而已。反倒是儒家天主徒严谟,因受颜珰逼迫太甚,于1695年撰《〈辩祭〉后志》,就弥撒与儒家祭祀之区隔做了理论阐述:

> "祭"之一字,有私名义者,有用之为公名义者。私名义则不过排列食物之称而已……用为公名义,则以之总括凡诸奉敬非生人者之各等礼。凡中有排列食物者,概称之曰"祭",则此祭字是泛公称。今若论私名之祭,则天主有排列食物,祖先亦有排列食物,是则同。若论公称之祭,则向天主之排列食物与向祖先之排列食物甚大异,何也?向天主之排列食物,其中另有待之以天主之本尊,望之以降福之大权之外礼内意在也。向祖宗之排列食物,只是追思存记之,外礼内意无一毫如待天主望天主者存也。⑥

---

① 艾儒略:《弥撒祭义》,见钟鸣旦、杜鼎克、蒙曦编:《法国国家图书馆明清天主教文献》第十六册,台北:台北利氏学社,2009年版,第489—490页。
② 同上书,第473页。
③ 同上书,第481页。
④ 利安当:《万物本末约言》,见《法国国家图书馆明清天主教文献》第二册。
⑤ 李西满:《辩祭参评》,见《耶稣会罗马档案馆明清天主教文献》第十册,第394—395页。
⑥ 严谟:《〈辩祭〉后志》,见《耶稣会罗马档案馆明清天主教文献》第十一册,第67页。

他将"祭"字析分为"公名义""私名义",不同于儒家传统礼经学的训诂方式。这段话看似费解,结合阿奎那关于"敬神"(divine worship,或译"神圣崇拜")一词的两种区分,才好理解。阿奎那做出如下区分:

> "敬神"(latria)这个名词可有两种解法。第一种解法,是指人类"敬神"的行为("敬")。这样,无论敬拜的是谁,"敬神"这个名词的意思常不变;因为按照这种解法,敬拜的对象并不包括在定义内。如果这样来解"敬神",那么,不管它指的是真宗教,或是拜偶像,都是按照单义或同样的意义。
>
> 第二种解法,"敬神"的意思与"宗教"相同。这样,既然它是德性,它的意义是指对那应受敬拜者行敬神之礼。就这一点来说,对真宗教的敬神或天主,与敬偶像,"敬神"的意思就不相同或是多义的(aequivoce)。①

阿奎那所谓二种解法之间的差别,在于是否将敬拜的"对象"限定为天主教的上帝,第一种解法不作此限制,则天主教与"异教"在神圣崇拜的宗教行为层面意义相同。严谟所谓"私名义"相当于第一种解法,即阿奎那所谓"单义或同样的意义",严谟又用可通用之"泛称"表示,表示不考虑对象,只论行为方式,则天主教与儒家祭祖都有"排列食物"的仪式行为,两者含义相同。

第二种解法则将天主教"上帝"限定为各民族神圣崇拜的唯一合法"对象",严谟所谓"公名义"则遵此解法,所谓"不相同或多义""切称",意思是献食物等崇拜行为只应该面向具有降福大权的上帝。论及对象,严谟认为儒家祭祖之"外礼内意"与祭上帝不同,认为万济国将泛称之"祭"字"硬装插入必有尊之为神明、望之以降福等等事",称这是将儒家之祭祀与天主教弥撒"浑合为一"的做法,与李西满一样声称两者不相干②。

严谟无力突破阿奎那关于祭祀"对象"的限定,必然不免矛盾,表现在一方面认为儒耶之"排列食物"相同,另一方面又说两者外礼、内意不同。不得已,严谟只得将儒家祭祀与天主教的弥撒、圣人崇拜极力区分开来,指出弥撒不用旧有祭礼(排列食物)。结果,为强调人文性情感,他将耶、儒祭祀之同以"偶类"之语一笔带过,将一切祭祀之"神圣"性抹杀殆尽,严谟声称"弥

---

① 阿奎那:《神学大全》第十册,周克勤等译,台南:碧岳学社、中华道明会,2008年版,第188—189页。
② 严谟:《〈辩祭〉后志》,见《耶稣会罗马档案馆明清天主教文献》第十一册,第67—70页。

撒终不可称祭也,不可统入于吾之祭中"①。

弥撒与儒家祭祀的问题显然不是误译的问题,而是以天主教为唯一"真宗教"之标准难以面对一切具有"宗教性"的他者的问题。弥撒与祭祀果真两不相干吗?两者之间的可比性之展开,首先要破除"对象"的限定。

五、祭祀从"对象"到神人关系范式转换

关于祭祀"对象",争论的焦点问题之一是灵魂是否来格来飨,即追问祭祀之时魂魄是否来接受献祭。礼仪的反对者们非得于"在"与"不在"之间做出明晰的回答不可。李西满的观点是"魂不必在,心当如在"②,颇耐人寻味,是对儒家所谓"如在"与天主教"临在"之间的调和,意图表明魂不在,祭者在心里看成在而已。随着礼仪之争的升级,严谟直接将"祭如在"过度诠释为"祭不在"③。显然,鬼神之"在"问题极具复杂性,严谟简单化、误读式的回答是面对"迷信"指控下的无奈之举。

(一)"临在"与"如在"

阿奎那强调基督在弥撒圣餐中"临在"(real presence),认为通过司铎祝圣,耶稣的身体与血已经真实地存在于饼与酒当中:

> 基督的身体在此圣事内,不是如在地方或空间内,而是以实体的方式;即是说,如同实体隐藏在(长、宽、高)各种幅度之下的方式。④

这属于史上著名的质化说,他认为圣体不像具有长宽高之类有形之物那样存在,而是以"属神的方式""非有形可见的方式"和"凭借属神的德能"存在于圣事当中,换言之,是"以精神的方式和德能而有的临在"。⑤

关于孔子"如在"说,子曰:"祭如在,祭神如神在,吾不与祭,如不祭。"宋儒批注较多,尤其以朱熹注最详:

> 俨然如神明之来格,得以与之接也……盖神明不可见,惟是此心尽其诚敬专一,在于所祭之神,便见得"洋洋然如在其上,如在其左右"。

---

① 严谟:《〈辩祭〉后志》,见《耶稣会罗马档案馆明清天主教文献》第十一册,第70—71页。
② 李西满:《辩祭参评》,见《耶稣会罗马档案馆明清天主教文献》第十册,第421—423页。
③ 严谟:《祭祖考》,见《耶稣会罗马档案馆明清天主教文献》第十一册,第23页。
④ 阿奎那:《神学大全》第十五册,第306页。
⑤ 同上书,第271—273页。

然则神之有无,皆在于此心之诚与不诚,不必求之恍忽之间也。①

朱熹认为孔子由于诚敬,神灵会来与之相接,"在"指的就是鬼神会来格来享。现代注家如理雅各、钱穆、李泽厚等较明晰地将"在"分疏为"存在"与"在场"②。此处直接论及"在场",至于鬼神之"存在"则隐而不论,"是以一种后撤的方式或者说'隐'的方式将鬼神推至前台,彰显出来。('夫微之显')"③。

就精神性"在场"而言,耶、儒之"在"甚为契合,神明并不可见,故"如在"说与"临在"说非具体方位、物质性、形体性的"在场"。诸如孔子与摩西恍惚见神的例子是极为罕见的。在神人关系框架之内考虑,与耶侧重点有别,天主教既强调人之诚敬,也肯定并强调神之临在。儒家重点并不在求其"在场",而是内心要诚敬,即强调人道之诚甚过神之在场,此为人与神相接之道。

(二) 推人道以相接

如前文所提及,在"万济国事件"引发的礼仪考辨过程中,为了有助于撇清"迷信"指控,严谟录教外儒士汤来贺(1607—1688)的一篇时文以供参考,其初衷固然是希望仅仅突出祭礼重人道的维度,但是汤氏时文较为持中,是在神、人关系框架之内探讨祭礼。

汤来贺虽崇奉敬天之学,与天主教也有些因缘④,但是其时文关于周代祭祀祖先含义的论述,基本是宋明理学家们的理路。该文开宗明义:"周之礼其先,为其人以处之而已。"意思是周代祭祖礼仪是用人道来处之,生者对于亲的态度应当遵循孔子所言中庸的态度,用修、陈、设、荐这些生养之道来追养死者。汤氏说:"人也,所去之身,而通之于得在之情。是亲不可知,而所留于子之心则可知也。"汤氏说这就是武周祀先之道——"推人道以相接"⑤。

人道又如何以推相接呢?汤氏接受了宋儒"感格"说,相信人与神之间以气相接,因为祖先与人同气,故而可推⑥。自先秦以降,无论汉宋,儒家基

---

① 黎靖德编:《朱子语类》卷二十五,北京:中华书局,1986年版,第620页。
② 邱业祥:《自我与他者:经文辩读视域中的理雅各〈论语〉译解研究》,北京:中国社会科学出版社,2017年版,第51—58页。
③ 同上书,第57—58页。
④ 刘耘华:《依天立义》,上海:上海古籍出版社,2014年版,第225页。
⑤ 汤来贺:《春秋修其祖庙陈其宗器设其裳衣荐其时食》,见《耶稣会罗马档案馆明清天主教文献》第十一册,第81页。
⑥ 同上书,第82—83页。

本都相信气乃化生万物之元,能通有形与无形。

汤氏文章主要论祭祖,其实,儒家还将祀先再"推"至天子祭天,于是祭天有祖先配祀之礼,例如何休曰:"天道暗昧,故推人道以接之。不以文王配者,重本尊始之义也。据此诸文,则郊祭天者,为物本于天,故祭天以报本,神必须配,故推祖以配天。"①

严谟引汤文来供参考,神人关系的范式,有利于将争论的焦点从"对象"桎梏下解放出来。当代汉学家钟鸣旦《可亲的天主》正是从这一范式出发的,关于耶、儒神人关系之异同,他揭示出天主教的上帝有"可畏"及"可亲"两面,中国天神侧重"可畏"一面,鲜有"可亲"一面②。因为儒家所信奉的鬼神鲜有主动性面向,故儒家的神人关系更加强调由人道推及神。如果我们进一步反观天主教的神人关系,除了神主动接人之维度,因可畏之另一面,由人至神,推人道以接神也是题中要义之一,耶稣会士艾儒略面对儒士时,正是从神人相接的角度来诠释弥撒的:"奉祭天地真主之大礼,西音曰弥撒……因而天主降赐人许多恩德也。顾上下相通,诚无不格,天主人类相与之际,其理甚微,其道甚大。"③

其实,"推人道"之"推"是一种类推,或者叫模拟(analogy)。人与神异,两者要沟通就需要某种同类的中介,儒家相信中介就是"气",天主教主要凭借爱。"模拟"见于许多民族的祭祀,献于神灵的祭献礼与操用此礼的人之间就是一种模拟④。吉尔松认为基督宗教的人神之间、宇宙万物之间都是一种模拟关系⑤。从人类思维方式的角度考虑,以感性的事物处理神人相接之关系,是祭祀中较普遍性的环节。鬼神无形,有形之人要与神交接,则需要具备内心之诚敬,辅以有形之祭品,即阿奎那所说的,祭祀需要用感性的事物来象征某种意义,好比"向他们的主人送礼一样"⑥。有形之祭品很多,例如最为常见的祭品之一——香,耶、儒祭礼都用香以表德⑦。

---

① 杜预注、孔颖达正义:《春秋左传正义》第三十卷,《四部精要》本,第1938页。
② 钟鸣旦:《可亲的天主:清初基督徒论"帝"谈"天"》,何丽霞译,上海:光启出版社,1998年版,第137—138页。
③ 艾儒略:《弥撒祭义》,见《法国国家图书馆明清天主教文献》第十六册,第485页。
④ Henri Hubert and Marcel Mauss, *Sacrifice: Its Nature and Function*, Chicago: The University of Chicago Press, 1964, p.43.
⑤ 吉尔松:《中世纪哲学精神》,沈清松译,台北:台湾商务印书馆股份有限公司,2001年版,第259页。
⑥ 阿奎那:《神学大全》第十册,第82页。
⑦ 脱脱等:《宋史》第八册,北京:中华书局,1977年版,第2429页。宋濂等:《元史》第六册,北京:中华书局,1976年版,第1788页。阿奎那:《神学大全》第十册,第165页。

六、弥撒与祭祖礼仪规程："方式"的视角

关于弥撒仪式规程，利类思所译《弥撒经典》的条目如下①：

1.将祭预备仪节，2.赴台，3.弥撒始与悔罪经，4.进台主矜怜天主受享，5.祝文，6.经书陛经等至献经，7.献经等至纲领，8.纲领至祝圣，9.祝圣后纲领至天主经，10.天主经等至领圣体，11.领圣体与领圣体后祝文，12.弥撒毕降福与圣若翰万日略经，13.遗于已亡者弥撒。

关于儒家祭祖礼规程，以《朱子家礼》②为例，因为该书不仅是"探求宋代礼教内涵的最全面的参考教本之一"，官修《性礼大全》《大明集礼》袭自该书，而且自丘濬(1420—1495)注后，在民间产生很大的影响③。条目如下：

1.时祭用仲月，前旬卜日。2.前期三日斋戒。3.前一日设位陈器。4.省牲、涤器、具馔。5.厥明夙兴，设蔬果酒馔。6.质明奉主就位。7.参神。8.降神。9.进馔。10.初献。11.亚献。12.终献。13.侑食。14.阖门。15.启门。16.受胙。17.辞神。18.纳主。19.撤。20.馂。

同时，可以参照明清之际的大儒陆世仪(1611—1672)关于时祭仪节的记载：

1.仲春之月修四代之祭。2.前期五日戒日，遂问于宗人。3.宗人献物助祭。4.前三日斋戒。5.前一日省牲、涤器、具馔。6.厥明夙兴，设位陈器。7.质明宗人集。8.奉主就位。9.降神。10.参神。11.进馔。12.初献。13.读祝。14.进馔。15.终献。16.进点心羹饭。17.侑食。18.阖门。19.启门。20.焚帛。21.辞神纳主。22.撤④。

从形式上看，弥撒比儒家祭礼更突出口头性的念诵，更突出基督之超越性，但是，从发生学意义上考虑，两者的内在机理具有高度一致性。关于祭

---

① 利类思：《弥撒经典》，见《徐家汇藏书楼明清天主教文献续编》第十五册，第9—10页。
② 朱熹：《家礼》卷五，宋刻本。
③ 周启荣：《清代儒家礼教主义的兴起——以伦理道德、儒学经典和宗族为切入点的考察》，毛立坤译，天津：天津人民出版社，2017年版，第183—186页。
④ 陆世仪：《家祭礼》，见《丛书集成三编》第二十五册，台北：新文丰出版公司，1997年版，第771—776页。

祀结构,耶、儒基本上都可分为"将祭""正祭""撒祭"三个阶段,艾儒略的《弥撒祭义》与无名氏的《与弥撒功程》正是如此划分①。三分法揭示出祭祀的普遍性结构,体现出世俗—神圣—世俗的转化过程。于贝尔与莫斯认为"就一般形式而论,天主教弥撒的机制与印度的祭祀是一样的",在所有祭祀规程当中,最具有一般性意义的就是"圣化"(sacralization)与"解圣"(desacralization)②。这一观点同样适用于耶、儒,"神圣"正是双方结构中的核心,由于身处在转化过程中,神圣本身充满了"模糊性"③。神圣性的获得与解除是由祭祀仪式来赋予。

就具体仪式环节而言,"祝圣"是神圣展开的很重要环节。在阿奎那看来,"圣"含有清洁无罪之意,借由"圣事"获得"圣化"④。虽然圣体之圣是绝对的,但是祭司祝圣是圣体得以完成的重要条件。换言之,是祝圣之礼让饼的实体转变(transire)为基督身体的实体。具体而言,祝圣是通过祭司的权力、以说话的方式施行,由铎德发语:"这是我的身体","这一杯是我的血"⑤。

儒家的祝辞文学在西周春秋之时较为兴盛,战国以后则渐趋式微⑥,但是,儒家祭礼仍然保留了读祝,祝辞写于祝板之上。唐、宋祭祖礼中有读祝仪式,有祝板,宋以后也有将祝文写于纸上,如陆世仪所言:"《家礼》有祝板,不必拘,即书于黄纸亦可,祝词亦不必拘《家礼》,其读祝者,须于子弟中择之。"⑦从仪式的角度考虑,儒家祭礼之"读祝",具圣化意义。

此外,儒家祭礼之圣化,还体现在祭前的斋戒、祭中的参神、降神等仪式中,神圣性还体现在圣物,包括行礼所用的器具与场所,如儒家的明堂、孔庙、家庙、坛墠等,或可对照旧约时代的圣殿、祭坛等。需要指出的是,无论是祭祀环节还是祭品场所,两者并不可能一一作求同式对应,毕竟天主教有意地在许多方面与诸"异教"区别开来,"异教"中越是具有普遍宗教性的因素,就越发要作为"偶像崇拜"区别开来⑧。总体而言,包括祭品、场所、各仪式环节等诸多要素合力而成礼仪系统,神圣性正是从礼仪"实施性的言说"

---

① 艾儒略:《弥撒祭义》,见《法国国家图书馆明清天主教文献》第十六册,第481、553—557页。
② Henri Hubert and Marcel Mauss, pp.52-57, 93-97.
③ Ibid., p.3.
④ 阿奎那:《神学大全》第十五册,第58页。
⑤ 同上书,第239、339—340页。
⑥ 张树国,殷开正:《诗经祝辞考》,《东方论坛》2005年第1期。
⑦ 陆世仪:《家祭礼》,见《丛书集成三编》第二十五册,第771—776页。
⑧ 阿奎那:《神学大全》第六册,第153、157页。

(performative utterance)①中产生,这在世界各民族的祭礼中具有极大的普遍性。

结语:"弥撒是否祭祀"的话题,在欧洲主要是新教与天主教之间的神学话语权之争,在中国先后遭遇天子祭天之权力问题、儒家祭祀之宗教属性问题。面对冲突,耶稣会士及入教儒士从一开始就刻意将两者区别对待。由于未深入纠缠于祭天之权力问题,故艾儒略就弥撒与儒家祭祀在结构与神人关系的阐释方面做了初步调适与会通。然而,1680—1690年围绕着儒家祭礼之宗教性问题争论升级,弥撒与儒家祭祀已彻底被区隔开来,不仅意味着初见成效的调适被中断,而且神学、经学系统的深入交流受到抑制。

重回争论的场域,我们发现弥撒与儒家祭祀两者实际上并非如李西满、严谟所宣称的两不相干,恰恰相反,耶、儒两种独立的祭祀系统之间极具可比性,表现在:耶、儒祭祀"对象"呈现出来的"临在"、"如在"之别,无非是神人关系具体展开所表现出的两种不同方式,两者侧重点有别而已:天主教神人关系中,神具备主动性面向,儒家更突出"推人道以接"的方式实现"祭如在";从"祭祀"方式视角考虑,弥撒与儒家祭祖仪式在结构、器物、场所等方面都具有强烈的神圣性。

平心而论,礼仪反对方所持神学根据给辩护一方留下的诠释空间太有限了,万济国等人以阿奎那的神学为根据,基本持中世纪天主教的"宗教"观,乃是以天主教为唯一真宗教,则"宗教"之"中道"的标准是弥撒,弥撒之祭祀方式与对象统一成一个封闭的圈,给耶、儒跨文化交流造成难以逾越的屏障。儒家信徒严谟站在争论的最前沿,其系列著述较全面地反映出礼仪辩护方的基本逻辑与观点,道出了之所要区分弥撒与祭祀神学的根据,欲洗清"迷信"嫌疑,故将儒家祭礼窄化为人道面向;但是该时文极具范式转换启示,将礼仪之争从"对象"的桎梏下解脱出来,转到神人关系框架内,如今重新审视这一范式,不仅有裨于如今耶、儒弥撒、祭祀之比较研究的展开,或让耶、儒弥撒、祭祀之比较研究的展开得以可能。

---

① 赫伯特·芬莱特:《孔子:即凡而圣》,彭国翔、张华译,南京:江苏人民出版社,2010年版,第9—10页。

第二节　由因性达超性：明清之际儒家的"超越性"问题

一、"因性"的交流

利玛窦等早期来华耶稣会士面对高度发达的中国文明，以"自然理性"为媒介沟通耶、儒，吸引儒士们皈依天主教。为此，与儒士们一起撰写、编译大量自然科学及伦理学等方面的书籍，并极力从儒家经书中寻找资源去证明西教①。其路径是阿奎那的"自然神学"②，由"自然理性"通向"启示性"的宗教。

1. 自然与"性"

利玛窦用儒家的"性"来对应阿奎那的"自然"一词。自然/本性（nature）一词在中西方都具有十分丰富的内涵。利玛窦的时代，西方经历了文艺复兴的洗礼，自然观念正在从中世纪向近代科学裂变。而早期来华耶稣会士所持的是多玛斯·阿奎那的自然观，它异于古希腊和近代科学之"自然"，阿奎那说：

> 哲学家在《形而上学》卷五第四章所说的："自然或本性（natura）一方面是指出生本身，另一方面是指（所生之）物的本质。"所以，说某物是自然的，也可以分为两方面。一方面，是指那由于物之本质方面的要素是如此者，例如：上升之于火是自然的；另一方面，说某物对人是自然的，是说人生来就有它。③

阿奎那对"自然"的理解有多层含义："第一层含义指有生命之物的产生，是对动词'生'抽象出来的名词。由此衍生的含义指产生或出生的内在规则。由此进一步衍生任何运行或者行动的内在规律。最后，该词表示生

---

① 连著名的《天主实义》等阐述天主教义的书籍，也"完全是自然之理"。利玛窦：《利玛窦书信集》，文铮译，北京：商务印书馆，2018年版，第108页。
② Nicolas Standaert, *Handbook of Christianity in China: Volume One*, 635–1800, Leiden: Brill, 2001, pp.596–598. Giuliano Mori, "Natural Theology and Ancient Theology in the Jesuit China Mission", *Intellectual History Review*, DOI: 10.1080/17496977.2019.1648054。
③ 阿奎那：《神学大全》第13册，周克勤等译，台南：碧岳学社、中华道明会，2008年版，第54—55页。

之过程的终极目的。"①从"生"到终极目的,自然万物的生长、本质特性及普遍必然性都统一于神这个终极目的。不仅阿奎那如此,整个中世纪的自然观基本都是这种模式,"在中世纪哲学里,自然存有者即如古代哲学中的自然存有者一样,乃一活动的、带着种种出自其本质的运转的实体,而此自然存有者则必然为此本质所决定。至于'自然界',它只是种种'自然本性'之总和,而它的特有属性亦因此与'自然'相同。这些属性就是丰富性(fecundity)和必然性(necessity)。"②中世纪的"自然"具有丰富性与必然性,都统摄在神之下,由神决定,并且向神开放。

儒家所谓"性"同样具有生长、丰富性与必然性等含义,这些义涵统摄于天道。牟宗三将儒家"性"概括成自然生命("自生而言性")与超越性("言性命天道")二层面,前者包括自然生命的特征、本质、自然实然之物的质性或性能,后者是自理或德而言性③。

2. 入教儒士的诠释

对于教内儒士而言,接纳了"超性"的天主教信仰之后,再来比较耶、儒,对于利氏的自然神学路径十分理解且信服。关于利玛窦等早期耶稣会士"由因性达超性"的基本路径,杭州儒士李之藻概括得非常精辟:

> 学必知天,乃知造物之妙、乃知造物有主、乃知造物之恩,而后乃知三达德、五达道,穷理尽性以至于命,存吾可得而顺,殁吾可得而宁耳,故曰儒者本天。然而二千年来推论无征,谩云存而不论、论而不议,夫不议则论何以明,不论则存奚据?……(利玛窦等)步步推明,由有形入无形,由因性达超性,大抵有惑必开,无微不破,有因性之学乃可以推上古开辟之元,有超性之知乃可以推降生救赎之理,要于以吾自有之灵返而自认,以认吾造物之主。④

这段话乃是李之藻为影响甚广的译著《寰有诠》所作序言,他援引的儒

---

① Robert Pasnau, *Thomas Aquinas on Human Nature: A Philosophical Study of Summa theologiae Ia 75 – 89*, The Pitt Building, Trumpington Street, Cambridge, United Kingdom: Cambridge University Press, pp.7-8.
② 吉尔松:《中世纪哲学精神》,沈清松译,台北:台湾商务印书馆股份有限公司,2001年版,第334页。
③ 牟宗三:《心体与性体》(上),吉林:吉林出版集团有限责任公司,2013年版,第179—180、187—188页。
④ 李之藻:《译〈寰有诠〉序》,收徐宗泽:《明清间耶稣会士译著提要》,上海:上海书店出版社,2006年版,第152页。

家资源是《中庸》《易传》以及张载的《西铭》篇。除了这些涉及性与天道的名句之外,广为耶稣会士及入教儒士所引证的,还有孟子的名言"尽其心者,知其性也。知其性,则知天矣"。孔子罕言性与天道,这些关于性天之论的心性资源自然受到耶稣会士重点关注。李之藻站在入教儒士的立场上,认为"儒者本天",只有在"知天"之后,才能真正理解儒家的心性哲学,因为儒家二千年来"存而不论",所以他主张"以吾自有之灵返而自认造物之主"。

刘凝(1620—1715)甚至以性为天下之大本。他站在入教儒士的立场,强调因性与超性在必然性层面上是统一的,由性可以知天,其"原本论"篇曰:

> 天下有大本焉,性是也。性出于天而率之则为道,修之则为教。……泰西儒者初来也,徐相国文定公光启实表章之,其言曰,当然者道也,不得不然者数也,自然者势也,所以然者,道与理数与势之原也,所以然之所以然者,在理道之上,是为天主。此数语者,剖析分明,实先儒未尝言,与《中庸》性、道、教次第若合符节。①

刘凝引述徐光启的一段话,仔细地区分当然、必然、自然、所以然、所以然之所以然几个层面,是对"由因性达超性"的具体展开。这几个层面完整地勾勒出"由因性达超性"的逻辑层次关系。从学科分类角度考量,这几个层面指涉伦理学、天文历算与物理学、形而上学、神学。他承认先儒未尝如此区分,但是他真诚地相信西学"与《中庸》性、道、教次第若合符节"。

儒家心性哲学资源中,首要被关注的当属《中庸》。值得一提的是,在利玛窦还未进入中国之前,在菲律宾华人群体中传教的西班牙第一位汉学家多明我会士高母羡,在著作《新刻僧师高母羡撰无极天主正教真传实录》首页的图中记有其与明朝学者的一番对话:"大明先圣者曰'率性之谓道,修道之谓教',性道无二致也,教其有二术乎哉?知此,则天主付与一本之理性同也,道同也,教亦同也。何以差殊观乎?"②显然,《中庸》与西教两者的契合之处很早受到传教士与儒士们的关注。

二、耶、儒中道/庸何以"若合符契"?

利玛窦等耶稣会士与入教儒士之所以如此强调天主教与《中庸》的契

---

① 刘凝:《觉斯录》,见钟鸣旦编:《耶稣会罗马档案馆明清天主教文献》第九册,台北:台北利氏学社,2002年版,第531—535页。
② 方豪:《中国天主教史人物传》,上海:天主教上海教区光启社,2003年版,第63页。

合,不仅仅是策略上的考量,而是有深厚的经院哲学根据。阿奎那的"宗教"观就是以中道为核心原则来简述人与神的关系,从人道的层面考量人神关系,与儒家的中庸确实颇具结构性的契合。

1. 阿奎那的中道观

阿奎那以中道来论"宗教",其"宗教"概念特指人对上帝应该行使正当的敬拜仪式,在这点上他接受了西塞罗的观点:"宗教就是在于事奉一个在上的性体,即人所谓的神体,向他举行敬拜的仪式。"① 这一概念是从人与神关系的正当性而言的,所以他说"宗教"是"义德"的一部分②,"义德"是四种主要的"道德涵养性德性"(或简称道德德性)之一。换言之,阿奎那将德性分为"道德涵养性德性"、"智性德性"与"向天主之德"(神学德性)三类。"道德涵养性德性"中有四种主德或(译为"达道"),包括"节制"(节德)、"正义"(义德)、"机智"(智德)、"勇毅"(勇德)③。他将"宗教"归入义德。

关于"宗教"中的"中道"原则的关联,他说:"道德涵养性德性之善,在于与理性之标准相等;显然是在过与不及之间,中点即是相等相符之点。可见道德涵养性德性在于执中。"④ 意思是德性之理在于使人向善,而德性之善在于执中,执中则有一个中点,德性要与此中点相符,则需要标准或者规范。

道德涵养性德性的质料主要关涉"嗜欲",智性德性的质料则是技术性的思维能力,两者都指向善,因而都有标准有中点。因为离理性的距离不一样,两者的中点有别,智德之中点是规范者及度量者,而道德涵养性德性需要以理性为嗜欲的"动态标准和规范",其中点是被规范者与被度量者⑤。换言之,因为道德涵养性德性的质料关涉爱恨悲喜等情感⑥,每个人天生的气质与后天之习惯都不一样⑦,而且这类德性是在与他人的伦理关系当中展开,故而过与不及之中点必然需要在行动中动态地确立。

究竟如何才能衡量中道的具体标准或者说中点? 答案是礼。他明确说:"宗教是给天主献上他应得的敬礼……如祭祀、奉献等等。"⑧ 阿奎那所谓宗教的核心内容就是礼,在旧约时代是祭祀、圣物、圣事和守则四部分。⑨ 而在新约时代,是天主教会制定的礼,则主要为弥撒。

---

① 阿奎那:《神学大全》第十册,第 2 页。
② 同上书,第 17 页。
③ 阿奎那:《神学大全》第五册,第 121 页。
④ 同上书,第 146 页。
⑤ 同上书,第 146—153 页。
⑥ 同上书,第 157 页。
⑦ 同上书,第 155 页。
⑧ 同上书,第 16—17 页。
⑨ 同上书,第 143 页。

2. 清儒论中庸与礼:以凌廷堪为例

众所周知,《中庸》原本是《礼记》的一个篇章,因朱熹才得以在宋代升格。明清之际,多位大儒起而矫正心性一脉的空疏,重新重视礼,以恢复周孔礼乐传统。这种思潮发展到凌廷堪(1755—1809),已经得到较为系统性地阐述。《中庸》提倡"率性",理论前提是性善论。从戴震到凌廷堪再到阮元,都在致力于确立一种"人性一元论的正统地位"①,其中凌廷堪明确从"中庸"的角度提出以礼"复性"说,虽然彼时有人置疑"复性"一词,但是凌氏对礼的弘扬引起极大共鸣。而且,凌氏十分关注西学,尤其是天文、历算,其西学观总体而言仍然是西学中源的立场,儒家立场分明,只是对于采西学之长的胸襟相当开明和坦荡②。其对于"中庸"与礼的揭橥较为系统而明晰。

凌氏在"复礼上"篇首曰:"夫人之所受于天者,性也。性之所固有者,善也。所以复其善者,学也。所以贯其学者,礼也。是故圣人之道,一礼而已矣。"③凌氏所言"性"指人之本性,主要是从德性层面而言。阿奎那说德性之理在于使人"向善",凌氏持儒家性善说,故言"复其善"。复其善显然在于执中。德性合符中点之标准,才能达到执中,所以需要学,依礼而学。关于礼与中庸的关系,凌氏引述《中庸》:"'喜怒哀乐之未发谓之中,发而皆中节谓之和'。其中节也,非自能中节也,必有礼以节之,故曰'非礼何以复其性焉'。"④以礼复性,无非是落实中庸之标准点的问题。上篇围绕《中庸》"五达道"展开,即父子、君臣、夫妇、长幼、朋友五伦。因为原善之性在人伦中展开,必然涉及情感,而情感会因人、因时、因地、因对象等因素而动态变化。凌氏说:"夫性具于生初,而情则缘性而有者也。性本至中,而情则不能无过不及之偏,非礼以节之,则何以复其性焉。"⑤所以说,要做到执中就必须依礼而行。

《中庸》所谓"五达道"指五种伦常,指涉人的行为。所谓"三达德"则指人的德性,即知、仁、勇。凌氏在"复礼中"篇重点解释了仁,次则提及知,虽未解释勇,实则勇德统摄于仁德之中。最后,强调后儒弃子思中庸之道不

---

① 周启荣:《清代儒家礼教主义的兴起——以伦理道德、儒学经典和宗族为切入点的考察》,毛立坤译,天津:天津人民出版社,2017年版,第350页。
② 在这个西学时风炽热的年代,对于信奉"一物之不知,儒者之耻"的凌氏来说,与西学之缘分当不会浅,凌廷堪在谈到时人对西方天文历算之学的态度时,其西学观十分鲜明:"西人之说既合于古圣人,自当兼收并采以辅吾之所未逮,不可阴用其学而阳斥之。"凌廷堪:《校礼堂文集》,王文锦点校,北京:中华书局,1998年版,第38—39页。
③ 凌廷堪:《校礼堂文集》,第27页。
④ 同上。
⑤ 同上。

问,遇事时临时以一理衡量之,则所言所行多失其中①。

凌氏关于"三达德"的论述,以《曲礼》篇一句名言来概括,即"道德仁义,非礼不成"。换言之,以仁义言道德,他引《中庸》曰"仁者,人也,亲亲为大。义者,宜也,尊贤为大"来论证"义因仁而后生,礼因义而后生",意思是,关于人伦道德,以仁爱为本,落实到伦常交往行为中,则以义为原则,要做到合宜。

"五达道"之伦理须落实到礼,"三达德"之德性也终须以礼来衡量。故凌氏曰:"道无迹也,必缘礼而著见,而制礼者以之;德无象也,必藉礼为依归,而行礼者以之。"总归是,"道德仁义,非礼不成。"②

因此,两相比较而言,阿奎那、凌廷堪在天/神与人的关系框架内考量人的行为、道德,都基于正当性诉求,强调合宜,故坚持中道/庸原则。从行为层面需要以礼来落实中庸原则;从德性上来衡量,直接相关德性是以合宜为原则的义德,最后也落实到礼。所以,耶、儒关于人神关系—中道—礼的基本结构确实惊人的契合。

需要补充说明的是,两者关于诸种德性间的关系,同中有异,阿奎那论义德,亦与"节制""机智""勇毅"相互关涉③,凌廷堪则以仁德统摄知、勇。换言之,人、神之间的关系,直接相关的是义德,同时需要其他诸德。但是,双方最重要的区别在于阿奎那将爱德归入神学德性。阿奎那将节、义、智、勇四德归于道德涵养性德性,信、望、爱则属于神学德性④,是超越的德性。

三、"超性"之困境与重估

所谓"若合符契"只在结构和要素间的契合,一旦面向教外儒士言说"超性",不可避免地陷入困境。首先,耶、儒的中道/庸都要以礼来具体落实,而礼制涉及政治权力,在西方是教会,在中国是朝廷,因此辟异端必然是双方的题中要义⑤。更重要的是,利氏等人所谓"超性"超出了"中道"的范围。

1. 面向教外儒士言说"超性"的困境

阿奎那就"中道"划定了范围。他认为"道德涵养性德性"与"智性德性"或

---

① 凌廷堪:《校礼堂文集》,第 30 页。
② 凌廷堪:《校礼堂文集》,第 30 页。
③ 阿奎那:《神学大全》第五册,第 154—155 页。
④ 同上书,第 95、121 页。
⑤ 凌氏在"复礼下"辟宋儒援释入儒以理为性的"异端"做法,他说"圣人之道,浅求之,其义显然,此所以无过不及,为万世不经也。深求之,流入于幽深微眇,则为贤知之过以争胜于异端而已矣。"阿奎那说,从信众的角度而言,"信德是居于两个异端之间"。凌廷堪:《校礼堂文集》,第 32 页。阿奎那:《神学大全》第五册,第 153 页。

神学德性("向天主之德")有别。"向天主之德"的对象是天主,天主乃万物之终极目的,超乎人之理性的认识能力。智性及道德涵养性德性之对象,则是人之理性所能理解的。所以"向天主之德",与智性及道德涵养性德性类别不同。① 根据德性之理,神学德性并不在于执中,因为从天主的角度而言,人的信、望、爱这些德性是永远达不到应该达到的程度。只有从人的角度而言,"按我们本身的条件去信他,望他,爱他……偶尔能有中点和终极点。"②换言之,神学德性是绝然超越于中道之上的,惟人之宗教行为才有所谓中道。

儒家讲万物一体、人物一性,这种看法在宋明理学中极为流行。利玛窦等耶稣会士在原初之性的层面也能接受性善说,但是因为"原罪"观念认为人性生来遗传着恶,故而需要信仰来超越,所以利玛窦严厉地批驳万物一体、人物一性观念,在他看来,人有"二性",惟无形之灵魂才是人的真性③。"西来孔子"艾儒略针对《中庸》"率性"说,更是明确提出"克性"说④。李之藻接受了利氏的说法,提出"返而自认"说,是接受了天主教信仰之后,从神的一端来考量神人关系,以天主为起始和终极目的。然而,很难为教外儒士所接受。

阿奎那认为天主超乎人的理性能力的理解,利玛窦等人当然明白这个道理,但是,"由因性以达超性"的自然神学思路在跨越儒家文化语境中展开时,不可避免地使用理性来言说天主之存在问题。结果,必然在"超性"的问题上陷入困境,出现后来康德提出的著名判断,即人类僭越理性思维去思考本体论的问题必然出现理性二律悖反的现象⑤。张尔岐(1612—1678)如此评价利玛窦:"其言天主,殊失无声无臭之旨。"⑥其中的悖论,其实反教儒士

---

① 阿奎那:《神学大全》第五册,第 134 页。但是,必须要看到问题的另一面,即从人道层面而言的爱德与超越性的爱德之间存在统一性。正如吉尔松所言,阿奎那的经院哲学当中有一把"钥匙"可以去除"人对自己的本性之爱和对天主的本性之爱的二元对立",这把钥匙就是"类比的学说","在基督徒的宇宙内,一切万有都是存在本身所创造,每一物都是一善,而且都是善本身的分受。在这一切关系的根源,有一种类比关系……爱任何的善就是爱它与天主的善之类比性。"所谓的类比关系,就是从人道的角度来考量神人关系,在儒家就是推人道以与神相接。吉尔松:《中世纪哲学精神》,沈清松译,台北:台湾商务印书馆股份有限公司,2001 年版,第 257、259—260 页。王定安:《弥撒是否祭祀:明清之际被抑制话题之重新展开》,《哲学与文化》2019 年第 10 期。
② 阿奎那:《神学大全》第五册,第 153 页。
③ 刘耘华:《诠释的圆环——明末清初传教士对儒家经典的解释及其本土回应》,北京:北京大学出版社,2005 年版,第 138—140 页。
④ 潘凤娟:《西来孔子艾儒略——更新变化的宗教会遇》,台北:财团法人基督教橄榄文化事业基金会/圣经资源中心,2002 年版,第 167—168 页。
⑤ 康德:《纯粹理性批判》,邓晓芒译、杨祖陶校,北京:人民出版社,2004 年版,第 380—395 页。
⑥ 汤开建:《利玛窦明清中文文献资料汇释》,上海:上海古籍出版社,澳门:澳门特别行政区文化局,2017 年版,第 59 页。

已经指出了,他们直斥天主教"裂性""反伦",面对传教士艾儒略提出的"天主"是无原之原时,反教人士提出"谁生天主"的问题。①

2.《神学大全》关于超越的几个维度

儒家不会为神之存在问题而焦虑,对于孔子而言,神之存在是一个不证自明的常识,存而不论。面对"超性"的跨文化言说之困境,并不能简单地判定儒家缺乏外在超越的维度,更不能宣称儒家是无神论。那么,从耶儒比较文化的视角考量,重新考量儒家的超越性何以可能?首先需要厘清"超越性"到底有哪些维度。然后,考量儒家言说超越性的方式。

固然我们可以说任何一种超越性的观念都是出自人的观念,但是从神的角度来言说与从人的角度来言说之间有层次分别。阿奎那关于"超越性"的观念,在不同语境下有不同的表述。通过检索英文版《神学大全》,作为名词的"超越性"(transcendence)出现一次,指称天主的全能。动词"超越"(Transcend)和形容词"超越性的"(transcendent)共计出现35次。此外,属于形容词却兼具名词含义的"超越性之物"(transcendental)出现7次(参见附表1)。关于词语使用的范围,"超越"除了指称天主之外,还用来指称其他具有等级关系的系列范畴。总体而言,有关超越的几种词性的用法,大体可以分成两大类,正如《名理探》所概括:"超学之分有二:一为超有形之性者……其论在于循人明司所及,以测超形之性。一为超性者……其论乃人之性明所不能及者,出于天主亲示之训,用超性之实义,引人得永福也。"②第一种"超越"指用理性的能力来探测超出有形之物的本质,第二种指称"超性者",即神的启示超越人的理性及一切局限。关于第一种,《神学大全》中的用法涉及灵魂超越肉体、灵魂超越一切心象的提举、智性超越物质、理性超越嗜欲;关于第二种,涉及神圣的善超越人性的局限、受天主智慧规范的爱德超越人的理性规则、真福超越现世旅途、天主的本体超越一切形体和一切属于理智的受造物、基督的复活超越普通知识、永赏超越赎罪券临时所赦免的惩罚、神圣的恩慈超越人的德行,等等。第一类超越是从人的视角,对自然界事物的认识,第二类是从以神为中心的视角,来言说神与人及自然界万物的关系。

这两类有一个共同点,即所谓超越无非是指称某种等级关系,因此,在《神学大全》中,还出现诸如灵知超越理智、指导者超越被指导者、公益超越一己私利等表述。就神人关系而言,除了天主是超越者之外,还包括天使、

---

① 潘凤娟:《西来孔子艾儒略——更新变化的宗教会遇》,第145页。
② 傅汎际译义、李之藻达辞:《名理探》,北京:生活·读书·新知三联书店,1959年版,第12页。

圣人等崇拜对象,阿奎那关于具有宗教性质的恭敬之对象,是天主以及比人更高级的存在者,阿奎那称之为"特优的受造物"①,这是一个关于完善性的等级秩序。

3. 回溯:戴震以"生生"言"性"

如果以《神学大全》的标准考量,儒家无论是对天与鬼神的祭祀,还是关于道与器、形与神等级次第关系的分别,儒家的超越性都毋庸置疑。天主教往往以神的超越性为中心,不同的是,儒家强调天道不言且无声无臭,故而神之超越性隐而不论。但是,不能因此就如当代新儒家及海外汉学家们那样认为孔子的"仁教"是内在超越。

儒家在性善论流行之后,不会像基督宗教那样去"超性",却也不会囿于人道的藩篱之内打转。而是从人道的角度考量人与神的关系,从人道回溯至天道。其中道理,戴震(1724—1777)的论述较为透彻:

> 《中庸》曰"智仁勇三者,天下之达德也。"……若夫德性之存乎其人,则曰智,曰仁,曰勇,三者,才质之美也,因才质而进之以学,皆可至于圣人。自人道溯之天道,自人之德性溯之天德,则气化流行,生生不息,仁也。由其生生,有自然之条理,观于条理之秩然有序,可以知礼矣;观于条理之截然不可乱,可以知义矣。在天为气化之生生,在人为其生生之心,是乃仁之为德也;在天为气化推行之条理,在人为其心知之通乎条理而不紊,是乃智之为德也。惟条理,是以生生;条理苟失,则生生之道绝。凡仁义对文及智仁对文,皆兼生生、条理而言之者也。②

戴氏以"生生"言性,指"气化流行"的程序,出自《易传》"生生之谓易"。他论性,从天人关系角度区分成"之谓"与"谓之"两种"言辞"方式:"凡曰'之谓',以上所称解下……凡曰'谓之'者,以下所称之名辨上之实。"前者如《中庸》"天命之谓性,率性之谓道,修道之谓教",后者如"自诚明谓之性,自明诚谓之教"。他重在论述以下解上。

在戴氏看来,《易》分形而上与形而下,从实体层面考虑,两者的区别在于是否成"形",道无形,器有形。然而有些元素并非在实体上一成不变,而是在转换过程中,例如在"气化"的过程中,阴阳与五行可以在有形与无形之间转换。这种气化流行的转换过程,他称之为"生生",包括气化流行在自然

---

① 阿奎那:《神学大全》第十册,第74页。
② 戴震:《孟子字义疏证》,北京:中华书局,1961年版,第48页。

生命的现象层面以及之所以能够化生的天道之根据。戴氏以"生生"言性，是以下解上的言辞，是以人道为中心来言说人道与天道的关系，他说："人道，人伦日用身之所行皆是也。在天地，则气化流行，生生不息，是谓道；在人物，则凡生生所有事，亦如气化之不可已，是谓道。"①虽然人性与天性、人道与天道是统一的，但是显然天道是根据，对于天人关系的认识，应该从人道回溯至天道，故而戴震说"由人物溯而上之"②。"自人道溯之天道"，难道不是向上的超越吗？

结语：利玛窦等早期耶稣会士们试图以儒家的心性资源为媒介，让儒士们信奉西教，由因性达超性的路径让阿奎那的自然神学与儒家的性、天之学展开较深入的交流。在儒家心性资源中，耶稣会士们主要以中庸为切入点，找到耶儒双方沟通的契合点。就阿奎那的中道观与儒家中庸而言，两者确实在结构上有相当契合的一面，表现在双方都以符合中道/庸为正当性原则来论人与神/天的关系，中道/庸的标准（中点）则是礼。但是，两者迥异之处在于言说的视角。关于神人关系的言说有自上而下、自下而上两种，从第一种视角，由人道推及神的视角而言，"由因性达超性"确实契合耶、儒双方的神人关系。但是，天主教以神为中心自上而下地言说神人关系，在儒家罕见，故而明清之际耶、儒的"性"论交流终难以让教外儒士接受"超性"之论。

按照《神学大全》关于"超越"的两个维度来重新考量儒家，无论是无形超越有形，还是神超越于人，儒家之超越性都毋庸置疑。总之，儒家之超越性，并非内在超越，更非准无神论。而是由人道回溯天道，由有形回溯无形，是由人到神的类推（analogy），可谓从认识、情感和信仰层面自下而上式的超越。

---

① 戴震：《孟子字义疏证》，北京：中华书局，1961年版，第43页。
② 同上书，第130—131页。

附表1：阿奎那《神学大全》(Summa Theologica)① 关于"超越"的用法及出处

术语	用法及出处
超越性 （transcendence）	圣经用"高度"表示天主卓越能力的超越性。（第18页）
超越性之物 （transcendental）	1. 有些彼此相关的名称，是用来表示相互之关系本身的，如"主—仆"和"父—子"，这些是称为"基于存在"的相关名称。而另一些相关名称，却是用来表示有某些关系相伴随的物，如"推动者"和"被推动者"，"统领者"和"被统领者"等，这些是称为"超越性之物"的相关名称。（第18页）2. 由形式性的分割而产生的"多"，不属于任何一类，而是关于超越（一切范畴之）物……称述天主的各项数字是按其作为超越性的"多"的意义……"一"既是关于超越（一切范畴）之物的，所以比实体和关系都更普遍；"多"也是一样。（第217页）3. "物"一词属于超越（一切范畴）者，因此，就"物"属于或作为"关系"而言，在天主内用的是复数；可是就"物"属于"本体"而言，则用单数。（第263页）4. "一"，由于是超越性范畴的，所以是万物所共有的，并可用于每个个别东西，就像"善"及"真"。（第636页）
超越性的 （transcendent）	1. 称述天主的各项数字，不是按作为量之一种的数字的意义，因为这样的数字只能喻义地用于天主，就像其他形体物的属性，如长和宽等一样；而是按其作为超越性的"多"的意义。2. 美名意指他们特殊而超越的光荣。（第3981页）3. 圣母超越的圣德使肉欲屈服。（第3982页）
超越 （Transcend）	1. 灵魂有些活动，超越有形之物的天性（第518页）；2. 灵智的活动超越理智的活动（第539页）；3. 人的智性原理超越物质（第767页）；4. 灵魂超越身体器官（第808页）；5. 灵魂超越所有变化（第817页）；6. 神圣的善超越人性的局限（第1107页）；7. 理性超越嗜欲，正如指导者超越被指导者（第1185页）；8. 爱德是受天主智慧的规范，超越人的理性的规则（第1697页）；9. 爱德本身超越（surpasses）我们自然的能力。凡是超越自然能力的，不可能是自然的，也不可能由自然的能力去得到，因为一个自然的效果，不能超越它的原因。（第1698页）10. 公益超越一己私利（第1922页）；11. 享真福者之享见，超越现世旅途中的情况（第2555页）；12. 天主的本体超越一切形体，也超越一切属于理智的受造物（第2557页）；13. 灵魂超越一切心象的提举（第2558页）；14. 天主降生成人的合一，超越享有真福者之心灵藉由享见行为与天主的合一（第2714页）；15. 自然能力不超越自然秩序的范围；而受造物与天主在位格方面合而为一，却超越自然秩序的范围（第2726页）；16. 感性的活动并不能超越可感觉的事物或感觉界（第2846页）；17. 基督的复活超越普通知识（第3089页）；18. 永赏超越赎罪券临时所赦免的惩罚（第3537页）；19. 神圣的恩慈超越人的德行。（第3796页）

---

① Thomas Aquinas, *Summa Theologica*, Christian Classical Ethereal Library, Calvin College, Online Texts, www.ccel.org/ccel/aquinas/summa.html, Public Domain BX1749.

第四章　当灵魂遭遇魂魄

儒家礼仪系统的核心是魂魄观,无论是丧葬还是祭祖礼,贯穿其中的一条主线就是处理魂魄问题,从文化人类学的角度看,儒家丧、祭礼无非就是以礼仪来完成人至鬼神的过渡。仪式的表现形态与对魂魄观的认知密切相关,从世界范围看,不同民族的"灵魂观"之知识论是有差别的,因而,导致不同文化传统的生死观有别,表现在仪式层面,则或同或异地表征出来。历史上,儒家与释、道等派密切互动互渗,其中沟通的重要介质即是大体相通的魂魄观。但是,当西方的灵魂观与儒家的魂魄观遭遇之后,因两者之间的差异十分明显,从而在多方面形成碰撞,并展示出跨文化间的张力,彰显出丰富的意义。下面,先从儒家礼仪系统入手,着重以上文未展开的择葬为中心,来探讨儒家的魂魄信仰。而后,从人禽之辨及两种魂魄观在清儒思想上影响,来揭示双方的隐性交流。

第一节　儒家的葬礼与魂魄信仰

对于择地用堪舆风水之术,耶稣会士与入教儒士一贯持批评态度。艾儒略曾著《西方答问》对此严厉批评,与艾儒略交往甚多的李九功在回答李西满"择地何义"的问题时说:"此堪舆之说,始于汉樗里,及五代晋郭璞时,古无有也。古族葬之法,死不出乡,无所谓择地,并无所谓择年月日时也……其谓本骸弃气,遗体受荫,甚谬。"①李九功的说法并不严谨,说古无堪舆说,尚可,但说古无择地及择年月日时,显然欠准确,虽然唐宋以降,众多批堪舆风水说的儒者当中,亦有类似说法。严谟的考证用力最深,他先做出古今之别,将古代的择地与后世堪舆说区别开来,然后肯定前者批评

---
① 艾儒略:《西方答问》,见钟鸣旦、杜鼎克编:《耶稣会罗马档案馆明清天主教文献》第九册,台北:台北利氏学社,2002年版,第40页。

后者。

关于古代择地的仪式,严谟引《周礼》和郑、贾注疏来说明。如下:

> 《周礼·小宗伯》:"既葬……卜葬兆,甫竁,亦如之。"严谟引郑、贾注疏:兆,墓茔域;甫,始也;竁,穿圹也。

这句话的意思是葬之前,要先占卜墓之茔兆,一直占得吉兆后,才于所占之处穿地为圹,同时如在殡一样号哭。

龟人有丧事(则)奉龟以往。这句话出自《周礼》,原文云:"有祭事(贾本事作祀),则奉龟以往……丧亦如之。"①

"大卜……凡丧事命龟。"(注:卜葬兆及日)

龟人和大卜都是仪式的执行者,与下文冢人、墓大夫一起分工合作。上两句讲到龟人手捧龟送给大卜,由大卜拿龟占卜葬宅和葬日。

"冢人掌公墓之地,辨其兆域而为之图,先王之葬居中,以昭穆为左右。"(郑注:"公,君也。图,谓画其地形及丘垄所处而藏之。先王造茔者,昭居左,穆居右。")"凡诸侯居左右,以前,卿大夫士居后,各以其族。"(郑注:"子孙各就其所出,王以尊卑处其前后,而亦并昭穆。")

"墓大夫掌凡邦墓之地域,为之图。令国民族葬。"(注:族葬,谓各从其亲,亦以昭穆为左右也。)②

冢人与墓大夫两句讲的是周代公墓与族葬制度,由墓大夫画出墓地所在地形和落葬处。公墓不仅指天子之墓,还通称诸侯、卿、大夫、士之墓,皆按昭穆制族葬。周代的族葬,是在一王或一族选定一墓地后,后世子孙按左昭右穆的原则排列其两旁。虽然是族葬,后世免去择地之劳,但是昭穆制的实行必须有开端,即最初的"造茔者"和安葬于所造茔域的人,所以周代并非不择地,相反,周代因迁都,不止一次要择地造茔,对此贾疏说得很明确:"文王在丰,葬于毕,子孙皆就而葬之,即以文王居中,文王弟当穆,则武王为昭居左,成王为穆居右,康王为昭居左,昭王为穆居右,已下皆然,至平王东迁死葬,即又是造茔者,子孙据昭穆夹处东西"。③

上述即严谟所云古代择地的情况,接下来,他批后世的择地。

---

① 郑玄注、贾公彦疏:《周礼注疏》卷二十四,《四部精要》本,上海:上海古籍出版社,1992年版,第804—805页。
② 以上引文见严谟:《李师条问》,见钟鸣旦、杜鼎克编:《耶稣会罗马档案馆明清天主教文献》第十一册,台北:台北利氏学社,2002年版,第171—176页。
③ 郑玄注、贾公彦疏:《周礼注疏》卷二十二,《四部精要》本,第786页。

> 梁氏曰：周官设冢人、墓大夫之职，天子既以其昭穆而祔葬矣，诸侯、群臣亦各以其属祔焉，至于万民之众亦令族葬……（严谟按：法至善也）自秦汉以来，天子之葬既各异处，而山陵营治侈费不赀，至王公以下，多惑阴阳拘忌，甲可乙否，此是彼非，庶民之家亦纷纷然贪慕于富贵，或久而不葬，或葬之远方，或发掘频数，或争讼不已。思所以杜僭逾，崇孝敬，厚风俗，息争讼，为人上者安可纵其自为而不严其禁令哉？"①

这段话出自明人王志长所撰的《周礼注疏删翼》，批评秦汉以降违背周礼的情况：包括皇帝在内，不再按公墓族葬，而是惑于阴阳家说。

上述考证已经基本道出严谟的观点和立论思路，即他在按语中所说的：古有云择地，非如后世堪舆之说，因为古行族葬之法，墓地先有定所，子孙后代之葬不需要再择地；所以堪舆之说是司马晋末年才创造出来的，造出"龙穴沙水"之说以祸福惑人，大悖于理，先儒亦多非之，而古代并无此说。为了说明这些观点，他再举《仪礼》关于择地的记载，然后举《家礼》及程子站在儒家立场对堪舆说的批评，如下：

> 《仪礼·士丧礼》曰："筮宅，冢人营之。"（郑注：宅，葬居也；冢人，掌墓地兆域者；营，度也。）"命筮者……曰：'哀子某，其父某甫筮宅，度兹幽宅兆基，无有后艰。'"[注："某甫其字也；度，谋也；兹，此也；基，始也，言为其父筮葬居，（严谟脱：今谋此以为幽冥居）兆域之始，得无后将有艰难乎？艰难，谓有非常若崩坏也。"]"筮者许诺……指中封而筮。卦者在左（严作'卦者左右'）。卒筮，执卦以示命筮者……与主人：'占之曰从'。……不从，筮择如初仪。"②

这段话讲冢人管选择墓地之事，"度兹幽宅兆，无有后艰"，郑注认为后面不会发生不好的事情，若崩坏之类，并引《孝经》的话解释"卜其宅兆，而安厝之"。没有明确如后世风水说那样说葬先关系子孙祸福，但是既然是筮，则有吉凶之意，非常崩坏即凶，清胡培翚即认为此是"筮之以问吉凶"③。严谟肯定看到传教士们可能会以这段话来证明古择地亦有后世风水之意，于

---

① 严谟：《李师条问》，见钟鸣旦、杜鼎克编：《耶稣会罗马档案馆明清天主教文献》第十一册，第172页。
② 同上书，第173页。
③ 胡培翚：《仪礼正义》卷二十八，桂林：广西师范大学出版社，2018年版，第2391页。

是摘出宋儒批风水的话,即《家礼》和程子的话。

  《家礼》:"三月而葬,前期择地之可葬者。"司马温公曰:"古者天子七月而葬,诸侯五月,大夫三月,士逾月。今……敕王公以下,皆三月而葬。然世俗信葬师之说,既择年、月、日、时,又择山水形势,以为子孙贫穷、贵贱、贤愚、寿夭尽系于此。而其术又多不同,争论纷纭,无时可决,至有终身不葬,或累世不葬,或子孙衰替忘失处所,遂弃捐不葬者,悖礼伤义无过于此。然孝子之心,虑患深远,恐浅则为人所,深则湿润速朽,故必求土厚水深之地而葬之,所以不可不择也。
  程子曰:卜其宅兆,卜其地之美恶也,非阴阳家所谓祸福也。拘忌者,惑以择地之方位,决日之吉凶,不亦泥乎? 不以奉先为计,而以利后为虑,非孝子安厝之心也。惟五患者,不得不谨须使:他日不为道路,不为城郭,不为沟池,不为贵势所夺,不为耕犁所及也。(原文附注:一本五患者,沟渠、道路、避村落、远井窑。)①

  严谟举程朱对堪舆的批评无疑能代表儒家的基本态度。除此之外,史上有许多学者对堪舆风水说作过激烈批评,而且批评的态势与日俱增,例如,晋有嵇康(传说),唐有吕才,北宋有司马光、罗大经、杨万里以及程颐等,元代有谢应芳,明代有王廷相、吕坤、胡翰、朱震亨、张居正、郎瑛、项乔等人,清代有黄宗羲、陈确、周召、熊伯龙、袁枚、周树槐、钮琇、吴敬梓等人②。有意思的是,较早批堪舆的要数王充(公元27—95年),他著有《论衡》,批评儒家及邹衍的阴阳家学说,《论衡·讥日篇》将"堪舆历""葬历"作为日书(预测时日吉凶)类进行批驳。

  从这些批评的情形可知汉以降堪舆说何等流行! 即使持批评态度的儒者也未必彻底反对堪舆风水信仰,严谟不得不承认这点,他说:"梁氏、司马温公、程子之言可取,但宋儒深中五行理气之障,亦信地理能致祸福,故其立论中不无骑墙两可夹入异说者。少为删去矣。"

  其实,儒士们辟堪舆风水,与反对淫祀一样,主要是因为民间对于这种信仰过于狂热而僭越礼制,有伤风化,绝非纯然是从儒家信仰角度来辟异

---

① 严谟:《李师条问》,见钟鸣旦、杜鼎克编:《耶稣会罗马档案馆明清天主教文献》第十一册,第173—174页。
② 参见何晓昕、罗隽:《中国风水史》,北京:九州出版社,2008年版,第208—224页。另,《中国无神论资料选注及浅析》一书收入部分辟风水的代表著作,王友三编:《中国无神论资料选注及浅析》,南京:南京大学哲学系中国哲学史教研室,1977年版。

端，相反对于堪舆的基本信仰多有信奉或者是信疑参半的。下面考察儒家对择地的信仰情况究竟如何，先从先秦择葬与后世堪舆风水说的源流入手。

一、堪舆

要厘清堪舆说始于何时，须先考察"堪舆"与"风水"作为专名出于何时。何晓昕、罗隽所著《中国风水史》一书认为关于堪舆的记载，始见《史记·日者列传》，而风水是个通俗的称谓，作为专用名词，最早见于托名的《葬书》："葬者，乘生气也。气乘风则散，界水则止。古人聚之使不散，行之使有止，故谓之风水。"①其中疑问有二：堪舆说到底是否始出郭璞？如否，那么始出托名郭氏《葬书》中的"风水"二字来源究竟为何？清人丁芮朴和赵翼已有很详细的考证。

丁芮朴曰："赵宋以来言风水之术皆以郭璞《葬经》为鼻祖，术家不学固无足怪，而儒学无论信之者辟之者莫不援为口实，余以为郭璞非风水之术也，《葬经》非郭璞之书也。"他举出九点理由证明。并且指出《葬经》之伪产生的原因是"猎取管辂之言"，三国时的管辂用象天以指挥战争，是一种"知来之术"，并非"相墓之学"，葬书的伪撰者误以为其术适用于相墓，而后世术家沿误至今。丁芮朴亦专篇考证"风水称谓"，认为二字始见于宋儒，并由此断言《葬书》并非出自晋代，而是宋代②。明代王袆已考出后世风水说有两大重镇，一是福建的宗庙之法，又称屋宅之法，讲五星八卦、相生相克之理。这一派曾在浙江传播，而后很少有人用，丁芮朴将此派归为理气派；另一派是江西之法，讲形势，龙穴沙水之相配，肇于赣人杨筠松，曾文辿、赖大有、谢子逸辈尤精其学，丁氏将之归为峦体一派，这一派十分兴盛，所谓"大江以南，无不遵之"③。

丁芮朴还指出后世归于杨氏名下的著作多伪，惟《撼龙》《疑龙》二经为真。更重要的是，丁氏考证福建和江西两派各自源头：

> 《宋书·后妃传》泰始四年（夏），诏有司曰"崇宪昭太后修宁陵地，大明之世，久所考卜"……详考地形，殊乖相势。此相墓言形势者之始。

---

① 何晓昕、罗隽：《中国风水史》，北京：九州出版社，2008年版，第24、29页。
② "风水"二字始见于宋儒之书，司马温公《葬论》；《孝经》云"卜其宅兆非，相其山冈，风水也"。《张子全书》葬法有风水山冈，此全无义理不足架。伊川程子《葬法决疑》：今之葬者谓风水，随use而异，此尤大害也。外此未之前闻，《葬书》有云"气乘风则散，界水则止，故谓之风水。"其书出于宋世故也。丁芮朴：《风水祛惑》，"郭璞葬经""风水称谓"，清光绪刻月河精舍丝钞本。
③ 丁芮朴：《风水祛惑》，"杨曾书"，清光绪刻月河精舍丝钞本。

《隋书·经籍志》云梁有《五音相墓书》《五音图墓书》《五姓图山龙》。此相墓言方位者之始。至宋南渡后,亦尚行,朱子《山陵议状》云:台史必取国音,坐丙向壬之穴。《朝野杂记》云:所谓国音者,以五音尽类群姓,而谓冢宅向背各有所宜。①

丁氏认为形势派肇始于公元 268 年(泰始四年),此说可信,因为是年西晋武帝为昭太后迁葬时改制,西晋武帝曰:"朕蚤蒙慈遇情礼兼,常思使终始之义载彰幽显,史官可就岩山左右更宅吉地,明审龟筮,须选令辰式,遵旧典以礼创制。"②可见深为后世所辟的江西风水派始于这次尚遵旧典用龟筮的改制。《仪礼》所云"无有后艰"故用龟筮占卜,尚是防止墓地以后崩坏,至晋武帝时,已经开出后世风水说"葬先荫后"的风气,后世堪舆说分为二宗或源于此。

另外,丁氏说方位派始于《隋书·经籍志》所载的梁代,《隋书·经籍志》证明梁代已有相墓言方位者,这没有问题,若作为一派别发端于此,或可成立,但是若作为思想发端于此,则颇有疑问。汉代时已有"五音姓利说",是图宅术,与阴阳五行说密切相关③,只是尚未与择墓地的所谓阴宅相混。很有可能的是,随着形势派逐渐成立,方位派渐由图宅术与葬术结合而成。

从上述考证可得出以下结论,后世风水说有两大宗派,一派是江西杨筠松的峦体派,讲形势,发端于公元 268 年晋武帝的"创制"。而另一派是福建的方位派,又称理气派,或由汉代业已流行的图宅术及葬术相结合,最迟至梁代已成一派。后世方位派渐趋式微,而江西派则在有山有水的江南得以风靡,这也是自宋以降人们为何多以风水称堪舆,或风水堪舆联言的主要原因。

堪舆说在后代的流变与阴阳五行说的推波助澜大有关系。那么后世堪舆风水说与古择地有何关系?对此,清人赵翼有较详的考证,他将堪舆说纳入葬术,考其源流:

《周礼》疏已有"堪舆,出自黄帝"之语。《史记·日者传》亦有"堪舆家曰不吉"之语。《汉书·艺文志》有《堪舆金匮书》十四卷,师古述许慎曰:"堪,天道也。舆,地道也。"又有《宫室地形》二十卷。《后汉书·王景传》:景参记众家数术、文书、冢宅、禁忌、堪舆、日相之属,作《大衍元基》一书。又《袁安传》:安父殁,初卜葬地,道逢书生指一处云"葬此,当世为上公",从之,后果累世贵盛。又《郭镇传》:廷尉吴雄不拘禁忌,丧母,择人所

---

① 丁芮朴:《风水祛惑》,"杨曾书",清光绪刻月河精舍丝钞本。
② 沈约:《宋书》卷四十一《后妃传》,清乾隆武英殿刻本。
③ 何晓昕、罗隽:《中国风水史》,北京:九州出版社,2008 年版,第 78—79 页。

不封土,趣办葬事,人言"当族灭",而雄子孙世为廷尉,曰"人所不封土,则术家所不用者也"。王充《论衡·讥日篇》谓"葬术忌九空地陷"……①

据《史记·日者列传》关于堪舆的记载,说明最迟至汉武帝时已有"堪舆家",是负责占卜择时日的众家中的一家,现考古证实秦代仍有负责择时日的人和书,即"日者"和"日书"②。《汉书·艺文志》将五行家与阴阳家并列为二家,堪舆归于五行一类。以邹衍为代表的阴阳家所著诸书失传,不可考,或因此,自《隋书·经籍志》以下,五行类的书门派庞杂。《四库全书总目》认为阴阳、五行二家本相出入,后来的末流将之合二为一,而习其技者也不能分辨,故总称"阴阳五行",置于术数一类③。总的来说,堪舆属于术数(又叫数术)之学。

关于术数的源流与分类,情况较为复杂,三代之事难言,幸赖考古新发现,可据以探讨。李零认为,中国古代研究"天道"(或"天地之道",属大宇宙类)的学问叫"数术之学",而研究"生命"("性命"或"人道",属小宇宙类)的学问叫"方技之学"。关于古史系统,李零作如下分类:1.春秋、战国时期的诸子学,从知识背景角度分两大类,一类是以诗书礼乐等贵族教育为背景或围绕这一背景而争论的儒、墨两家;另一类是以数术方技等实用技术为背景的阴阳、道两家以及从道家派生的法、名两家。2.秦汉以后的中国本土文化分儒家文化和道教文化两大系统,儒家文化不仅以保存和阐扬诗书礼乐为职任,还杂糅进刑名法术,与上层政治紧密结合,而道教文化是以数术、方技之学为知识体系,阴阳家和道家为哲学表达,民间信仰为社会基础,结合三者而形成,在民间有莫大势力。李零指出以往学界对中国文化走入单线理解的误区,提出除了定于一尊的代表官方意识形态的儒学外,中国文化还有另外一条线索:"即以数术、方技为代表,上承原始思维,下启阴阳家和道家,以及道教文化的线索。"④这种态度对于我们探讨儒家很重要,别混淆儒家与其他家的界限,同时,不可忽略儒家的宗教性维度以及与其他家共通和互相渗透之处。

以汉武帝为界,之前方术一直盛行,秦始皇崇尚之,汉初方术与黄老之

---

① 赵翼:《陔余丛考》卷三十四《葬术》,清乾隆五十五年湛贻堂刻本。
② "日者"是专门预测时日吉凶的人物,1975年在湖北云梦睡虎地墓葬中出土一批竹简,有"日者"所使用的资料,1989年,在甘肃天水放马滩地方又出土另外两套秦代《日书》。参见蒲慕州:《追寻一己之福:中国古代的信仰世界》,上海:上海古籍出版社,2007年版,第78页。
③ 永瑢等:《四库全书总目》卷一〇八,子部十八,术数类一,北京:中华书局,1965年版,第914页。另,李零对数书方技之书有详细分类,见李零:《中国方术正考》,北京:中华书局,2006年版,第15—21页。
④ 李零:《中国方术正考》,北京:中华书局,2006年版,第15页。

术相结合而流行；汉武帝崇尚儒术，尤其是在接受董仲舒建议"罢黜百家，表彰六经"之后，但是方术不但没有因此而退隐，反倒异常活跃，这是因为儒术与方术相互结合相互渗透了，这就是为何两汉经学大语怪、力、乱、神的主要原因①。经此互渗，此后的儒学一直到清代，要纯洁所谓孔子"不语怪、力、乱、神"的教义，已经不可能，更何况孔子本人"不语"并非全然反对，只是存而不论而已。所以儒学从来就不是纯然不杂的，当然，互渗归互渗，作为研究者，我们后人在言说儒家时，必须尊重本来存在的界限，切勿将本不属于儒家的东西硬塞入儒家。

那么，就择地的葬术而言，先秦的儒家与方术的界限或共通之处何在？宋以降所流行的堪舆风水说与古世儒家择地有何异同？严谟作古今之别：

> 古者……将葬之时，君必卜灼（严按："卜，今其法不传"），大夫、士必筮者（"揲蓍为筮，法见《易经》"），以示慎重其事，不敢自专而问之神耳。孝敬之意，非有后世邪说杂其中也。②

如上述，《周礼》《仪礼》所载择墓地要卜筮，卜是龟卜，灼烧龟甲成裂纹，据裂纹辨吉凶。筮则是用蓍草来占卜。龟卜和筮占都是向鬼神问吉凶。现在考古证实至少在商代已经存在这些礼仪，起源则甚古，李零认为龟卜和筮占"来源于用'动物之灵'或'植物之灵'作媒介去沟通天人的原始崇拜习俗"③。龟卜与筮占属于术数，说明三代之时礼仪是用术数的，孔子及其后的儒家继承了这一套，因而在礼仪中也是讲术数的。至于是与其他家分享某种共同的宗教源头，还是与其他家的相互影响，则有待查证。

二、择地与魂魄

如上所述，先秦两汉儒家的择地葬术用卜筮，核心信仰是对灵魂、神灵的崇拜。后世流行且颇具争议的风水说是在此基础上发展起来的，阴阳五行思想是促成这一流变的一个因素。除此之外，儒家在这一流变中扮演什么角色？儒家关于择地的信仰为何？前后是否具有一贯性？为回答这些问题，先来看看后世风水说的基本内容。

---

① 顾颉刚：《秦汉的方士与儒生》，上海：上海古籍出版社，1998年版，第5—6页。李零：《中国方术续考》，北京：中华书局，2006年版，第83页。
② 严谟：《李师条问》，见钟鸣旦、杜鼎克编：《耶稣会罗马档案馆明清天主教文献》第十一册，第175—176页。
③ 李零：《中国方术正考》，第42—51页。

后世相墓择地所讲风水为阴宅风水,基本理论是"葬先荫后",即祖先葬地的吉凶将影响到子孙后代的富贵贫贱,夭寿贤愚,生者与死者之间可以彼此感应。这种理论具体内容可以分为三种样式:样式一,认为人死之后,精神不灭,仍聚于坟墓中,受到山川之气滋润,可以使坟中枯骨获得生气,后世子孙的吉祥之气与鬼神之气相感应而能获荫庇福佑;样式二,子孙在崇山峻岭中葬先人于吉穴,"子孙之心寄托于此,因其心之所寄,遂能与之感通,"子孙的富贵甚至相貌的美丑全然取决于山川之美恶,强调人心与山川之气相感通,云"非葬骨也,乃葬人之心也;非山川之灵,亦人心自灵耳";样式三,吉地所产生的吉气是一种阳气,亡魂可以凭借阳气而上升,凶地所产生的凶气是一种阴气,亡魂遇见阴气而只能下坠,亡魂的阳升阴降关系到子孙的富贵或贫贱①。

从上述理论的三种样式可知,后世"葬先荫后"的堪舆风水说最核心的思想是对死者灵魂的崇拜,是由魂魄观念与吉凶、祸福、阴阳、气等观念构成。这些观念并非汉代的发明,皆可追溯至先秦。固然,汉代之后,阴阳五行说有力地促成这种融合,但是儒家自身绝不是被动地、无辜地被"异端"杂入,相反,"葬先荫后"理论的出现与儒家的魂魄观的发展密切相关。由上述对复礼、饭含的讨论,可知先秦丧葬礼仪的基础是对灵魂的信仰,具体而言是对死者魂魄和其他鬼神的信仰,儒者所行礼仪与术数的信仰有一致之处。

在春秋、战国之际,关于丧葬形式儒家与墨家之间有过有名的争论(墨家提倡简葬而向儒家发难,儒家似乎提倡厚葬),东汉的王充站在道家自然主义的立场上批评各种轻信鬼神的行为时,指出儒、墨二家皆自相矛盾:儒家的问题在于虽不承认鬼神有知,却又主张祭祀;墨家既主张薄葬,却又主张明鬼,同样行不通②。

关于死人有知还是无知,孔子持存而不论的态度,或者说中庸的态度。刘向《说苑》:"子贡问死人有知无知也,孔子曰:'吾欲言死人有知也,恐孝子顺孙妨生以送死也。吾欲言死人无知也,恐不孝子孙弃(省亲)不葬也。赐欲知人死有知将无知也,死徐自知之,犹未晚也。'"③刘向曾向皇帝上奏主张薄葬,故《说苑》所载是否孔子原话可疑,此估且不论,可以判断他这番话基本上与世传孔子的态度吻合。孔子关注的重点并非是有知与否,而是须

---

① 张荣明:《堪舆源流及其发展》,见顾颉主编:《堪舆集成》,重庆:重庆出版社,1994年版,第21—22页。
② 蒲慕州:《墓葬与生死:中国古代宗教之省思》,北京:中华书局,2008年版,第255—256页。
③ 刘向撰:《说苑》卷十八《辨物》,《四部丛刊》景明钞本。

依礼而行孝道,《论语·为政》有云:"孟懿子问孝。子曰:'无违。'樊迟御,子告之曰:'孟孙问孝于我,我对曰无违。'樊迟曰:'何谓也?'子曰:'生事之以礼,死葬之以礼,祭之以礼。'"王充对儒家的"质疑"带入汉人的理解和他本人的强解。其实,"死人无知"是王充的观点,并非孔子和陆贾、刘向等儒者的观点,对此,王充倒并未含糊,他是从儒墨两家关于死人是否有知、为鬼、能害人的问题持不同立场出发,作一推论:既然墨家主张有鬼神,而孔子与墨家持相反立场,那么孔子本人就知道死人不为鬼神。所以王充认为孔子本来知道死人无知的真实情况,只是后儒如陆贾之流惧开不孝之风气而不肯明白指出来罢了:

  墨子之议右鬼,以为人死辄为鬼而有知,能形而害人,故引杜伯之类以为效验。儒家不从,以为死人无知,不能为鬼,然而赙祭备物者,示不负死以观生也。陆贾依儒家而说,故其立语,不肯明处。刘子政举薄葬之奏,务欲省用,不能极论……孔子非不明死生之实,其意不分别者,亦陆贾之语指也。夫言死(人)无知,则臣子倍其君父。故曰"丧、祭礼废,则臣子恩泊;臣子恩泊,则倍死亡先;倍死亡先,则不孝狱多。"圣人惧开不孝之源,故不明死(人)无知之实。①

可知,到了东汉王充的时代,儒家对于死人无知有知还是"不明"的,至于是孔子内心里明白却为了孝道而故意不挑明,还是孔子真的不明白且不太关心,这点后人无法确知。需要指出的是,自孔子始,儒家即使不真正相信人死鬼神不灭,但是礼仪的根据却是以死者的魂魄为根基,否则,礼仪废,不孝者多,最终王权不保,社会混乱。所谓神道设教亦大抵此意。

  汉以降的儒家继承了先秦儒者那套礼仪,只是对本有的浓厚的灵魂崇拜有所淡化,并且把关注点转移到王化,对作为礼仪根据的信仰的追问兴趣转向礼仪是否正确执行,礼仪成了社会稳定、政权安定的根本工具。儒家孝道一再受到弘扬,不仅集中反映这一流变,而且还是促成这一流变的重要原因之一,《孝经》"卜其宅兆而安厝之"一语即表明儒家择葬以安顿死者之魄为第一要务,因后世堪舆风水说因为生者求福免祸而将对死者灵魂的崇拜发挥过于狂热,所以这句话成为儒士们批评的武器。

  唐代吕才《叙葬书》对后世堪舆说的批评道:

---

① 王充:《论衡》,黄晖校释,北京:中华书局,1990年版,第961、964页。

《易》曰"古之葬者,厚衣之以薪,不封不树,丧期无数。后世圣人易之以棺椁,盖取诸《大过》。"《礼》云:"葬者,藏也,欲使人不见之。"然《孝经》云"卜其宅兆而安厝之",以其复土事毕,长为感慕之所;窀穸礼终,永作魂神之宅。朝市迁变,岂得先测于将来;泉石交侵,不可先知于地下。是以谋及龟筮,庶无后艰,斯乃备于慎终之礼,曾无吉凶之义。暨于近代以来,加之阴阳葬法,或选年月便利,或量墓田远近,一事失所,祸及生人,巫者利其货贿,莫不擅加利害。遂令《葬书》一术,乃有百二十家,各说吉凶,拘而多忌。①

从这段话可知,葬礼从"不封不树"一变而为棺椁,是为了安顿魂神,作"魂神之宅"。再变而为后世堪舆说,吕才认为这是由于阴阳葬法的加入并且巫者加以利用的结果。

所以,先秦择葬流变而为后世堪舆说,是与《孝经》、孝道有内在关联,这是站在儒家立场上予以批评时不能承认的,转而指责后世堪舆说是对《孝经》的背离。《孝经》自身带有强烈宗教性,至少潜在地具有孕育后世堪舆风水说的极大可能性,黄巾起义时一黄老道徒受儒家影响竟然建议朝廷派人北向读《孝经》以退兵,公元190年,亦有两大臣上奏皇帝称读《孝经》后有消灾祛邪的神奇效果,为皇帝采纳,这样的例子至东汉亦不鲜见。吕才提到《孝经》"卜其宅兆而安厝之",后世批评者亦常指责堪舆风水说背离《孝经》这句话的原意,如司马光云"《孝经》曰卜其宅兆而安厝之,谓卜地决其吉凶尔,非若今阴阳家相其山岗风水也。"②这说明(1)体现于《孝经》的儒家葬礼以对魂魄鬼神崇拜为信仰根据,(2)这种信仰再与"阴阳葬法"相结合,从而孕育出后世堪舆风水说。随着对孝道的提倡,无疑加速了这一流变。两汉的厚葬风气便与孝道有莫大关系,由《盐铁论》可知,"当时一般人以为厚葬即为孝道的表现"③。《孝经》在经学史上的地位变化亦与上述堪舆风水说的流变大抵重合,孔子曰:"吾志在《春秋》,行在《孝经》。"称之为经,但是《孝经》尚未具备"六经"的地位,其地位在唐朝飙升,因为唐明皇御注《孝经》,世传《十三经》注惟《孝经》受此礼遇,然后宋人对其加以删改,列入《十三经》④。

朱彝尊对堪舆风水说的梳理较能反映儒家对择葬所持信仰的基本面貌:

---

① 杜佑:《通典》卷一百五,礼六十五,凶礼二十七,北京:中华书局,2016年版,第2746页。
② 司马光:《书仪》卷七《丧仪》三,"卜宅兆葬日",清雍正刻本。
③ 蒲慕州:《墓葬与生死:中国古代宗教之省思》,第239页。
④ 皮锡瑞:《经学历史》,周予同注释,北京:中华书局,2004年版,第18、112、39、190页。

堪舆风水之说，儒者多辨其非。解之者曰：霜降而钟鸣，山崩而钟应，木华于春，栗芽于室，气机之感有然。世之君子存其言而莫之废也。盖孝子之葬其亲，非直欲人之不得见而已，必为之测量水脉，候土验气以厚死者，而安其魂魄焉。故曰三月而葬，必诚必信，勿之有悔焉尔矣。古之葬者，冢人营之，墓大夫掌之，相与辨其兆域而为之图，将葬，筮人执韇以告曰"度兹幽宅兆基，无有后艰"，既井椁矣，卜人共楚焞燋龟以告，曰"考降无有近悔"，夫其致慎如是。迨其后，周礼既废，冢人、墓大夫不司其职，则不得不取信于葬师之言，其人既不学，专以荣利动人，变乱他人之是非，以营己之利，学士大夫，未暇深究其义，鲜不惑焉，至土潇水渍，从而迁之，其悔焉者久矣。呜呼！为人子者苟能审夫测量候验之说比化者，魂魄得安，虽未必兴福于子孙，庶葬焉而可以勿悔也。《记》曰"古之人何为而死其亲乎？"夫魂魄既安矣，迩者数十年，远者百年，虽至累世之后，其泽已斩，其骨已枯，而子孙之富贵利达者，必推之祖宗兆域之荫，此诚孝子慈孙不忍死其亲之义也，则其言庸可废乎？①

先秦两汉儒家的择地葬术用卜筮，核心信仰是对灵魂、鬼神的崇拜。后世流行且颇具争议的风水说是在此基础上发展起来的，与先秦择葬在对死者灵魂的安顿与崇拜这一宗教性上有着内在的一贯性。后世堪舆风水说与古择葬最大的区别在于"葬先荫后"理论，促成这一流变的因素除了"阴阳葬法"外，儒家自身对孝道的强调是非常重要的原因。孟子谓"不孝有三，无后为大"，亲在时，对其敬且养，亲逝后，对其葬且祭，然后还要通过传后，后世子孙生生不息是告慰祖灵的大孝，可见，对祖先灵魂的信仰是孝道的信仰依据。后世风水说缘为生者祸福计，将这一信仰演绎得狂热而僭越制，如停棺不葬，为争地斗殴等事时有发生，给社会伦常造成混乱，有伤风化，因此而饱受批评罢了。

三、魂魄信仰：文化人类学的视角

身为功能主义代表人物之一的马林诺夫斯基，虽然承认宗教不能加以普遍地界说，但是仍然具有相对统一性，体现在"它所尽的功能"②。他沿着情感—宗教—礼仪的思路，其中情感是根本，认为宗教源于个人实践，尤其

---

① 朱彝尊：《曝书亭集》卷第三十五《葬经广义序》，上海：世界书局，1937年版，第436页。
② 马林诺夫斯基：《巫术科学宗教与神话》，李安宅编译，上海：上海文艺出版社，1936年版，第110页。

是对死亡的畏惧,死亡是宗教的最重要源泉①。宗教最重要的功能是积极安慰情感在生死关头的难关:对死者的爱与对尸体的反感。这种双重态度表现在丧礼中,举行丧礼"是要保持活人与死人底联系,同时又有一种趋向要断绝这种关系。所以丧礼乃被认为不详之物,……然而丧礼之所以为丧礼,又不能不使人战胜退避怖畏之情,而以虔诚爱慕为占优制地位的情操,而且坚持一种信念,相信来生,相信灵魂不死"②。他是通过证明丧礼具有减轻人们对死亡的畏惧来说明宗教的功能:死亡是一个人生命礼仪重要转机的一环,从根本上来说,人对死亡有畏惧的情感,在这种情感启示下产生不死的信仰,宗教即不死信仰的具体化。

从功能上看,以礼仪来处理人们对死亡的畏惧确实是宗教的核心内容之一,但是如果说儒家丧、祭礼所体现的宗教性是关于"不死的信仰",则不甚准确,因为魂魄观与西方的不朽灵魂观是不一样的。

文化人类学家克利福德·格尔兹的研究路径对于研究不同民族文化的比较研究具有启发意义,一方面,正视一个民族文化的独特性,反对从世界文化的杂乱无章中搜寻出某些习俗的共同点,因为他看到这种意义上的全人类一致性的观点几近失败;但是另一方面,他没有放弃全人类一致性的理论,为防止滑入相对主义的危险,他认为"只能直接地、完全地面对人类文化的差异"③。换言之,范围设立为全世界,以全人类为整体对象,直面各民族文化的差异——一种普遍的差异。又何以可能?格尔茨的做法是将"设想的普遍性与基础需要相匹配",人类作为一个整体,在社会层面、心理学层面、生物学层面、文化层面都有这种或那种的基本需求,正视这些,然后试图显示文化那些具有普遍性的方面④。

格尔茨把人看成是一种符号化,概念化,寻求意义的动物,以此作为对宗教研究以及宗教与价值关系研究的切入点。他将宗教描述为一种象征符号体系,这种象征符号体系通过形成对存在的普遍秩序的持续概念来影响人的情绪和动机⑤。其方法论主要分两步进行:"第一步,分析构成宗教的象征符号所表现的意义系统,第二步,将这些系统与社会结构和心理过程联系在一起。"⑥

---

① 马林诺夫斯基:《巫术科学宗教与神话》,李安宅编译,上海:上海文艺出版社,1936年版,第41页。
② 同上书,第45—46页。
③ 克利福德·格尔茨:《文化的解释》,韩莉译,南京:译林出版社,1999年版,第49、52页。
④ 同上书,第49、52—53页。
⑤ 同上书,第111、172、62页。
⑥ 同上书,第153页。

符号体系与人的经验行为两方面的交互作用,在世界范围内是相通的,而具体内容形态则各不同。结合马林诺夫斯基与格尔茨的理论,关于儒家丧、祭礼的宗教文化意义的分析模式可图示如下:

死亡—丧葬礼仪 $\begin{cases} 礼意:魂魄(鬼神)信仰 \\ 礼文:礼仪规程 \end{cases}$ 象征符号表现的意义系统

儒士们一般认为礼仪源于情感,所谓先王因情立文、缘情制礼。毫无疑问,人们对于死亡普遍怀有畏惧之情,不仅是对于自己有朝一日会死去因而畏惧,而且畏惧亲情因生死而隔绝,还包括畏惧死亡造成既有族群关系失序等。这些情感在发生之时混杂于一体,可总归于对死亡的畏惧,以致很多中国人在日常生活中甚至连"死"这个字眼都讳言。于是本于对死亡的畏惧之情,远古时代的人们设立丧葬与祭祖礼仪的一整套礼仪,经学家们一般把最初制定整套礼仪的人归于周公,而起源更早。从周朝到现在,这套礼仪一直都在时间和空间上发生流变,但基本的结构却一直都较为稳定。从礼文角度而言,有一整套的程序,从礼意角度而言,核心的是对魂魄(鬼神)的信仰,礼文与礼意共同构成象征符号的意义系统,表现出来即儒家的生死观。

耶、儒双方以仪式来安顿生死,各自有着一套象征符号的意义系统,这一宗教性的系统是构成整个文化系统至关重要的一部分。在历史上与社会结构及心理过程联系在一起,通过经学家、神学家和其他接受者不断进行历史地诠释,所以礼仪的程序及灵魂观有别,即各自安顿生死的具体方式有别,从而最终导致耶、儒面对死亡时的情感也不尽相同,表现出来即生死观的差异,最鲜明的体现,前者是向死而生,后者则是未知生,焉知死。两种象征符号的意义系统均是历史的产物,在各自历史传统内部的流变中形成相当稳定的结构,因而两相交流时,会有冲突、理解和互渗。总体而言,耶、儒灵魂观的结构关系都围绕两个核心问题展开:其一,人与其他有生命事物的灵魂有何异同(人禽之辨)?其二,人的灵魂与身体是什么关系(人论问题)?

第二节 西方灵魂观与明清儒士:
从"人禽之别"到"人禽之辨"

明末清初,欧洲耶稣会士将天主教的灵魂观传入中国,与中国的魂魄观相遇并展开了深入交流。灵魂与魂魄是两种文化传统对生命的解释,欧洲神学家与中国经学家们关于灵魂与魂魄在具体知识构成以及人死后的状态有很大分歧。当灵魂观与魂魄观相遇之后，耶稣会士们的诠释与儒士的回应实现了神学与经学的交流。

基督宗教与儒家灵魂、魂魄观具结构性相通之处，都是对人之生命与死亡的解释，都围绕身体、灵魂/魂魄与气展开。基于神学和经学的不同视角，灵魂与魂魄相遇之后差异彰显出来，主要是灵魂与魂魄的构成以及灵魂来世说。关于灵魂构成的知识性探讨是基督宗教"人论"的内容，耶稣会士们持阿奎那的神学观，认为灵魂是不可分割的单一实体，而儒家认为魂魄是二层，可以相分；儒家魂魄更无严格的不朽观念。耶稣会士们按照阿奎那的思路，"人论"与来世说都围绕人禽之别展开，严格将人与动、植物区分开来。

耶稣会士们面对儒家魂魄观与阿奎那灵魂说的区别，大力介绍灵魂观的知识。利玛窦在《天主实义》第三篇中"论人魂不灭大异禽兽"，根据亚里士多德—阿奎那的思路，将世界有生命事物的灵魂按能力区分为三类：草木有"生魂"，禽兽有"觉魂"，人则有"人魂"，生魂具有吸收营养等能力让植物生长、觉魂则有知觉能力，但是这些能力皆依赖身形，一旦身形死散，则生、觉二魂与之俱灭，而人的灵魂不仅兼有生魂、觉魂的能力，而且拥有动植物没有的"推论明辨"的能力，这种理性能力之"魂"不随身体而灭①。

之后，还有多位耶稣会士译介灵魂说。1623年，艾儒略（Jules Aleni，1582—1649）在杭州慎修堂完成《性学觕述》。1624年7月，由耶稣会士毕方济口译、徐光启笔录而成《灵言蠡勺》二卷，将以阿奎那神学为主要构成的基督宗教灵魂观较完整地译入中国。此外，龙华民的传教策略纵然与利玛窦等耶稣会士不一样，但是对于灵魂知识的介绍和强调人禽之别大体一致。

面对耶稣会士们的灵魂说，儒士们怎么看？徐光启（1562—1633）、杨廷筠（1557—1627）、李之藻（1565—1630）是第一代儒家天主徒中的典范人物，被誉为"教中三柱石"，他们较完整地理解并接受了天主教灵魂说。

徐光启对天主教灵魂观自是熟稔，不惟笔录《灵言蠡勺》，而且极力驳斥释道灵魂观，他认为灵魂是上帝赋予人的"真性"②，并且将人的灵魂与其他事物之魂区别开来：

> 盖人之魂，与四生六道之魂，灵蠢原殊。《孟子》所谓犬之性，不犹

---

① 利玛窦：《天主实义》，见《利玛窦中文著译集》，朱维铮主编，上海：复旦大学出版社，2001年版，第26页。
② 徐光启：《正道题纲》，见李天纲编注：《明末天主教三柱石文笺注》，香港：道风书社，2007年版，第107页。

牛性；牛之性，不犹人性者也。①

杨廷筠多次从与动植物区别的角度来阐述人的灵魂：

> 如草木依类而生，依期而长，止有生魂而不知趋避，是无觉魂也。禽兽既有草木之生长，而又能趋避，是有觉魂，然不能论义理，是无灵魂也。人魂兼有三能，能辨理之是非，别人事之可否，禽兽有是乎？今言草木不同于禽兽，人皆信之。独谓禽兽不同于人性，无有信者，则轮回之说，溺其见，而又一体之论，成其讹也……灵者，见其当然，又推测其所以然，惟人有之。②

杨廷筠对人类灵魂的解释与传教士若出一辙，认为人类灵魂具备兼具动植物生、觉二能，而独具推论明辨的理性能力，尤其是后者，他强调无形的灵魂与有形的身体的区别，认为两者是判然二物，"何谓'判然二物'？形血气，神虚灵；形嗜欲，神义理；形滞浊，神异清；形一往，神万变。此不可得同者也。"③

对于教外士人而言，灵魂纯神而非形，尤其是死后灵魂不朽的观念及灵魂的归宿地天堂、地狱观，不易相信，李之藻在《天主实义重刻序》中就感叹"独是天堂地狱，拘者未信"④。然而，这并不妨碍有一大批天主教友善者对灵魂观产生极大兴趣。他们关注的焦点就是灵魂论中的人禽之辨。

例如，受过洗而信仰并不坚定⑤的南明重臣瞿式耜(1590—1651)，详读了艾儒略的《性学觕述》，于1624年左右为之作《性学序》，梳理了书中灵魂生死论的内容后说：

> 然味其大旨，则不在是。夫学莫大于人禽之辨，此虞廷"危微"宗旨，明于庶物，正为察于人伦。⑥

---

① 徐光启：《辟释氏诸妄》，见李天纲编注：《明末天主教三柱石文笺注》，香港：道风书社，2007年版，第130页。
② 杨廷筠：《代疑编》，见李天纲编注：《明末天主教三柱石文笺注》，香港：道风书社，2007年版，第239—240页。
③ 同上书，第271页。
④ 李之藻：《天主实义重刻序》，见《利玛窦中文著译集》，朱维铮主编，上海：复旦大学出版社，2001年版，第100页。
⑤ 黄一农：《两头蛇：明末清初的第一代天主教徒》，上海：上海古籍出版社，2006年版，第312—323页。
⑥ 瞿式耜：《性学序》，见《耶稣会罗马档案馆明清天主教文献》第六册，钟鸣旦、杜鼎克编，台北：台北利氏学社，2002年版，第73—74页。

可见，他虽然熟悉并理解耶教灵魂论，但是令他最感兴趣的并不在此，而是灵魂论与儒家在人伦价值方面存在的相合之处，即都强调人禽之辨。

又如，在福建，艾儒略的《性学觕述》引起如此等等反响，叶向高（1559—1627）等天主教友善者对天儒相合之处产生浓厚兴趣，入教儒士陈仪（万历三十八年进士）在《性学觕述序》中说：

> 叶相国、翁宗伯、陈司徒诸老皆喜其学之有合于圣贤，为序其著述读书，而三魂一篇尤先生之推极。草木禽兽所以不同于人，人独有灵，所以特异于物，与孟子"几希"之旨合。①

灵魂说与孟子"几希"之旨真是一回事吗？在天主教看来，人的灵魂无论是从构成还是来世不朽，都与动、植物判然别，十分强调这种差别。天主教的"人禽之别"与孟子的"人禽之辨"在前提上有重大差别，孟子所谓"人之所以异于禽兽者几希"，固然是强调人与禽兽有差别，然而基于差别并不多的事实之上。儒家认为人的魂魄与其它生物只具有程度上的差别，并不像天主教神学那样认为人独具理性，因为在儒家看来，人有精神性的"识"，其它生物也有，大体而言人与其它生物还是相同的，只是人的"识"比其它生物多，所以孔疏说："此言百物，明其与人同也，不如人贵尔。"②背后的基本信仰还是中国自远古流传下来的万物一体思想。所以，利玛窦声明人之所以异于禽兽者不是"几希"，而是"非几希"。耶稣会士无不倾力批评"万物一体"，更加强调"人禽之别"。

那么，信徒陈仪笔下所述瞿、叶等人的相"合"之论岂不是误读了灵魂说，也误解了耶稣会士们的本意？倒也不是！显然，灵魂说与孟子"几希"不完全一致，瞿、叶等人从学理上不会不知道，信徒陈仪更是很清楚。那么与"孟子'几希'之旨合"又从何谈起？答案在于所谓天儒之相"合"并非相"同"，是在"合儒、补儒、超儒"的意义上说的，这是自利玛窦以来耶稣会士及儒家信徒的一贯规矩。

除了这些教内儒士和对天主教友善的教外儒士之外，明清之际还有许多教外儒士面对天主教灵魂说时从道德和知识两个层面都产生极大的兴趣，人禽之辨从而成了清代流行的话题。

中国传统思想资源中与天主教人禽之别最为相近的要属荀子，《荀子·

---

① 陈仪：《性学觕述序》，见《耶稣会罗马档案馆明清天主教文献》第六册，第59—60页。
② 郑玄注，孔颖达等正义：《礼记正义》第四十七卷《祭义》，《四部要要》本，第1595页。

王制》曰:"水火有气而无生,草木有生而无知,禽兽有知而无义,人有气,有生亦有义,故最为天下贵也。"①正统儒家关于魂魄的知识构成纵然在经学注疏中有所讨论,然而不够明晰,纵然是个重要的问题,却并非热门话题。

清代思想家忽然有那么一批人津津乐地道谈论"人禽之辨",并且与先儒们谈得不一样,与天主教灵魂说的激发究有关,竟有何种关联,值得再深入研究。其中却有一条可辨的线索:明末清初有相当一批儒士对灵魂说的人论感兴趣,大多是按照孟子的"人禽之辨"来"格义"天主教的"人禽之别",儒士们受到天主教"人论"知识的激发,从而对孟子的心性说加以重省和丰富,将传统以道德伦理为主要取向的话题增加了知识论的维度,对人之所以为人的生命原则(principle)作了重省。天主教灵魂说在晚明尤其是清初中叶对儒士们产生了影响,由于十分隐秘而深远,需要专论,由于事证难考,俟诸来日。下文仅以黄宗羲为例尝试探讨耶、儒灵魂与魂魄观的交流。

第三节 明清之际耶、儒"灵魂观"的遭遇: 以黄宗羲的《破邪论·魂魄》为例

在天主教传教士于晚明将西方的灵魂学说传入中国之前,中国的思想家们一般并不将"灵魂"二字并称,而称为"魂魄"。灵魂学说的传入在晚明以来的思想史上占有重要地位,正如张西平所指出的:"传教士所带来的这一西方哲学方法不仅对当时的算学、历学产生了直接影响,而且在哲学上、思维方法上对中国传统知识分子的冲击和影响亦不可低估。"②那么,后一种影响到底是如何展开的?两种不同的观念相遇之后,如何实现意义的互释和生成?黄宗羲(1610—1695)的《破邪论·魂魄》为我们提供了一个跨文化诠释的文本案例。

黄宗羲与西学西教的关联,属于明清之际学术转型思想史上的重要问题,已经吸引了较多学者的关注。一些学者试图探讨黄宗羲与传教士的交往关系,徐海松指出:虽然从黄宗羲传世著述中未见与西教士交往的明确记载,但接触并吸收过西学却是事实,从崇祯年间开始,黄宗羲就研究过西学著作,并且与耶稣会士汤若望有过直接交往③;龚婴晏试图蠡测交游

---

① 王先谦:《荀子集解·王制篇》,沈啸寰、王星贤点校,北京:中华书局,1988年版,第164页。
② 张西平:《明清间西方灵魂论的输入及其意义》,《哲学研究》2003年第12期。
③ 徐海松:《清初士人与西学》,北京:东方出版社,2000年版,第279页。

的可能性①。一些学者侧重从义理层面来探讨,陈受颐较早地指出他是较为宽容的反教人士,说他简直认可天主教"古教",排斥的只是新约的教主,尤其是论上帝篇最末一段,"大意竟然与教士的说话相同"②。朱维铮说黄宗羲是"清初诸大师中唯一公开讨论过天主教义得失的人……黄宗羲对于明末清初欧洲传教士介绍的西方学说,显然作过认真而系统的研究,除《上帝》篇外,还有《魂魄》《公历回回历假如》等可证。"③刘耘华从上帝、魂魄、地狱、历算等方面较深入地探讨黄宗羲的西学观,指出西方神学对他的思想以"反摹仿"的方式产生了激发,认为他吸纳西方的技艺象数而排斥神学,对西教神学研究不深,魂魄、天堂与地狱论"均缺乏逻辑的明晰性",未能做到"融贯"④。此外,贾庆军试图阐明黄氏如何回应天主教的上帝⑤,认为黄宗羲的儒家魂魄说受到佛教及天主教的影响⑥,可惜只提及利玛窦所作人性、兽性之别。

黄宗羲与西学、西教存在着关联,这是无法否认的事实,也基本获学界认可,黄宗羲之《破邪论》对天主教的议论是最明显最直接的铁证。然而,相关度到底如何,西学、西教在多大程度上影响到其思想? 这是思想史上的难题。关于影响研究,法国比较文学研究界早在19世纪末已经形成了较成熟的方法论,其中朗松(1857—1934)的观点极具启发性,他指出:

> 真正的影响,是当一国文学中的突变,无以用该国以往的文学传统和各个作家的独创性来加以解释时在该国文学中所呈现出来的那种情状——究其实质,真正的影响,较之于题材选择而言,更是一种精神存在。而且,这种真正的影响,与其是靠具体的有形之物的借取,不如是凭借某些国家文学精髓的渗透,即谓之"作品的色调和构思的恰当"而加以显现,真正的影响理应是得以意会而无可实指的。⑦

朗松的思路对于如今的跨文化研究仍然适用。关于黄氏与西方传教士

---

① 龚婴晏:《明清之际的浙东学人与西学》,《浙江大学学报(人文社会科学版)》2006年第3期。
② 陈受颐:《明末清初耶稣会士的儒教观及其反应》,见《中欧文化交流史事论丛》,台北:台湾商务印书馆,1970年版,第52页。
③ 朱维铮:《走出中世纪》,上海:上海人民出版社,1987年版,第161页。
④ 刘耘华:《清初宁波文人的西学观:以黄宗羲为中心来考察》,《史林》2009年第3期。
⑤ 贾庆军:《黄宗羲的'上帝'观——兼论其对天主教的态度》,《船山学刊》2008年第3期。
⑥ 贾庆军:《黄宗羲魂魄地狱观——兼论其一元世界观》,《船山学刊》2009年第1期。
⑦ 转引自大冢幸男:《比较文学原理》,陈秋峰、杨国华译,西安:陕西人民出版社,1985年版,第32页。

交往证据的考证并非不重要,但是在其传世资料有所缺佚的情况下,我们将研究的焦点从接触的直接证据转移到思想精髓的"激发"层面,恐怕更有意义,更有利于将问题的讨论深入下去。《破邪论》诚如刘耘华所言"不融贯",然而,如果黄宗羲确实如朱维铮所言认真而系统地研究过西学西教,何以未能做到融贯?抑或在表面的不融贯背后,存在着较清晰的学理逻辑?对此,我们可以将黄宗羲的魂魄观置于中国思想史脉络之中,考察其创新之处,探讨这种创新能否在作为外来文化的天主教那里得到解释。

《破邪论》三篇宗教性作品《上帝》《魂魄》《地狱》当中,《上帝》是对天主教的响应,这是最明显不过的,作者明确驳斥天主教,并且受天主教独一神观念影响来论证儒家的唯一上帝观念。相比而言,《魂魄》篇的确显得最不"融贯"。然而,将黄宗羲的《魂魄》与利玛窦(Mathieu Ricci, 1552—1610)《天主实义》中的灵魂论相参照,可以让天主教的灵魂观与儒家的魂魄观相遇之后的基本问题呈现出来,从而为较清楚地理解黄宗羲《破邪论·魂魄》提供一种思路。

本文着重选取利玛窦的《天主实义》与黄宗羲《破邪论·魂魄》作比较,理由有三:第一,利玛窦的《天主实义》对其他耶稣会士灵魂论著作奠定了主要的范式。第二,《天主实义》一书在儒士间流传甚广,黄宗羲读到此书是再正常不过的事。据徐海松研究,黄宗羲于1630—1641年间于南京数度寓居黄居中家,将其千顷堂之藏书翻阅殆遍,书目中有《天学初函》——《天主实义》收录其中①;1665年,黄宗羲购得一批绍兴祁氏"澹生堂"散出的藏书,该堂收藏的书目中包括《天主实义》在内列有十几部西书②;黄宗羲对西学的态度受到乃师刘宗周的影响,而刘宗周推利玛窦为来华天主教徒之宗师,指斥"西夷利玛窦来中国,自言航海九万里而至,持天主之说以诳惑世人"③。第三,最重要的是,《破邪论·魂魄》与《天主实义》的灵魂论的问题意识形成呼应,连行文也有多处形成互文。

耶稣会士利玛窦于晚明率先将天主教灵魂观传入中国,为了在儒家魂魄论的语境中言说天主教灵魂观,利玛窦等耶稣会士做了一番跨文化诠释的工作。利玛窦的《天主实义》凡八篇,主体内容是论灵魂与来世。其中第三篇"论人魂不灭大异禽兽"及第四篇"辩释鬼神及人魂异论,而解天下万物不可谓一体",介绍天主教灵魂论的知识,批评儒家的魂气消散说和万物一

---

① 徐海松:《清初士人与西学》,北京:东方出版社,2000年版,第280页。
② 同上书,第284页。
③ 刘宗周:《辟左道以治人心以扶治运疏》,见吴光主编:《刘宗周全集》第三册,杭州:浙江古籍出版社,2007年版,第204页。徐海松:《清初士人与西学》,第289页。

体说，并且从儒家魂魄观中找寻证据来论证灵魂不朽；第五、第六两篇辩释来世说。利玛窦去世后，1623 年在杭州慎修堂又有耶稣会士艾儒略（Jules Aleni, 1582—1649）完成《性学觕述》，还有耶稣会士毕方济口译、儒士徐光启于 1624 年 7 月笔录而成《灵言蠡勺》。这些著作译介以多玛斯·阿奎那神学为主要构成的灵魂说，批评儒家的魂魄说，与利玛窦的思路大体一致，或在内容上有所增益，或在不同角度有所侧重。此外，还有龙华民的《灵魂道体说》，区别灵魂与太极、大道、佛性、太乙等道体，与利玛窦的思路差别较为明显。

关于《破邪论》的创作动机，黄宗羲在《题辞》中有所交待：

> 余尝为《待访录》，思复三代之治。昆山顾宁人见之，不以为迂。今计作此时，已三十余年矣。秦晓山十二运之言，无乃欺人。方饰巾待尽，因念天人之际，先儒有所未尽者，稍拈一二，名曰"破邪"。夫论之美者，酌古、美芹，彼皆战争经略之事。顾余之所言，迢幽不可稽考，一炭之光，不堪为邻女四壁之用。或者怜其老而不忘学也。①

《破邪论》著于 1694 年左右。三十多年前，黄宗羲不与清廷合作，面对朝廷的高压政策，转向理论思考，撰有《明夷待访录》②。那时，他笃信秦晓山传给胡翰的十二运易理，期盼二十年之后国家会交"大壮"之运。然而三十多年之后，已是八十多岁的黄宗羲并未等到"大壮"之运，在信仰上大有上当受骗之感，于是作《破邪论》，反思天人之际的问题。这是创作的动机之一。他又说发"先儒有所未尽"之言，从《破邪论》内容来看，他心中的"先儒"并非表面所指的秦晓山、胡翰，而是被清廷捧为官学正宗的朱熹（1130—1200）。黄宗羲对于朱子学的立场有微妙的转变过程，在康熙实行拉拢汉人的"佑文"政策之后，他固然在学术上曾一度多少与清廷奖掖的朱学取向妥协③，但是到了烈士暮年，仍"壮"心未已，对十二运的信仰纵然是破灭了，争求王学正统、反对宋学的基本立场终未改变。这就不难理解为何在《破邪论》九篇之首论《从祀》，置疑朱熹从祀孔庙的问题；末篇《骂先贤》，论骂象山、阳明者不会有好下场。那么，为何又要论及天主教呢？黄宗羲固然不赞同天主教信仰，甚至斥之为邪说，但是在批宋儒的立场上与利玛窦能取得一

---

① 黄宗羲：《黄宗羲全集》第一册，杭州：浙江古籍出版社，2005 年版，第 192 页。
② 侯外庐：《中国思想通史》第五卷，北京：人民出版社，1956 年版，第 177 页。
③ 朱维铮：《走出中世纪》，第 163 页。方祖猷：《犹闻老眼盼'大壮'，岂料余生终'明夷'——黄宗羲一生的心路历程》，《浙江社会科学》2010 第 9 期。

致,所以《天主实义》成为他从宗教的维度批评朱子学的思想资源。

《破邪论·魂魄》篇以答问的方式讨论了如下几个问题:一、医家言,"心藏神,脾藏意,府藏魂,肺藏魄,肾藏精与志,信乎?"二、"然则释氏投胎讬生之说有之乎?"三、(1)"然则儒者谓圣贤愚凡,无有不散之气,同归于尽者,然乎否耶?"(2)"或疑普天之下,无有不祭其祖先者,而谓凡愚之魂尽散,则祭乃虚拘乎?"问题一能与利玛窦灵魂观的人论问题形成呼应,其余问题是则与灵魂来世说形成呼应。

一、人论问题:单一的灵魂实体与"二元切分"的魂魄

天主教的人论(Anthropology)探讨灵魂的构成以及灵魂与身体间的关系问题,史上主要有"三分法"(Trichotomy)和"二分法"(Dichotomy)两类观点。"三分法"认为人由身体、魂(nephesh)、灵(pneuma)三部分组成,其中灵与上帝相联,是人的自我本质;魂处在灵与肉身之间,联结调和灵、肉。这种观点曾在希腊、亚历山大教会那些受柏拉图影响的教父中间很流行,例如亚历山大城的克莱门特(Clement of Alexandrian)、奥立金(Origen)、尼斯的格列高利(Gregory of Nyssa)。然而后来成为正统的是"二分法"观点,认为人由身体和灵魂两部分组成,灵魂是单一的不可再分割成部分的精神实体。这一观点起初在拉丁教父中间流行,后由奥古斯丁定下基调①。多玛斯·阿奎那明确表明人的灵魂是单一的精神实体,不可再分割,所谓"是一非三"②。

全球大多民族传统并非持单一精神实体的灵魂观,而是二元切分(Binary division)③的组合。那么暂且撇开灵魂与身体间的关系不谈,我们可以将天主教史上出现过的灵魂观归纳为两种:灵魂是单一的精神实体和

---

① John W. Cooper, *Body, Soul and Life*, Michigan: William B. Eerdmans Publishing Company, 1989, p.9. 维克提乌.维克多试图把灵(spirit)与魂(soul)区别开来,认为两者并非一回事,魂从气息而来,赋予身体以生命,而魂有一种属于它自己感觉、智力和精神(vigous),这就是灵。奥古斯丁反对这样的区分,却也感到棘手,认为灵、魂之间的区分只是狭义上的,而从广义而言,两者是一回事。奥古斯丁:《论灵魂及其起源》,石敏敏译,北京:中国社会科学出版社,2004年版,第312—313页。
② 圣多玛斯·阿奎那:《神学大全》第三册,周克勤等译,台湾:碧岳学社、中华道明会,2008年版,第5页。
③ 例如古埃及文化认为灵魂由ba(巴)ka(卡)两部分组成,荷马史诗也反映了希腊文化中有灵魂二元观念,在印度、波斯、古夏威夷人(*Hawaiian*)、希伯来、伊斯兰甚至早期基督徒中,都出现过双层灵魂教义,这点与儒家的魂魄观是类似的,现代神经心理学已经从无意识(unconscious)和意识(conscious)两个层面来回答。Peter Novak LaPorte, "Division of the Self: Life after Death and the Binary Soul Doctrine", in *Journal of Near-Death Studies* 20.3, 2002, Spring.

灵魂是"二元切分"的组合。按照这种区分,中国传统的魂魄观显然接近于后者。

孔疏:"魂魄"又名"鬼神",死者的魂魄与山川、五祀等同属于神类,"鬼神"就是人与物的"魂魄","鬼神"属尊称,比"魂魄"的称谓更具畏敬之意。关于魂与魄的分别,《春秋左传》子产曰:"人生始化曰魄,既生魄,阳曰魂。"孔疏:司职人体耳目手足等感官运动能力的叫"魄",人一生下来就先有这种能力,"魂"则指"知"的能力①。换言之,"魄"主要是掌管感觉的,而"魂"主要是掌管思维的。但这样的区分却并不绝对,"魄识少而魂识多"②,意味着魄除了司职感官运动之外,还具有一定程度的思维能力,只是不如魂的程度强。"鬼"/"魄"、"神"/"魂"在不同语境下所指有别,按语用方式大体分为"对言""散言"。对言时,大抵魂属气、神,魄属形体。但是,魄并不能完全等同于物理性的肉身。魄与肉身(形体)的关系:一方面,魄不可脱离身体而独立存在,郑注说"耳目之聪明为魄",孔疏道:"魄,体也。若无耳目形体,不得为聪明,故云'耳目聪明为魄'。"另一方面,若魄不与魂相对而言时,诚如孔疏所说魄"若散而言之,魄亦性识,识与魄无异"③。也就是说,单独言魄时,魄有时也等同于性识。可见"魂"与"魄"两者的含义并非判然为二,而是既有分别,又有交叉。

魂与魄之间既有别又相互交叉相互对待的魂魄观更加接近天主教史上的"三分法"人论,用儒家的形、神范畴来表达,则儒家的"魄"与天主教的"魂"(nephesh)同处于形与神之间的状态。但是,儒家的魂魄观与灵魂/肉体二元对立的正统"二分法"人论差异明显。所以,当耶稣会士们把多玛斯·阿奎那的二分法人论传入中国时,灵魂的构成问题首先得以彰显出来。

1. 利玛窦在魂魄视域中的灵魂论

利玛窦极力向儒士们介绍阿奎那的灵魂论,将有生命事物的灵魂按营养、感觉和思维能力区分为三类:草木有"生魂",动物有"觉魂",人则有"灵魂"。生魂具有吸收营养等能力,让植物生长,觉魂则有知觉能力,但是这些能力皆依赖身形,一旦身形死散,则生、觉二魂与之俱灭,而人的灵魂不仅兼有生魂、觉魂的能力,而且拥有动植物没有的"推论明辨"的能力,这种理性能力之"魂"不随身体而灭④。

---

① 杜预注、孔颖达疏:《左传正义》卷四十四,清嘉庆阮刻《十三经注疏》本。
② 同上。
③ 郑玄注、孔颖达正义《礼记注疏》卷四十七,《四部精要》本,第1595页。
④ 利玛窦:《天主实义》,见朱维铮主编:《利玛窦中文著译集》,上海:复旦大学出版社,2001年版,第26页。

面对"二元切分"魂魄观与天主教单一实体灵魂观的差别,利玛窦对魂魄如此诠释:"人有魂魄,两者全而生焉。死则其魄化散归土,而魂常在不灭。"① 又说:"夫谓人死者,非魂死之谓,惟谓人魄耳,人形耳。"② 他将"魄"等同为"人形",即身体,而单用"魂"指称人的灵魂,这是基于神学立场的策略性"误读",将儒家的"二元切分"魂魄观替换为天主教单一实体的灵魂观,便于为证明人的灵魂不朽奠基。

2. 人论视域中黄宗羲的魂魄论

《破邪论·魂魄》之问题一:医家言,"心藏神,脾藏意,府藏魂,肺藏魄,肾藏精与志,信乎?"

黄宗羲答曰:"非也,此以五行相配,多为名目,其实人身止有魂魄两者而已。"③ 黄宗羲之所以讨论医书,显然不是在反对"合人形以效法四时五行"的传统医学,而是论魂魄的知识性问题。

医家之言语出《黄帝内经·素问》第二十三篇,论"五脏所藏":心、肺、肝、脾、肾五脏分别藏神、魄、魂、意、志。黄宗羲首先明确人只有魂与魄,将神、意、志三者解释为魂的能力,说"神与意与志皆魂之所为也"④。朱熹说:"人之所以能思虑计划者,魂之为也;能记忆辨别者,魄之为也。"⑤ 朱熹认为魂主智性思考能力,而魄主记忆,然而黄宗羲认为魂主神、意、志三种能力,这与利玛窦等人传入的灵魂学说更为相近。利玛窦解释灵魂有三种能力,所谓"三司":明悟、记含、爱欲⑥。黄宗羲所谓魂之"神"可对应"明悟",即智性/理性能力,"意"可对应"爱欲",即意愿欲望之力,志可对应"记含",即记忆力。

然后,论魄与魂的区别:

> 昭昭灵灵者是魂,运动作为者是魄。魄依形而立,魂无形可见。故虎死眼光入地,掘之有物如石,谓之"虎威"。自缢之人,其下亦有如石者,犹星陨为石,皆魄也。凡战场之磷火,阴雨之哭声,一切为疠者,皆魄之所为也,魂无与焉。譬之于烛,其炷是形,其焰是魄,其光明是魂。

---

① 利玛窦:《天主实义》,见朱维铮主编:《利玛窦中文著译集》,上海:复旦大学出版社,2001年版,第26页。
② 同上书,第35页。
③ 黄宗羲:《黄宗羲全集》第一册,沈善洪、吴光主编,杭州:浙江古籍出版社,2005年版,第196页。
④ 同上书,第196页。
⑤ 朱熹:《朱子语类》卷三,北京:中华书局,1986年版,第43页。
⑥ 利玛窦:《天主实义》,见朱维铮主编:《利玛窦中文著译集》,第76页。

子产曰:"人生始化曰魄,既生魄,阳曰魂"。是人之生,先有魄而后有魂也。及其死也,有魂先去而魄尚存者,今巫祝家死后避衰之说是也。有魄已落而魂尚未去者,如楚穆王杀成王,谥之曰"灵",不瞑,曰"成",乃瞑,中行献子死而视不可含是也。①

在黄宗羲看来,具有神、意、志能力的魂只是在生前起作用,一旦人死,起作用者就不再是魂,而是魄。这种解释在儒家魂魄论史上具有新意,史上有过著名的神灭论争论,桓谭(约公元前33—公元39年)、范缜(约450—515)等主张人死神灭,"神"指与形体相对的精神性的东西,显然更多地指魂,如前揭"魄识少而魂识多"的判断是儒家魂魄论的代表性说法。朱熹指出:"动者,魂也;静者,魄也。《动静》二字括尽魂魄。凡能运用作为,皆魂也,魄则不能也。今人之所以能运动,都是魂使之尔。魂若去,魄则不能也。"②又说:"魂散,则魄便自沉了,今人说虎死则眼光入地,便是如此。"③黄宗羲作出魂、魄分管生前死后的区分,认为魂、魄与身体的关系犹如光明、火焰与蜡烛的关系,表明魂最脆弱,其次才是魄和身体;魂依赖于后两者,魄才是死后精神能力的根本。这使得魄在儒家魂魄观中的地位和作用得以突显。

黄宗羲自然不会同意利玛窦将魄等同身体的"误读",相反,他认为魄是死后精神能力的根本。他说"运动作为者是魄","运动作为者"意为动作行为的"所以然",此说与亚里士多德"四因说"暗合,利玛窦早在《天主实义》中使用"四因说","作"即动力因,"模"即形式因,"质"即质料因,"为"即目的因④。"运动作为者"在此处可与动力因相对应。黄宗羲之季子黄百家在整理《宋元学案》时加一按语,毫不吝言对天主教灵魂观的赞赏:"泰西人分人物三等:人为万物之首,有灵魂;动物能食色,有觉魂;草木无知,有生魂。颇谛当。"⑤这一评论透露出黄宗羲晚年对于天主教的灵魂学说的重视⑥。

二、来世问题:灵魂不朽与魂气消散

来世说与人论是天主教灵魂说之一体两面。天主教徒们之所以拥抱二

---

① 黄宗羲:《黄宗羲全集》第一册,第196页。
② 朱熹:《朱子语类》卷三,北京:中华书局,1986年版,第41—42页。
③ 同上书,第43页。
④ 利玛窦:《天主实义》,见朱维铮主编:《利玛窦中文著译集》,第12页。
⑤ 黄宗羲、黄百家、全祖望:《晦翁学案》上册,见《宋元学案》卷四十八,北京:中华书局,1986年版,第1521页。
⑥ 李天纲:《跨文化的诠释》,北京:新星出版社,2007年版,第113页。

分法人论,为灵—肉的差别辩护,是因为他们相信人能战胜肉体之死,很大程度上是受到来世教义的驱动①。天主教认为人的灵魂与动植物的灵魂不同,人的灵魂为天主所赋,肖似天主,不朽不灭,也不可细分。实际上,这种灵魂不朽观念直到《旧约》后期的文献中才渐渐出现②,而后在神学史上被不断强化。阿奎那对灵魂不朽说作了如下论述:

> 所谓人与走兽之产生的根本相同,只适用于身体,因为一切动物都是从土来的;但不能用于灵魂;因为禽兽的魂是由某些形体能力产生的。人的(灵)魂是从天主来的。为了凸显此点,《创世纪》第一章 24 节关于禽兽说:"地要生出各种生物。"而第二章 7 节关于人则说:"在他鼻孔内吹了一口生气。"故此《训道篇》第十二章 7 节下结论说:"灰尘将归于原来的土中,生气将归于天主,因为原是天主之所赐。"生活的过程一样也是在肉体方面;故《训道篇》说:"气息都一样。"《智慧篇》第二章 2 节也说"我们鼻中的气息只是一阵烟雾"等等。但按灵魂,生命的过程不一样;因为人有知性或理解活动,禽兽则没有。所以说"人不优于禽兽"不对。故此关于身体,结局一样;关于灵魂,则不一样。③

阿奎那的灵魂不朽论综合了柏拉图灵魂不朽观念,尤其是亚里士多德实体灵魂说。有意思的是,这种灵魂观的具体展开,不可避免地论及"气",虽然与儒家所谓的气并不完全重合,但是灵魂观的结构模式具有相通性,说明天、儒"灵魂观"的相互理解具备较好的起点。灵魂既然是气,是否也意味着有消散的可能性?天主教的回答当然是否定的,他们认为人的灵魂固然是气,却是上帝最初吹的一口气,有始却无终,不会朽灭。为此,阿奎那特别强调人的灵魂与其他生物的灵魂有实质区别。

儒家二元切分的魂魄观认为人死则魂与魄分离,魂气上升归于天,而魄降地。儒家对于死者的态度重在用丧礼仪式来安顿,对初死者行了招魂仪式后,如果死者没有复活,便被视为异于人类的鬼神,至于魂魄在死后的状态如何,则存而不论。《左传》中对人死有知无知的疑惑,成为后世争论不休的话题。所以,人死灵魂是否不朽对于儒士而言并非紧迫的问题,这就是为

---

① John W. Cooper, *Body, Soul and Life*, Michigan: William B. Eerdmans Publishing Company, 1989, p.16.
② 张庆熊:《基督教神学范畴:历史的和文化比较的考察》,上海:上海人民出版社,2003 年版,第 304 页。
③ 圣多玛斯·阿奎那:《神学大全》第三册,周克勤等译,第 14—15 页。

何当利玛窦《天主实义》以"西士"的口吻问"儒士"人死灵魂是否不朽的问题时,儒士这样回答:"或谓如说有则非,如言无则亦非,如说有无,则得之矣。"①

1. 利玛窦的灵魂魂不朽论

面对儒家缺乏严格不朽灵魂观的状况,一方面,以利玛窦为代表的耶稣会士们极力驳斥儒家的魂气说和万物一体观念。孟子所谓"人之所以异于禽兽者几希"固然是对人禽之别有所强调,但前提是承认差别并不多这一事实,其背后信仰仍是"万物一体"——这是耶稣会士们不能接受的。为此利玛窦强调人的灵魂与动植物的实质区别,强调天主教的人禽之别——"人所异于禽兽者非几希"②。

另一方面,利玛窦力图从儒家的魂魄观中能够找到些灵魂不朽的因素,拿来作为证明不朽灵魂观的证据,证据有五:第一,中国人强调立德、立功、立言,至死不休地追求声名;而且盛行祭祖礼仪的行为,说明灵魂常在不灭。第二,中国人虽习惯于听到"神身均灭"之说,但无不希望长生永福,而且有许多隐修者弃世修行,祈望来世真福来证明,说明魂不随身而毁。第三,人向往无限之寿、之乐,是因为人心被天主赋予"情欲",惟有在后世靠上帝方能得到满足。第四,人性都惧怕死者,不肯靠近死尸,却不怕猛兽的尸体,是因为人性之灵自觉人死之后尚有魂在,从而令人感到恐惧。第五,天主是公正无私、赏善罚恶的神,但人世间会出现恶者富贵享乐而善者贫贱,是因为天主会在人死之后论行罚,若是灵魂灭了,何以论行罚?③

2. "来世观"视域中黄宗羲的魂魄论

众所周知,利玛窦等人入华之前,来世说是佛教常宣讲的内容,利玛窦在《天主实义》第五篇对佛教六道轮回说亦有严厉的批评。黄宗羲对来世说的回应就从佛教的托生说谈起。

《破邪论·魂魄》之问题二,"然则释氏投胎托生之说有之乎?"

黄宗羲回答道:"有之而无不尽然矣。"能否投胎托生,在黄宗羲看来决定于人死后魂、魄能否相合,他认为总体而言人死魂随气而散,不能与魄相合,故不会投胎托生。但是也有例外的情况:"或者禀得气厚,或者培养功深,或专心致志,透过生死;凶暴之徒,性与人殊,投入异类,亦或有之。"④这些例外的情况是因为人死魂不随气消散,或许会与魄相合而转世。这些特

---

① 利玛窦:《天主实义》,见朱维铮主编:《利玛窦中文著译集》,第34页。
② 同上书,第32页。
③ 同上书,第30—31页。
④ 黄宗羲:《黄宗羲全集》第一册,第196页。

殊的人群,既包括气厚功深者,也包括凶暴之徒。

天主教来世说是以灵魂不朽观念为核心而展开,儒家并无严格的来世说,却有围绕魂魄而展开的不朽论。利玛窦正以儒家的不朽论作为灵魂不灭的五大证据之首。如何看待不朽观念是黄宗羲"魂魄"篇着重响应的内容。

《破邪论·魂魄》之问题三论不朽,分两个层面展开,与《天主实义》灵魂不朽五条证据中的第一条互文。利玛窦以中国的"三不朽"和祭祖礼仪来证明灵魂不朽,精准地抓住了春秋时代以降中国通行的两类不朽观念。《左传》襄公二十四年,叔孙豹(穆叔)与范宣子就此有过一番对话:

> 二十四年春,穆叔如晋。范宣子逆之,问焉,曰:"古人有言曰,《死而不朽》,何谓也?"穆叔未对。宣子曰:"昔匄之祖,自虞以上,为陶唐氏,在夏为御龙氏,在商为豕韦氏,在周为唐杜氏,晋主夏盟为范氏,其是之谓乎?"穆叔曰:"以豹所闻,此之谓世禄,非不朽也。鲁有先大夫曰臧文仲,既没,其言立。其是之谓乎!豹闻之,太上有立德,其次有立功,其次有立言,虽久不废,此之谓不朽。若夫保姓受氏,以守宗祊,世不绝祀,无国无之,禄之大者,不可谓不朽。"①

这番对话反映出春秋时代人们对人生不朽有两种看法,一是家族传袭的世禄不朽,一是立德、立功、立言的三不朽②。家族传袭的世禄不朽一说虽为叔孙豹所看轻,却在社会上极极为深广地流行,此后越来越平民化,由家族爵禄世袭变成家族血统世袭,孟子所谓"不孝有三,无后为大",祖先的生命在死后由血脉相延的后代得以保留,祭祖礼仪是施为(perform)这一不朽的重要环节。

黄宗羲亦从贵族(圣贤)和平民(凡愚)两个层面讨论儒家不朽论。

(一) 圣贤精神不朽

问:"然则儒者谓圣贤愚凡,无有不散之气,同归于尽者,然乎否耶?"
关于圣贤的不朽问题,黄宗羲回答曰:

> 吾谓有所聚必散者,为愚凡而言也。圣贤之精神,长留天地,宁有

---

① 杨伯峻:《春秋左传注》第三册,北京:中华书局,2009年版,第1087—1088页。
② 钱穆:《灵魂与心》,见《钱宾四先生全集》第四十六册,台北:联经出版事业公司,1998年版,第9页。

散理？先儒言，何曾见尧舜做鬼来，决其必散。尧舜之鬼，纲维天地，岂待其现形人世，而后谓之鬼乎？"文王陟降，在帝左右"，岂无是事，而时人臆度言之耶？周公之金縢、傅说之箕尾，明以告人，凡后世之志士仁人，其过化之地，必有所存之神，犹能以仁风笃烈，拔下民之塌茸，固非依草附木之精魂可以诬也。死而不亡，岂不信乎？①

黄宗羲既然已经明确说人死魂散，却又说圣贤的"精神"长留天地间，不会散灭。所谓不散的"精神"若不是魂或魄，又是在什么意义上说的？圣贤之"精神"乃就"三不朽"意义层面而言！朱熹以人们不曾见尧舜在人世现形由此反推人死神灭的观点，为了反驳这一观点，黄宗羲的论证思路与利玛窦如出一辙，举"文王陟降，在帝左右"、"周公之金縢、傅说之箕尾"为例，证明志士仁人所"过化之地，必有所存之神"，从而证明圣人的归宿是"死而不亡"②。《尚书》关于上帝、金縢的文字正是利玛窦反复引以为证明灵魂不灭的证据③。黄宗羲进而从"人禽之别"的角度将圣贤的"精神"与草木精魂区别开来，视混同两者的观点为"诬"辞，这亦与利玛窦的证明思路相合。

（二）平民的不朽与祭祖问题

问："或疑普天之下，无有不祭其祖先者，而谓凡愚之魂尽散，则祭乃虚拘乎？"

这一问题是从上一问题派生出来的，与之处于同一段落，无论是行文还是问题意识，都与《天主实义》形成互文。利玛窦肯定流行的祭祖礼仪中体现出来的家族血统世袭不朽，在《天主实义》中讨论"三不朽"证据之后，紧接着在同一段落讨论中国祭祖礼仪："彼孝子慈孙，中国之古礼，四季修其祖庙，设其裳衣，荐其时食，以说考妣。使其形神尽亡，不能听吾告哀，视吾稽颡，知吾事死如事生、事亡如事存之心，则固非自国君至于庶人大礼，乃童子空戏耳。"④

利玛窦用中国祭祖礼仪来证明灵魂不灭，黄宗羲回答这一问题时角度一样，只是问题的焦点有了微妙的变化，转入祭祀礼仪中祖魂是否感格的问题：

---

① 黄宗羲：《黄宗羲全集》第一册，第197页。
② 同上书，第197页。
③ 利玛窦：《天主实义》，见《利玛窦中文著译集》，第33—34、68页。
④ 同上书，第30—31页。

> 儒者谓子孙尽其诚意,感他魂之来格,亦非也。他何曾有魂在天地间,其魂即在子孙思慕之中。此以后天追合先天,然亦甚难。故必三日斋,七日戒,阳厌阴厌,又立尸以生气迎之。庶几其一线之气,若非孝子慈孙,则亦同一散也。①

关于儒家鬼神之有无与祭祖问题,墨子就曾有难儒之言,讥讽儒家是"执无鬼而学祭礼",之后无论是王充关于人死是否有知,还是范缜等人关于神灭论的著名争论,直到宋代的程颢等人犹聚焦于鬼神之有无问题②。朱熹的焦点转向祭祀实践,从气论出发,从"祭祀交感"的角度提出"感格"说③:天地间只是一个统摄性的气,即"统气",祖先之气与子孙之气为同一气,故能交相感应④。祖先之魂魄虽已散,但化生祖先及子孙魂魄的天地间之统气仍然在,故子孙只要尽诚以祭,便能感格祖魂来此、气聚于此。朱熹与淳同有过一番对话:

> 淳同问:"人之死也,不知魂魄便散否?"曰:"固是,散。"又问:"子孙祭祀,却有感格者,如何?"曰:"毕竟子孙是祖先之气,他气虽散,他根却在,这里尽其诚敬,则亦能呼召得他气聚在此。如水波样,后水非前水,后波非前波,然却通只是一水波。子孙之气与祖考之气亦是如此。他那个当下自散了,然他根却在这里,根既在此,又却能引聚得他那气在此,此事难说!只要人自看得。"⑤

朱熹认为祖先之魂虽已散,却认为祭祖仪式中祖先会有感格,个中是否存在难以自圆其说的矛盾,连朱熹自己也认为此事难说,直到如今仍是学界争论的话题。黄宗羲正是在这一费解处做文章,认为祖魂不在"天地间",而在子孙"思慕之心之中"。这在避免朱学支离方面,有陆王心学遗风。当然,黄宗羲与朱熹一样使用推测性的语气,说得有些勉强,与其说是心学一派"心即理"思路的推演,倒不如说是与耶稣会士李西满(Simon Rodrigues, 1645—1704)一派的观点更为暗合。

黄宗羲作此文时,利玛窦已去世八十多年,利氏当年引以为灵魂不朽证

---

① 黄宗羲:《黄宗羲全集》第一册,第197页。
② 吴震:《鬼神以祭祀而言——关于朱子鬼神观的若干问题》,《哲学分析》2012年第5期。
③ 朱熹:《朱子语类》卷三,第46—47页。
④ 同上。
⑤ 同上书,第47—48页。

据的祭祖礼仪不料却成了引起"中国礼仪之争"最为核心的问题之一,耶稣会士及入教儒士被托钵修会士们指控容忍"迷信"和"偶像崇拜"。托钵修会士们教条地按照阿奎那的"迷信"和"偶像崇拜"神学标准来审视儒家礼仪,质疑祭祖时灵魂是否在木主牌位上、祭祖者是否有求福免祸之心。多明我会士万济国撰《辩祭》一书,指责中国祭祖是偶像崇拜,因为"祭时神皆来格来享,如此则人之灵皆栖于木主,以享受祭品"。对此,耶稣会士李西满辩护道:"魂不必在,心当如在,何不可也? ……古人或云来格来享者,皆思之所成耳,非真谓其来享来格也。"①为中国礼仪辩护的中国信徒严谟也作类似回答。黄宗羲晚年做《破邪论》时正值"中国礼仪之争"的白热化阶段,1680—1690年代耶稣会士们在浙江、福建、江西等好几个省份向儒家信徒发起问卷调查,希望掌握祭祖等礼仪的真实含义。对于一场最终闹到康熙和罗马教皇之间的礼仪问题大争论,黄宗羲难道会置若罔闻?

　　综上所述,黄宗羲《破邪论·魂魄》在魂魄的构成、来世不朽、祭祖是否感格等问题突破了先儒朱熹的成见,主要表现在:突出魄的地位、反对感格说而认为祭祖时祖魂只在子孙思慕之心中、持圣贤"死而不亡"的来世观等方面。反朱学固然是黄宗羲创作此文最大的动机,但是纯粹从儒家思想史的流变和他的个人情况无法解释这些创见,也难以解释何以此文显得如此不融贯。然而,正是那些创见和表面上显得不融贯之处,能够在《天主实义》中找到多处印证。全篇的问题意识无非围绕着魂魄的构成和来世不朽来展开,这正是《天主实义》灵魂论的两个核心问题,即天主教的"人论"与不朽观。至于祭祖的问题上较《天主实义》讨论的焦点有了转移,那是因为"中国礼仪之争"的缘故。此外,在行文和思维方式上,《魂魄》篇与《天主实义》亦有多处形成互文。黄宗羲固然持反对天主教的立场,与利玛窦的视域自然不同,然而不妨碍其批评朱熹的立场上取得相对一致性,化用了利玛窦的灵魂论思想,与之达成视域上的融合。从跨文化的视角来重新审视黄宗羲的《破邪论·魂魄》,将其问题意识和思路较清晰呈现出来,也有助于我们将儒家魂魄观的结构模式和内容看得更为清楚。

---

① 李西满:《辩祭参评》,见钟鸣旦、杜鼎克编:《耶稣会罗马档案馆明清天主教文献》第十册,台北:利氏学社,2002年版,第421—423页。

参考文献

一、汉文古籍

原典著作

〔战国〕韩非:《韩非子》,《四部丛刊》景宋钞本。

〔战国〕慎到:《慎子》,《四部丛刊》景江阴缪氏藕香簃写本。

〔汉〕班固:《汉书》,北京:中华书局,2012年版。

〔汉〕孔安国传、〔唐〕孔颖达等正义:《尚书正义》,《四部精要》本,上海:上海古籍出版社,1992年版。

〔汉〕孔安国传、〔唐〕陆德明音义:《尚书》,《四部丛刊》景宋本。

〔汉〕刘向:《说苑》,《四部丛刊》景明钞本。

〔汉〕司马迁:《史记》,郭逸、郭曼标点,上海:上海古籍出版社,2004年版。

〔汉〕王充著、黄晖校释:《论衡校释》,北京:中华书局,1990年版。

〔汉〕王符著、汪继培笺:《潜夫论笺校正》,北京:中华书局,1985年版。

〔汉〕许慎:《说文解字》,北京:中华书局,1963年版。

〔汉〕郑玄注、〔唐〕贾公彦疏:《周礼注疏》,清嘉庆阮刻十三经注疏本。

〔汉〕郑玄笺、〔唐〕孔颖达等正义:《毛诗正义》,《四部精要》本,上海:上海古籍出版社,1992年版。

〔汉〕郑玄注、〔唐〕陆德明音义:《周礼》,《四部丛刊》景明翻宋岳氏本。

〔汉〕郑玄注、〔唐〕孔颖达等正义:《礼记正义》,《四部精要》本,上海古籍出版社,1992年版。

〔魏〕何晏集注、〔南北朝〕皇侃义疏:《论语义疏》,清《知不足斋丛书》本。

〔魏〕何晏等注、〔宋〕邢昺疏:《论语注疏》,《四部精要》本,上海古籍出版社,1992年版。

〔晋〕杜预注、〔唐〕孔颖达等正义:《春秋左传正义》,《四部精要》本,上海:上海古籍出版社,1992年版。

〔晋〕葛洪:《抱朴子内外篇》,《四部丛刊》景明本。
〔南朝〕范晔:《后汉书》,北京:中华书局,2012年版。
〔南朝〕沈约:《宋书》,清乾隆武英殿刻本。
〔唐〕杜佑:《通典》,北京:中华书局,2016年版。
〔后晋〕刘昫等:《旧唐书》,北京:中华书局,1975年版。
〔五代〕徐锴:《说文解字系传》,北京:中华书局,1987年版。
〔宋〕黎靖德:《朱子语类》,北京:中华书局,1986年版。
〔宋〕司马光:《书仪》,清雍正刻本。
〔宋〕卫湜:《礼记集说》,清《通志堂经解》本。
〔宋〕王应麟:《玉海》,清文渊阁《四库全书》本。
〔宋〕王昭禹:《周礼详解》,清文渊阁《四库全书》本。
〔宋〕朱熹:《晦庵先生朱文公文集》,《四部丛刊》景明嘉靖本。
〔宋〕朱熹:《家礼》,宋刻本。
〔元〕戴表元:《剡源集》,《四部丛刊》景明本。
〔元〕马端临:《文献通考》,北京:中华书局,1986年版。
〔元〕脱脱等:《宋史》,北京:中华书局,1977年版。
〔明〕宋濂:《元史》,北京:中华书局,1976年版。
〔明〕吴广:《性理大全书》,清文渊阁《四库全书》本。
〔明〕徐一夔:《御制大明集礼》,明嘉靖九年内府刻本。
〔清〕陈立:《白虎通疏证》,吴则虞点校,北京:中华书局,1994年版。
〔清〕段玉裁:《说文解字注》,北京:中华书局,2013年版。
〔清〕戴震:《孟子字义疏证》,北京:中华书局,1961年版。
〔清〕丁芮朴:《风水祛惑》,清光绪刻月河精舍丛钞本。
〔清〕黄宗羲:《黄宗羲全集》,沈善洪、吴光主编,杭州:浙江古籍出版社,2005年版。
〔清〕黄宗羲:《明儒学案》,北京:中华书局,1985年版。
〔清〕黄宗羲、黄百家、全祖望:《晦翁学案》上册,见《宋元学案》卷四十八,北京:中华书局,1986年版。
〔清〕惠士奇:《礼说》,清文渊阁《四库全书》本。
〔清〕黄钺:《一斋集》,清咸丰九年许文深刻本。
〔清〕胡文英:《屈骚指掌》,清乾隆刻本。
〔清〕胡培翚:《仪礼正义》,桂林:广西师范大学出版社,2018年版。
〔清〕金鹗:《求古录礼说》,清光绪二年孙熹刻本。
〔清〕蒋骥:《山带阁注楚辞》,清文渊阁《四库全书》本。

〔清〕焦循:《孟子正义》,北京:中华书局,1987年版。
〔清〕孔广森:《公羊春秋经传通义》,清嘉庆刻䰲轩孔氏所著书本。
〔清〕李塨:《李塨集》,北京:人民出版社,2011年版。
〔清〕李光地:《朱子全书》,清康熙五十三年武英殿刻本。
〔清〕凌廷堪:《校礼堂文集》,王文锦点校,北京:中华书局,1998年版。
〔清〕刘宗周:《辟左道以治人心以扶治运疏》,见吴光主编:《刘宗周全集》,杭州:浙江古籍出版社,2007年版。
〔清〕陆世仪:《家祭礼》,《丛书集成三编》本,台北:新文丰出版公司,1997年版。
〔清〕陶煦:《周庄镇志》,清光绪八年元和刻本。
〔清〕皮锡瑞:《师伏堂春秋讲义》,清宣统元年铅印本。
〔清〕皮锡瑞:《经学历史》,周予同注释,北京:中华书局,2004年版。
〔清〕秦蕙田:《五礼通考》,清文渊阁《四库全书》本。
〔清〕孙诒让:《周礼正义》,北京:中华书局,1987年版。
〔清〕孙希旦:《礼记集解》,中华书局,1989年版。
〔清〕王先谦:《释名疏证补》,清乾隆《经训堂丛书》本。
〔清〕王先谦:《荀子集解》,沈啸寰、王星贤点校,北京:中华书局,1988年版。
〔清〕吴肃公:《广祀典议》,《四库全书存目丛书》本,济南:齐鲁书社,1995年版。
〔清〕文廷式:《纯常子枝语》,民国三十二年刻本。
〔清〕徐乾学:《读礼通考》,清文渊阁《四库全书》本。
〔清〕西清:《黑龙江外记》,清光绪广雅书局刻本。
〔清〕佚名:《坛庙祀典》,《四库未收书辑刊》本,北京:北京出版社,1997年版。
〔清〕永瑢等:《四库全书总目》,北京:中华书局,1965年版。
〔清〕赵翼:《陔余丛考》,清乾隆五十五年湛贻堂刻本。
〔清〕朱彝尊:《曝书亭集》,上海:世界书局,1937年版。
〔清〕张伯英:《黑龙江志稿》,民国二十一年铅印本。
〔清〕张廷玉:《明史》,北京:中华书局,1974年版。

原始材料

[意]艾儒略:《口铎日抄》,见钟鸣旦、杜鼎克编:《耶稣会罗马档案馆明清天主教文献》第七册,台北:台北利氏学社,2002年版。
[意]艾儒略:《弥撒祭义》,见钟鸣旦、杜鼎克、蒙曦编:《法国国家图书馆明清

天主教文献》第十六册,台北:台北利氏学社,2009年版。

[意]毕方济、[明]徐光启:《灵言蠡勺二卷》,北京大学图书馆藏明刻《天学初函》本。

[意]利玛窦:《天主实义》,见朱维铮主编:《利玛窦中文著译集》,上海:复旦大学出版社,2001年版。

[意]利玛窦:《利玛窦中国传教史》,刘俊余、王玉川合译,台北:光启出版社、辅仁大学出版社联合发行,1986年版。

[意]利玛窦:《利玛窦书信集》,罗渔译,台北:光启出版社、辅仁大学出版社联合发行,1986年版。

[意]利玛窦、[法]金尼阁:《利玛窦中国札记》,何高济等译,北京:中华书局,1983年版。

[意]龙华民:《灵魂道体说》,民国七年重刊本。

[意]利类思:《善终瘗荃礼典》,见《法国国家图书馆明清天主教文献》十八册,台北:台北利氏学社,2009年版。

[意]利类思:《弥撒经典》,见《徐家汇藏书楼明清天主教文献续编》第十五册,台北:台北利氏学社,2013年版。

[法]杜赫德编:《耶稣会士中国书简集》,郑德弟、吕一民、沈坚译,郑州:大象出版社,2001年版。

[法]费赖之:《在华耶稣会士列传及书目》,冯承钧译,北京:中华书局,1995年版。

[法]荣振华:《在华耶稣会士列传及书目补编》,耿昇译,北京:中华书局,1995年版。

[比]南怀仁:《圣体答疑》,见《法国国家图书馆明清天主教文献》第十八册,2009年版。

[西]欧加略:《人类真安稿》,见钟鸣旦、杜鼎克、王仁芳编:《徐家汇藏书楼明清天主教文献续编》第十七册,台北:台北利氏学社,2013年版。

[西]利安当:《万物本末约言》,见《法国国家图书馆明清天主教文献》第二册。

[葡]李西满:《辩祭参评》,见钟鸣旦、杜鼎克编:《耶稣会罗马档案馆明清天主教文献》第十册。

[葡]阳玛诺:《天主圣教十诫直诠》,1614年重刻本。

[美]苏尔、诺尔编:《中国礼仪之争西方文献一百篇》,沈保义、顾卫民、朱静译,上海:上海古籍出版社,2001年版。

[明]丁志麟:《杨淇园先生超性事迹》,见钟鸣旦、杜鼎克、黄一农、祝平一等

编:《徐家汇藏书楼明清天主教文献》第一册,台北:辅仁大学神学院,1996年版。

〔明〕李之藻:《译〈寰有诠〉序》,见徐宗泽:《明清间耶稣会士译著提要》,上海:上海书店出版社,2006年版。

〔明〕汤来贺:《春秋修其祖庙陈其宗器设其裳衣荐其时食》,见《耶稣会罗马档案馆明清天主教文献》第十一册。

〔明〕杨廷筠:《代疑篇》,见周骎方编校:《明末清初天主教史文献丛编》,北京:北京图书馆出版社,2001年版。

〔清〕何某:《刍言》,见《耶稣会罗马档案馆明清天主教文献》第十一册,2002年版。

〔清〕洪意纳爵:《祭祀问答》,见钟鸣旦、杜鼎克编:《耶稣会罗马档案馆明清天主教文献》第十一册。

〔清〕李九功:《问答汇抄》,见钟鸣旦、杜鼎克编:《耶稣会罗马档案馆明清天主教文献》第八册。

〔清〕李九功:《礼俗明辨》,见钟鸣旦、杜鼎克编:《耶稣会罗马档案馆明清天主教文献》第九册。

〔清〕李九功:《慎思录》,见钟鸣旦、杜鼎克编:《耶稣会罗马档案馆明清天主教文献》第九册。

〔清〕李九功:《证礼刍议》,见钟鸣旦、杜鼎克编:《耶稣会罗马档案馆明清天主教文献》第九册。

〔清〕李九功:《证礼刍议引》,见钟鸣旦、杜鼎克编:《耶稣会罗马档案馆明清天主教文献》第九册。

〔清〕李问渔:《徐文定公行实》,见李天纲编注:《明末天主教三柱石文笺注》,香港:道风书社,2007年版。

〔清〕丘晟:《闽中将乐县丘先生致诸位神父书》,见钟鸣旦、杜鼎克编:《耶稣会罗马档案馆明清天主教文献》第十册。

〔清〕丘晟:《述闻编》,见钟鸣旦、杜鼎克编:《耶稣会罗马档案馆明清天主教文献》第十册。

〔清〕无名氏:《礼仪答问》,见钟鸣旦、杜鼎克编:《耶稣会罗马档案馆明清天主教文献》第十册。

徐宗泽:《文定公徐上海传略》,上海:土山湾印书馆,1933年版。

〔清〕严谟:《辩祭》,见钟鸣旦、杜鼎克编:《耶稣会罗马档案馆明清天主教文献》第十一册。

〔清〕严谟:《祭祖考》,见钟鸣旦、杜鼎克编:《耶稣会罗马档案馆明清天主教文献》第十一册。

〔清〕严谟:《辩祭后志》,见钟鸣旦、杜鼎克编:《耶稣会罗马档案馆明清天主教文献》第十一册。

〔清〕严谟:《草稿抄白》,见钟鸣旦、杜鼎克编:《耶稣会罗马档案馆明清天主教文献》第十一册。

〔清〕严谟:《李师条问》,见钟鸣旦、杜鼎克编:《耶稣会罗马档案馆明清天主教文献》第十一册。

〔清〕张星曜:《祀典说》,见钟鸣旦、杜鼎克编:《耶稣会罗马档案馆明清天主教文献》第十册。

〔清〕张星曜:《天教明辨》,见《徐家汇藏书楼明清天主教文献续编》第十一册,2013年版。

方豪:《中国天主教史人物传》,上海:天主教上海教区光启社,2003年版。

李天纲编注:《明末天主教三柱石文笺注》,香港:道风书社,2007年版。

任耕耘主编:《中国古代祭祀礼仪集成》,合肥:黄山书社,2013年版。

《天主教梵蒂冈第二届大会会议文献》,上海:天主教上海教区光启社,2005年版。

王友三编:《中国无神论资料选注及浅析》,南京:南京大学哲学系中国哲学史教研室,1977年版。

吴相湘主编:《天主教东传文献续编》,台北:学生书局,1966年版。

汤开建:《利玛窦明清中文文献资料汇释》,上海:上海古籍出版社,澳门:澳门特别行政区文化局,2017年版。

二、研究论著

专著

崔维孝:《明清之际西班牙方济会在华传教研究(1579—1732)》,北京:中华书局,2006年版。

萧静山:《天主教传行中国考》,见陈方中主编:《中国天主教史籍汇编》,台北:辅仁大学出版社,2003年版。

陈受颐:《明末清初耶稣会士的儒教观及其反应》,收于《中欧文化交流史事论丛》,台北:台湾商务印书馆,1970年版。

陈华文:《丧葬史》,上海:上海文艺出版社,1999年版。

陈来:《古代宗教与伦理:儒家思想的根源》,北京:生活·读书·新知三联书店,2017年版。

陈明主编:《儒教新论》,贵阳:贵州出版集团公司、贵州人民出版社,2010年版。

高享:《周易大传今注》,济南:齐鲁书社,1998年版。

顾颉刚:《秦汉的方士与儒生》,上海:上海古籍出版社,1998年版。

韩星:《儒教问题——争鸣与反思》,西安:陕西人民出版社,2004年版。

华喆:《礼是郑学》,北京:生活·读书·新知三联书店,2018年版。

黄玉顺:《儒教问题研究》,北京:人民出版社,2012年版。

黄一农:《社会天文学史十讲》,上海:复旦大学出版社,2004年版。

黄一农:《两头蛇:明末清初的第一代天主教徒》,上海:上海古籍出版社,2006年版。

黄展岳:《古代人牲人殉通论》,北京:文物出版社,2004年版。

何晓昕、罗隽:《中国风水史》,北京:九州出版社,2008年版。

黄进兴:《优入圣域:权力、信仰与正当性》,北京:中华书局,2010年版。

黄进兴:《皇帝、儒生与孔庙》,北京:生活·读书·新知三联书店,2014年版。

侯外庐:《中国思想通史》,北京:人民出版社,1956年版。

加地伸行:《论儒教》,济南:齐鲁书社,1993年版。

李天纲:《中国礼仪之争:历史、文献和意义》,上海:上海古籍出版社,1998年版。

李天纲:《跨文化的诠释:经学与神学的相遇》,北京:新星出版社,2007年版。

李天纲:《金泽:江南民间祭祀探源》,北京:生活·读书·新知三联书店,2017年版。

李零:《中国方术正考》,北京:中华书局,2006年版。

李零:《中国方术续考》,北京:中华书局,2006年版。

刘师培:《清儒得失论》,北京:中国人民大学出版社,2004年版。

刘耘华:《诠释的圆环——明末清初传教士对儒家经典的解释及其本土回应》,北京:北京大学出版社,2005年版。

刘耘华:《依天立义:清代前中期江南文人应对天主教文化研究》,上海:上海古籍出版社,2014年版。

牟宗三:《心体与性体》,长春:吉林出版集团有限责任公司,2013年版。

潘凤娟:《西来孔子艾儒略——更新变化的宗教会遇》,台北:台北县新店市基督教橄榄基金会·圣经资源中心,2002年版。

蒲慕州:《墓葬与生死:中国古代宗教之省思》,北京:中华书局,2008年版。

蒲慕州:《追寻一己之福:中国古代的信仰世界》,上海:上海古籍出版社,2007年版。

钱穆:《灵魂与心》,见《钱宾四先生全集》第四十六册,台北:联经出版事业公司,1998年版。

邱业祥:《自我与他者:经文辩读视域中的理雅各〈论语〉译解研究》,北京:中国社会科学出版社,2017年版。

任重、刘明主编:《儒教重建:主张与回应》,北京:中国政法大学出版社,2012年版。

孙尚扬:《基督教与明末儒学》,北京:东方出版社,1994年版。

唐君毅:《中华人文与当今世界》,台北:台湾学生书局,1975年版。

王汎森:《晚明清初思想十论》,上海:复旦大学出版社,2004年版。

王汎森:《权力的毛细管作用》,北京:北京大学出版社,2015年版。

王溢嘉:《中国文化里的魂魄密码》,北京:新星出版社,2012年版。

汪子嵩等:《希腊哲学史》,北京:人民出版社,1997年版。

吴莉苇:《中国礼仪之争——文明的张力与权力的较量》,上海:上海古籍出版社,2007年版。

吴震:《明末清初劝善运动思想研究(修订版)》,上海:上海人民出版社,2016年版。

徐海松:《清初士人与西学》,北京:东方出版社,2000年版。

杨克勤:《祭祖迷思》,台北:台湾基督教文艺出版社,1996年版。

杨庆堃:《中国社会中的宗教》,范丽珠等译,上海:上海人民出版社,2007年版。

詹鄞鑫:《神灵与祭祀》,南京:江苏古籍出版社,1992年版。

张光直:《仰韶文化的巫觋资料》,载《中国考古学论文集》,北京:生活·读书·新知三联书店,1999年版。

张光直:《中国青铜时代》,台北:台湾联经出版事业公司,1983年版。

张庆熊:《基督教神学范畴:历史的和文化比较的考察》,上海:上海人民出版社,2003年版。

张寿安:《十八世纪礼学考证的思想活力》,北京:北京大学出版社,2005年版。

张荣明:《堪舆源流及其发展》,见顾颉主编:《堪舆集成》,重庆:重庆出版社,1994年版。

张国刚等:《明清传教士与欧洲汉学》,北京:中国社会科学出版社,2001年版。

张西平:《儒学西传欧洲研究导论》,北京:北京大学出版社,2016年版。
张晓林:《天主实义与中国学统》,上海:学林出版社,2005年版。
朱维铮:《走出中世纪》,上海:复旦大学出版社,2007年版。

论文

安希孟:《对礼仪之争的文化反思》,《维真学刊》2006年3月。
陈明:《中国文化中的儒教问题:起源、现状与趋向》,《博览群书》2004年第8期。
陈立胜:《一与多:"宗教性"的现象学的进路、预设与时代精神》,《现代哲学》2004年第2期。
陈勇:《关于儒教争论中的方法论问题》,《原道》2007年第12期。
段德智:《从存有的层次性看儒学的宗教性》,《哲学动态》1999年第7期。
杜维明:《儒家人文精神的宗教含义——中文版代序》,见郭齐勇、郑文龙编:《杜维明文集》第三卷,武汉:武汉出版社,2002年版。
方祖猷:《犹闻老眼盼"大壮",岂料余生终"明夷"——黄宗羲一生的心路历程》,《浙江社会科学》2010年第9期。
葛兆光:《为什么是思想史——"中国哲学"问题再思》,《江汉论坛》2003年第7期。
葛兆光:《穿一件尺寸不合的衣衫——关于中国哲学和儒教定义的争论》,《开放时代》2001年11月。
景海峰:《从"三纲五常"看儒家的宗教性》,《孔子研究》2007年1月。
贾庆军:《黄宗羲的"上帝"观——兼论其对天主教的态度》,《船山学刊》2008年第3期。
贾庆军:《黄宗羲魂魄地狱观——兼论其一元世界观》,《船山学刊》2009年第1期。
郭齐勇、龚建平:《儒家、儒教,宗教性、超越性——以李申〈中国儒教史〉为中心的评论》,《中国学术》2002年第1期。
郭齐勇:《儒学:入世的人文的又具有宗教性品格的精神形态》,《文史哲》1998年第3期。
龚婴晏:《明清之际的浙东学人与西学》,《浙江大学学报》2006年第3期。
吴旻、韩琦:《礼仪之争与中国天主教徒——以福建教徒和颜珰的冲突为例》,《历史研究》2004年第6期。
黄俊杰:《试论儒学的宗教性内涵》,《原道》第六辑,贵阳:贵州人民出版社,1999年。

卢钟锋:《世纪之交的儒学泛宗教化问题》,《中华文化论坛》1999 年第 2 期。
李华伟:《儒教的国教化与窄化——康有为的"逆宗教改革"与梁启超的批判》,《探索与争鸣》2018 年第 9 期。
李天纲:《儒家的宗教性》,《哲学门》第五卷第 1 册,2004 年。
李天纲:《中文文献与中国基督宗教史研究》,见张先清编:《史料与视界——中文文献与中国基督教史研究》,上海:上海人民出版社,2007 年版。
李天纲:《三教通体:士大夫的宗教态度》,《学术月刊》2015 年第 5 期。
李媛:《弘治初年祀典厘正论初探》,《东北师大学报》2008 年第 2 期。
刘耘华:《清初宁波文人的西学观:以黄宗羲为中心来考察》,《史林》2009 年第 3 期。
吕妙芬:《晚明〈孝经〉论述的宗教性意涵:虞淳熙的孝论及其文化脉络》,《近史所集刊》第 48 期,2005 年 6 月。
苗润田、陈燕:《儒学:宗教与非宗教之争——一个学术史的检讨》,《中国哲学史》1999 年第 1 期。
任继愈主编:《儒教问题争论集》,北京:宗教文化出版社,2000 年版。
潘凤娟:《无神论乎?自然神学乎?——中国礼仪之争期间龙华民与莱布尼茨对中国哲学的诠释与再诠释》,《道风:基督教文化评论》第 27 期,香港:道风书社,2007 年版。
田垣:《儒教争鸣举要》,《中国社会科学院院报》2003 年 3 月。
王定安:《中国礼仪之争中的儒家宗教性问题》,《学术月刊》2016 年第 7 期。
吴晓番:《清代思想中的"人禽之辨"》,《泰山学院学报》2010 年第 1 期。
吴震:《德福之道——关于儒学宗教性的一项考察》,《船山学刊》2012 年第 4 期。
吴震:《鬼神以祭祀而言——关于朱子鬼神观的若干问题》,《哲学分析》2012 年第 5 期。
许理和:《李九功与〈慎思录〉》,见卓新平主编:《相遇与对话:明末清初中西文化交流国际学术研讨会文集》,北京:宗教文化出版社,2003 年版。
邢东田:《1978—2000 年中国的儒教研究:学术回顾与思考》,《学术界》2003 年第 2 期。
杨泽波:《超越存有的困惑——牟宗三超越存有论的理论意义与内在缺陷》,《复旦学报》2005 年第 5 期。
张树国、殷开正:《〈诗经〉祝辞考》,《东方论坛》2005 年第 1 期。
张先清:《康熙三十一年容教诏令初探》,《历史研究》2006 年第 5 期。
张立文:《论儒教的宗教性问题(上)》,《学术月刊》2007 年 8 月。

张丽华:《古典儒学宗教性的不同解读》,《孔子研究》2004 年第 6 期。
张汝伦:《论"内在超越"》,《哲学研究》2018 年第 3 期。
张西平:《明清间西方灵魂论的输入及其意义》,《哲学研究》2003 年第 12 期。
张志刚:《多元论还是排他论——评新近宗教对话学理之争》,见周建漳等主编:《科学与宗教的对话》,厦门:厦门大学出版社,2002 年版。
张志刚:《"儒教之争"反思——从争论线索、焦点问题到方法论探讨》,《文史哲》2015 年第 3 期。
钟鸣旦:《中国基督宗教史研究的史料与视界》,见张先清编:《史料与视界——中文文献与中国基督教史研究》,上海:上海人民出版社,2007 年版。
钟鸣旦:《祭天仪式之"理论"》,载《潘富恩教授八十寿辰纪念文集》,上海:上海古籍出版社,2012 年版。

三、汉译论著

[美]安乐哲:《儒家角色伦理学——一套特色伦理学词汇》,孟巍隆译,田辰山等校译,济南:山东人民出版社,2017 年版。
[美]赫伯特·芬格莱特:《孔子:即凡而圣》,彭国翔、张华译,南京:凤凰出版传媒集团、江苏人民出版社,2010 年版。
[美]白诗朗:《儒家宗教性研究的趋向》,彭国翔译,《求是学刊》第 6 期,2002 年 11 月。
[古罗马]奥古斯丁:《论灵魂及其起源》,石敏敏译,北京:中国社会科学出版社,2004 年版。
[法]爱弥尔·涂尔干:《宗教生活的基本仪式》,渠东、汲喆译,上海:上海人民出版社,1999 年版。
[美]邓恩:《从利玛窦到汤若望》,余三乐、石蓉译,上海:上海古籍出版社,2003 年版。
杜维明:《中庸:论儒学的宗教性》,段德智译,北京:生活·读书·新知三联书店,2013 年版。
[意大利]多玛斯·阿奎那:《神学大全》,周克勤等译,台南:碧岳学社、中华道明会,2008 年版。
[美]安乐哲:《和而不同:比较哲学与中西会通》,温海明编,北京大学出版社,2002 年版。
[古希腊]柏拉图:《文艺对话集》,朱光潜译,北京:人民文学出版社,1963

年版。

[美]包尔丹:《宗教的七种理论》,陶飞亚、刘义、钮圣妮译,上海:上海古籍出版社,2005年版。

[日]大冢幸男:《比较文学原理》,陈秋峰、杨国华译,西安:陕西人民出版社,1985年版。

[法]伏尔泰:《哲学词典》,王燕生译,北京:商务印书馆,2005年版。

[葡]傅汎际译义、李之藻达辞:《名理探》,北京:生活·读书·新知三联书店,1959年版。

[英]J.沃特活斯编:《特兰特圣公会议教规教令集》,陈文海译注,北京:商务印书馆,2012年版。

[法]约翰·加尔文:《基督教要义》,孙译、游冠辉译,北京:生活·读书·新知三联书店,2010年版。

[法]吉尔松:《中世纪哲学精神》,沈清松译,台北:台湾商务印书馆股份有限公司,2001年版。

[英]吉尔·R·埃文斯:《异端简史》,李瑞萍译,北京:北京大学出版社,2008年版。

[美]克利福德·格尔茨:《文化的解释》,韩莉译,南京:译林出版社,1999年版。

[德]康德:《纯粹理性批判》,邓晓芒译、杨祖陶校,北京:人民出版社,2004年版。

[美]兰姆博士:《基督教释经学》,詹正义译,沙田:基道出版社,2012年版。

[英]罗伯特·诺布尔·斯旺森:《欧洲的宗教与虔诚》,龙秀清、张日元译,上海:上海三联书店,2012年版。

[英]马林诺夫斯基:《巫术科学宗教与神话》,李安宅编译,上海:上海文艺出版社,1987年版。

[意]马里奥·佩尔尼奥拉:《仪式思维》,吕捷译,北京:商务印书馆,2006年版。

[法]马塞尔·莫斯:《论祈祷》,蒙养山人译,北京:北京大学出版社,2013年版。

[法]马塞尔·莫斯、昂立·于贝尔:《巫术的一般理论:献祭的性质与功能》,杨渝东、梁永佳、赵丙祥译,桂林:广西师范大学出版社,2007年版。

[美]孟德卫:《1500—1800中西方的伟大相遇》,江文君等译,北京:新星出版社,2007年版。

秦家懿、[德]孔汉思:《中国宗教与基督教》,上海:上海三联书店,1997

年版。

《圣经》,英文新标准修订版、简化字新标点和合本,上海:中国基督教三自爱国运动委员会、中国基督教协会,1989年版。

圣母会会士编译:《罗马弥撒经本》,北京、上海:圣母会公教书籍编辑部,1938年版。

[美]T. D.亚历山大:《摩西五经导论》,刘平、周永译,上海:上海人民出版社,2008年版。

[法]维吉尔·毕诺:《中国对法国哲学思想形成的影响》,耿昇译,北京:商务印书馆,2000年版。

[英]约翰·希克:《理性与信仰》,陈志平、王志成译,成都:四川人民出版社,2003年版。

[古希腊]亚里士多德:《亚里士多德全集》,苗力田主编,北京:中国人民大学出版社,1992年版。

[美]周启荣:《清代儒家礼教主义的兴起》,毛立坤译,天津:天津人民出版社,2017年版。

[比]钟鸣旦:《传教中的"他者":中国经验教我们的事》,洪力行译,新北:辅大书坊,2014年版。

[比]钟鸣旦:《可亲的天主:清初基督徒论"帝"谈"天"》,何丽霞译,台北:光启出版社,1998年版。

四、西文文献

Arthur Ashley Sykes, *An Essay on the Nature, Design, and Origin of Sacrifices*, 1748.

Albert Chan, S. J., *Chinese Books and Documents in the Jesuit Archives in Rome: A Descriptive Catalogue, Japonica-Sinica I-IV*, Armonk, New York: M. E. Sharpe, 2002.

Adrian Dudink, "Giulio Aleni and Li Jiubiao", in Lipiello and Roman Malek (ed.), *Scholar from the West*, Sankt Augustin: Institut Monumenta Serica, 1997.

A. Dudink, "The Holy Mass in Seventeenth and Eighteenth Century China: Introduction to and Annotated Translation of Manual for Attending Mass", in *A Lifelong Dedication to the China Mission: essays presented in honor of Father Jeroom Heyndrickx, CICM, on the occasion of his 75th birthday and the 25th anniversary of the F.*

Verbiest Institute K. U. Leuven, Leuven: K. U. Leuven. Ferdinand Verbiest institute, 2007.

Claudia von Collani, "Charles Maigrot's Role in the Chinese Rites Controversy", in D. E. Mungello (ed.), *The Chinese Rites Controversy: Its History and Meaning*, Nettetal: Steyler Verlag, 1994.

Charles Taylor, *A Secular Age*, cambrige, Massachusetts, and London, England: The Belknap Press of Harvard University Press.

Catherine Bell, *Ritual: Perspectives and Dimensions*, New York, Oxford: Oxford University Press, 1997.

Christopher Daniell, *Death and Burial in Medieval England*, New York: Routledge, 1997.

David Berger, *Thomas Aquinas & the Liturgy*, Naples, Florida: Sapientia Press of Ave Maria University, 2005.

D. E. Mungello, *The Forgotten Christians of Hangzhou*, Honolulu: University of Hawaii Press, 1994.

Dwight W. Vogel, "What Is Liturgical Theology?", in *Primary Sources of Liturgical Theology*, Collegeville, Minnesota: The liturgical Press, 2000.

Eugenio Menegon, "European and Chinese Controversies Over Rituals: A Seventeenth-century Genealogy of Chinese Religion", in Bruno Boute and Thomas Småberg (ed.), *Devising Order: Socio-religious Models, Rituals, and the Performativity of Practice*, Leiden. Boston: Brill, 2013, 193-222.

Frederick S. Paxton, *Christianizing Death: The Creation of a Ritual Process in Early Medieval Europe*, Ithaca and London: Cornell University Press, 1990.

Henri Hubert and Marcel Mauss, *Sacrifice: Its Nature and Function*, Chicago: the University of Chicago Press, 1964.

Herbert Vorgrimler, *Sacramental Theology*, Collegeville, Minnesota: The Liturgical Press, 1992.

Hoadly Benjamin, *A Plain Account of the Nature and End of the Sacrament of the Lord's-supper*, 1735.

Ivan Strenski, *Theology and the First Theory of Sacrifice*, Leiden.

Boston: Brill, 2003.
James Richie, *A Criticism Upon Modern Notions of Sacrifices*, 1761.
James L. Watson, Evelyn S. Rawski, *Death Ritual in Late Imperial and Modern China*, London: University of California Press, 1988.
John W. Cooper, *Body, Soul, and Life*, Michigan: William B. Eerdmans Publishing Company, 1989.
J. J. M. De Groot, *The Religious System of China*, Taipei: Southern Materials Center, Inc, 1988.
John W. Witek, "Eliminating Misunderstandings", in D. E. Mungello (ed.), *The Chinese Rites Controversy: Its History and Meaning*. Nettetal: Steyler Verlag, 1994.
Jonathan Klawans, *Purity, Sacrifice, and the Temple: Symbolism and Supersessionism in the Study of Ancient Judaism*, New York: Oxford University Press, 2006.
Mary Douglas, *Purity and Danger*, London and New York: Taylor & Francis e-Library, 2001.
Matthew Anthony Tapie, *Aquinas on Israel and the Church: A Study of the Question of Supersessionism In the Theology of Thomas Aquinas*, The Catholic University of America, 2012.
Michael Bergunder, "What is Religion?", *Method and Theory in the Study of Religion*, 26, 2014.
Matthew Levering & Michael Dauphinais, *Rediscovering Aquinas and the Sacraments*, Chicago/Mundelein, Illinois: Hillenbrand Books, 2009.
Nicolas Standaert, *Handbook of Christianity in China*, Leiden: Brill, 2001.
Nicolas Standaert, *The Interweaving of Rituals*, Seattle, London: University of Washington Press, 2008.
Nicolas Standaert, *Chinese Voices in the Rites Controversy*, Roma: Tipografia Fa. Ro. Press, 2012.
Nicholas Thompson, *Eucharistic Sacrifice and Patristic Tradition in the Theology of Martin Bucer 1534-1546*, Leiden. Boston: Brill, 2005.
Nicolas Standaert, "Early Sino-European Contacts and the Birth of the Modern Concept of 'Religion'", in Herausgegeben von and Barbara Hoster and Dirk Kuhlmann and Zbigniew Wesolowski, Sankt

Augustin (ed.), *Institut Monumenta Serica*, LXVII/1 2017, 3-27.

Paul Binski, *Medieval Death*, New York: Cornell University Press, 1996.

Paul A. Rule, *K'ung-tzu or Confucius?* North Sydney: Allen & Unwin Australia Pty Ltd, 1986.

Robert Pasnau, *Thomas Aquinas on Human Nature: A Philosophical Study of Summa Theologiae 1a, 75 - 89*, The Pitt Building, Trumpington Street, Cambridge, United Kingdom: Cambridge University Press, 2004.

Peter Novak LaPorte, "Division of the Self: Life after Death and the Binary Soul Doctrine", *Journal of Near-Death Studies*, 20.3, 2002, Spring.

Walter Harrelson, *The Ten Commandments and Human Rights*, Macon, Ga.: Mercer University Press, 1997.

五、工具书

雷立柏编:《汉语神学术语辞典》,北京:宗教文化出版社,2007年版。

T. F. HOAD 编:《牛津英语词源词典》,上海:上海外语教育出版社,2000年影印版。

后　记

　　本书聚焦的儒家礼仪性质问题，本是个切口较小、论题较老、悬而未决的话题，四百年争论下来，虽则常争有新，却也增添"时代误植"，实有必要回溯至明清之际问题的源头。迄今学界关于儒家之超越性、人文性、宗教性问题争辩仍然面临一个较大的困境，即比较研究缺乏合适的概念框架来展开。而重回明清之际历史的场域来重新检省，不唯有历史比较的根基，而且以多玛斯·阿奎那的经院哲学体系为重要参照，对于中西之间的"比较经学"研究或是可行的参照系之一。当然，中世纪阿奎那的系统之封闭性面对文明对话时需要修正，我们通过引入文化人类学、比较宗教学等学科视野来尝试展开。

　　本书是在博士论文的基础上修改而成。自毕业至今十年来，本人坚持温习、强化、扩展对中国传统礼学、史学、中世纪哲学、文化人类学及仪式研究相关著述的阅读，犹未臻美善，却也到付梓之时了。与博士论文侧重于丧礼不同的是，本书更多聚焦丧奠与祭礼。首先需要说明，本书部分内容先后在《历史教学问题》《宗教学研究》《科学·经济·社会》《哲学与文化月刊》《学术月刊》《汉语基督教学术论评》《北京行政学院学报》等期刊发表，统稿时略有改动。感谢诸位编辑及匿名审稿人的首肯和对拙文提出的修改建议，让我受益。

　　感谢复旦大学李天纲教授多年来的鞭策与勉力！在先生的指导下，本人博士论文选择明清之际中西丧礼之比较。毕业之后，有幸连续三年参加李师举办的暑期工作坊，且无论会议、讲座还是微信群，总能不断向先生问学。比较研究一直是本人的兴趣和专业，比较研究充满魅力、冒险与挑战，先生多年来的提点概言之可谓"须重视整体性研究"，这是我需要坚持努力的方向。

　　感谢复旦大学王雷泉教授、张庆熊教授、刘平教授、朱晓虹教授等各位老师对我博士论文的指点。在博士论文撰写过程中，有幸获得旧金山大学利玛窦中西文化历史研究所提供的"马爱德奖学金"、复旦大学"第八批研究生创新基金资助项目"、北京天主教与文化研究"上智奖学金"的资助。感谢浙江工业大学中国语言文学浙江省高校人文社科重点研究基地的资助。为我查找资料提供帮助的还有香港中文大学崇基学院卢龙光教授、温伟耀教授，香港道风山基督教研究中心、普度大学杨凤岗教授，比利时鲁汶大学的钟鸣旦教授、杜鼎克教授，中山大学梅谦立教授等。感谢曾经在复旦大学哲学学院资料室工作过的徐志跃老师。感谢在我撰写博士论文期间为我查找资料或校阅论文的同学好友：中国人民大学博士苏醒、中央民族学院博士陈晨、复旦大学博士谢华、复旦大学博士纪建勋、上海师范大学硕士朱燕等。

感谢我的硕士导师刘耘华教授、颜琪老师、杨乃乔教授、周荣胜教授、王柏华教授等恩师将我领上学术之路！感谢湘潭大学郑长天教授、龙慧萍教授当年的推介，让我有机会与学术结缘。2009 年，是杨乃乔教授的一个电话，从此让我扎根杭州。自参加工作以来，王福和教授及同事们常对我关爱有加，在倏忽飘逝的岁月，总有幸福和回忆！

感谢岳母曹园爱女士在我写作最重要的阶段为我操持家务。感谢父亲王修满、母亲唐瑜瑸对我学业一以贯之的支持。感谢妻子曹清的理解！还要向儿子致意，他的到来让我的写作效率得以提升。

特别感谢复旦大学出版社编审胡春丽博士！若非胡编审热心指点和帮助，很难想象本书何日能出版。

有恩于我者甚多，恕我不能一一提及。当然，一切文责，概由我一人承担。学力所限，最后呈现在读者面前的这本小书，仍有诸多不足，恳请方家指正！

王定安
于杭州余杭南湖畔
2019 年 11 月 16 日

图书在版编目(CIP)数据

祭如在:明清之际西学观照下的儒家丧葬礼/王定安著. —上海:复旦大学出版社,2021.3
ISBN 978-7-309-15291-3

Ⅰ.①祭… Ⅱ.①王… Ⅲ.①儒家-葬礼-研究-中国-明清时代 Ⅳ.①B222.05 ②K892.22

中国版本图书馆 CIP 数据核字(2020)第 154548 号

祭如在:明清之际西学观照下的儒家丧葬礼
王定安　著
责任编辑/胡春丽
复旦大学出版社有限公司出版发行
上海市国权路 579 号　邮编:200433
网址: fupnet@ fudanpress.com　http://www.fudanpress.com
门市零售:86-21-65102580　团体订购:86-21-65104505
外埠邮购:86-21-65642846　出版部电话:86-21-65642845
上海四维数字图文有限公司

开本 787×1092　1/16　印张 12　字数 208 千
2021 年 3 月第 1 版第 1 次印刷

ISBN 978-7-309-15291-3/B·732
定价:88.00 元

如有印装质量问题,请向复旦大学出版社有限公司出版部调换。
版权所有　侵权必究